DIREITO PENAL – PARTE GERAL

TEORIA DA INFRAÇÃO E FORMAS ESPECIAIS DO CRIME

DIREITO PENAL – PARTE GERAL

TEORIA DA INFRAÇÃO E FORMAS ESPECIAIS DO CRIME

2023

Fernando Torrão

Professor da Faculdade de Direito da Universidade Lusíada – Porto

ALMEDINA

DIREITO PENAL – PARTE GERAL
TEORIA DA INFRAÇÃO E FORMAS ESPECIAIS DO CRIME
AUTOR
Fernando Torrão

EDITOR
EDIÇÕES ALMEDINA, S.A.
Avenida Emídio Navarro, 81, 3D
3000-151 Coimbra
Tel.: 239 851 904 · Fax: 239 851 901
www.almedina.net · editora@almedina.net

DESIGN DE CAPA
EDIÇÕES ALMEDINA, S.A.

PRÉ-IMPRESSÃO
Patrícia Boleto

IMPRESSÃO E ACABAMENTO
AAAAAAAAA

Setembro, 2023

ISBN
978-989-40-1443-0

DEPÓSITO LEGAL
000000/23

ALMEDINA | GRUPOALMEDINA

NOTA PRÉVIA

O presente livro corresponde, no essencial, a parte do relatório da disciplina de Teoria da Infração Penal que integrou o procedimento para acesso à categoria de Professor Associado na Faculdade de Direito da Universidade Lusíada, Porto.

Tem por objeto os pressupostos da responsabilidade criminal e as formas especiais do crime.

A sequência de exposição dos conteúdos segue o modelo tradicional, diferenciando-se, no entanto, no enquadramento metodológico estrutural de três temas: doutrina do concurso, crimes de omissão e crimes negligentes.

A doutrina do concurso surge em momento inicial. Trata-se de tema particularmente relevante na aplicação da lei penal a situações concretas, colocando-se, desde logo, no momento da definição de certo comportamento como típico. O que implica apurar se a respetiva subsunção, a concretizar-se, abrange um só ou mais tipos legais de crime. Dificilmente se poderá superar este primeiro passo metodológico da responsabilidade criminal sem prévia abordagem da doutrina do concurso.

No que aos crimes de omissão e negligentes respeita, tanto a vertente didática, quanto a dimensão teleológico-funcional da teoria da infração – que parte de um conceito de ação (comportamento) que abrange a omissão e se constitui predicado de comportamentos dolosos e negligentes –, fundamentam o respetivo estudo logo a partir da conduta típica, favorecendo uma compreensão consolidada, também nestes crimes, dos sucessivos temas implicados nos pressupostos da responsabilidade criminal.

FERNANDO TORRÃO

SIGLAS E ABREVIATURAS

AAFDL	–	Associação Académica da Faculdade de Direito de Lisboa
BGH	–	*Bundesgerichtshof*
BFD	–	*Boletim da Faculdade de Direito da Universidade de Coimbra*
CC	–	Código Civil
cf.	–	confira, confronte
CP	–	Código Penal
CRP	–	Constituição da República Portuguesa
e.g.	–	*exempli gratia*
g/l	–	grama por litro
LG	–	*Landgericht*
n/p	–	não publicado
p.p.	–	previsto e punível
RGSt	–	*Reichsgericht*
RLJ	–	*Revista de Legislação e Jurisprudência*
RPCC	–	*Revista Portuguesa de Ciência Criminal*
StGB	–	*Strafgesetzbuch*
STJ	–	Supremo Tribunal de Justiça
TAS	–	Taxa de Álcool no Sangue
TRP	–	Tribunal da Relação do Porto
v.g.	–	*verbi gratia*
ZStW	–	*Zeitschrift für die gesamte Strafrechtswissenchaft*

ÍNDICE

NOTA PRÉVIA 5
SIGLAS E ABREVIATURAS 7

1.º CAPÍTULO
A CONSTRUÇÃO DA TEORIA DA INFRAÇÃO PENAL 17

I. Sentido, objeto, método e estrutura 17
II. Evolução histórica 18
1. Escola Clássica 19
2. Escola Neoclássica 20
3. Escola Finalista 21
III. Fundamentos de um "sistema teleológico-funcional e racional" 22
IV. Bases do sistema teleológico-funcional e racional 23
V. As categorias dogmáticas 25

2.º CAPÍTULO
A DOUTRINA DO CONCURSO E O CRIME CONTINUADO 27

I. Concurso de normas ou concurso aparente de crimes 27
1. Noção geral 27
2. A relação entre as normas 28
2.1. Relação de especialidade 28
2.2. Relação de consunção em sentido técnico 29
2.3. Relação de consunção em sentido amplo (figuras afins da consunção?) 30
2.4. Relação de subsidiariedade 31

II. Concurso efetivo de crimes 33
III. Crime continuado 33

3.º CAPÍTULO
TEORIA DA INFRAÇÃO PENAL 35

I. Ação (e omissão) (suscetível de ser) típica (ou a síntese entre finalismo e funcionalismo) 35
II. Tipo objetivo de ilícito 42
1. Questões gerais de tipicidade 42
2. Classificação dos tipos legais de crime segundo elementos objetivos comuns 45
2.1. Quanto ao autor 45
2.1.1. Pessoas singulares e pessoas coletivas 45
2.1.2. Crimes comuns e crimes específicos 46
2.1.2.1. Crimes específicos próprios 47
2.1.2.2. Crimes específicos impróprios 47
2.2. Quanto à estrutura do comportamento: crimes de ação e crimes de omissão 47
2.3. Quanto à consumação: crimes de mera atividade e crimes de resultado 48
2.3.1. Crimes de omissão pura e crimes de omissão impura 48
2.4. Quanto à tutela do bem jurídico 49
2.4.1. Crimes de dano 49
2.4.2. Crimes de perigo 49
2.4.2.1. Crimes de perigo abstrato 49
2.4.2.2. Crimes de perigo concreto 50
3. Subsunção nos crimes de mera atividade 50
4. Subsunção nos crimes de resultado. Imputação objetiva do resultado à conduta 50
4.1. Sentido do problema 50
4.2. Alusão histórica 51
4.2.1. À teoria das condições equivalentes (ou da *conditio sine qua non*) 51
4.2.2. À teoria da causalidade adequada 51
4.3. A teoria (geral da imputação objetiva segundo o princípio) do risco 52
4.3.1. Considerações gerais 52
4.3.2. Sistematização da teoria do risco 53

4.3.2.1. *Pressuposto-I*: criação de um risco "proibido" (não tolerável pela sociedade), ou aumento "proibido" de risco preexistente, de verificação do resultado típico 53
4.3.2.2. *Pressuposto-II*: resultado enquanto materialização do risco 61
5. Subsunção nos crimes de omissão 70
5.1. Considerações gerais 70
5.2. Impossibilidade fáctica *absoluta* (ou a omissão insuscetível de ser típica) 71
5.3. Impossibilidade fáctica *relativa* (ou a omissão socialmente adequada ou tolerável) 72
5.4. Subsunção nos crimes de omissão pura 73
5.5. Subsunção nos crimes de omissão impura. As posições de garante 73
5.5.1. Lei 74
5.5.2. Contrato (ou assunção voluntária de funções de proteção) 75
5.5.3. Ingerência 75
5.5.4. Domínio da fonte de perigo 76
5.5.5. Comunidades de perigo 76
5.6. Subsunção nos crimes de omissão impura. Imputação objetiva do resultado à conduta omissiva. A teoria do risco (adaptação à omissão) 77
5.6.1. *Pressuposto-I*: não diminuição "proibida" (intolerável pela sociedade) do risco de verificação do resultado típico 77
5.6.2. *Pressuposto-II*: resultado enquanto materialização do risco não diminuído 79
III. Tipo subjetivo de ilícito 83
1. Construção 83
2. Dolo do tipo 84
2.1. Estrutura do dolo do tipo: elemento cognitivo (intelectual) 84
2.1.1. Conhecimento do facto típico 84
2.1.1.1. Erro(-ignorância) sobre (d)o facto típico (*error in persona vel objecto* e erro sobre o desenvolvimento do risco) 85
2.1.1.2. Erro sobre elementos descritivos e erro sobre elementos normativos do tipo 88
2.1.1.3. *Aberratio ictus vel impetus* 89
2.1.2. Conhecimento das proibições legais 92

2.1.2.1. Erro sobre (desconhecimento d)as proibições legais 93
2.2. Estrutura do dolo do tipo: elemento volitivo 93
2.2.1. Dolo direto (artigo 14.º, n.º 1, do CP) 93
2.2.2. Dolo necessário (artigo 14.º, n.º 2, do CP) 93
2.2.3. Dolo eventual (artigo 14.º, n.º 3, do CP) 94
3. Dolo e erro nos crimes de omissão 94
4. Elementos subjetivos específicos 95
5. Crimes negligentes (a negligência do tipo) 96
5.1. Negligência consciente e negligência inconsciente 97
5.2. Negligência consciente e distinção face ao dolo eventual 98
5.3 Crimes preterintencionais e/ou agravados pelo resultado 103
5.3.1. Crime (agravado pelo resultado) preterintencional 103
5.3.2. Crime agravado pelo resultado (atípico e, portanto, não necessariamente preterintencional) 104
IV. Ilicitude e causas de justificação. 105
1. Questões fundamentais 105
1.1. Complementaridade funcional e diversidade estrutural 105
1.2. Causas de justificação e princípio da unidade da ordem jurídica 106
1.3. Tentativas de sistematização das causas de justificação 107
1.4. Elementos subjetivos das causas de justificação (remissão) 107
2. Legítima defesa 108
2.1. Fundamento 108
2.2. Pressupostos 108
2.3. Requisito de atuação 112
2.4. Limites ético-sociais 114
2.5. Legítima defesa jurídico-civil (artigo 337.º do CC) 117
3. Direito de necessidade 118
3.1. Fundamento 118
3.2. Pressupostos 119
3.3. Requisitos de atuação 120
3.4. A questão do direito de necessidade defensivo 125
3.5. Estado de necessidade jurídico-civil 127
4. Conflito de deveres 127
4.1. Fundamento 127
4.2. Pressupostos 128
4.3. Requisito de atuação 129
5. Consentimento 130
5.1. Fundamento 130

5.2. Pressuposto 131
5.3. Requisito de atuação 132
5.4. O elemento subjetivo 133
5.5. Consentimento presumido 134
6. Ação direta (artigo 336.º do CC) 135
7. Outras situações justificantes 137
8. Os elementos subjetivos das causas de justificação 137
8.1. Fundamento 137
8.2. A factualidade (meramente) objetiva justificante 138
8.3. A situação (meramente) subjetiva justificante (ou as causas de justificação putativas) 140
9. As causas de justificação nos crimes omissivos 142
V. Culpa e negação da culpa 142
1. Conceito fundamental 142
1.1. Culpa pela vontade referida ao facto 143
1.2. Culpa como atuação ilícita apesar da capacidade (concreta) de resposta normativa 144
1.3. Culpa pela personalidade 145
1.4. Culpa dolosa e culpa negligente 149
1.5. Integração de culpa e prevenção na categoria da "responsabilidade" (Roxin)? 150
2. Pressupostos da culpa: imputabilidade e consciência (ou obrigação de consciência) da ilicitude 153
3. Culpa material (exigibilidade do comportamento lícito) 153
4. Culpa formal (censurabilidade pelo comportamento ilícito) 154
5. Negação (exclusão) da culpa 154
5.1. Inimputabilidade 154
5.1.1. Em razão da idade 154
5.1.2. Em razão de anomalia psíquica 154
5.2. Erro sobre a ilicitude 157
5.2.1. Não censurável 157
5.2.2. A afirmação da culpa dolosa no erro censurável 158
5.2.3. A obediência indevida desculpante 160
5.3. Estado de necessidade desculpante 161
5.3.1. Pressupostos 161
5.3.2. Critério da inexigibilidade 162
5.4. Legítima defesa excessiva desculpante 165
5.4.1. Pressupostos 165

5.4.2. Excesso não censurável 166
5.5. Outras situações de negação da culpa 167
5.6. Elementos subjetivos das causas de exclusão da culpa 168
5.7. Suposição errónea de contexto fáctico justificante ou desculpante e a negação da culpa dolosa 169
6. A exclusão da culpa nos crimes omissivos 169
VI. Punibilidade 171
1. A questão da autonomia dogmática 171
2. Dignidade penal do facto e carência de pena 171

4.º CAPÍTULO
FORMAS ESPECIAIS DO CRIME 173

I. Tentativa e desistência 173
1. Tentativa 173
1.1. Consideração introdutória 173
1.2. *Iter criminis*, início da tentativa e dolo 174
1.3. Tentativa inacabada e acabada 177
1.4. Punibilidade da tentativa 178
1.5. Tentativa impossível 178
1.6. Punibilidade da tentativa impossível 179
1.7. Crime putativo e crime impossível 180
2. Desistência 183
2.1. Desistência voluntária da tentativa 183
2.2. Desistência e estádio alcançado pela tentativa 186
3. Tentativa e desistência nos crimes de omissão 188
3.1. Tentativa nos crimes de omissão pura 188
3.2. Tentativa nos crimes de omissão impura 190
3.3. Desistência voluntária nos crimes de omissão pura 192
3.4. Desistência voluntária nos crimes de omissão impura 192
II. Comparticipação 193
1. Considerações gerais 193
2. Autoria e participação: a teoria *subjetiva* da participação 193
3. A "teoria do domínio do facto" (*Tatherrschaftstheorie*) 194
4. Autoria 196
4.1. Autoria imediata 196
4.2. Autoria mediata. Considerações gerais 197

4.2.1. Autoria mediata por domínio da vontade 197
4.2.1.1. Por (indução em) erro 197
4.2.1.2. Por coação 198
4.2.1.3. Por (aproveitamento de) inimputabilidade 199
4.2.2. Autoria mediata por domínio de organização 200
4.3. Coautoria 204
5. Participação 208
5.1. Instigação 208
5.1.1. A instigação como participação 208
5.1.2. Conceito de instigação 215
5.1.3. Instigação em cadeia 216
5.2. Cumplicidade 218
5.3. Punibilidade do (com)participante 221
5.3.1. A teoria da acessoriedade limitada (*acessoriedade qualitativa*) 221
5.3.1.1. Acessoriedade na autoria mediata? 225
5.3.2. A inversão (da direção) da regra da acessoriedade (artigo 28.º do CP) 225
6. Questões comuns 226
6.1. Tentativa na comparticipação 226
6.1.1. Considerações gerais 226
6.1.2. Na autoria mediata 227
6.1.3. Na coautoria 229
6.1.4. Na instigação e na cumplicidade (*acessoriedade quantitativa*) 234
6.2. Desistência na comparticipação 235
6.3. Comparticipação nos crimes de omissão 237
6.3.1. Considerações gerais 237
6.3.2. Autoria imediata 238
6.3.3. Autoria mediata 240
6.3.4. Coautoria 241
6.3.5. Instigação 242
6.3.6. Cumplicidade 244
6.4. Comparticipação no crime negligente. A relevância da "autoria paralela" 245

BIBLIOGRAFIA 249

1.º CAPÍTULO
A CONSTRUÇÃO DA TEORIA DA INFRAÇÃO PENAL

[I. Sentido, objeto, método e estrutura; II. Evolução histórica; III. Fundamentos de um sistema "teleológico-funcional e racional"; IV. Bases do sistema teleológico-funcional e racional; V. As categorias dogmáticas]

I. Sentido, objeto, método e estrutura

Tendo como objeto o crime, a teoria da infração penal ocupa-se dos *pressupostos jurídicos da punibilidade* de uma *ação*[1]. Estrutura-se, assim e antes de mais, no *facto* (punível), que se constitui como seu fundamento e limite: «em todo e qualquer delito a punição tem de arrancar de uma acção externa, de um comportamento que se exteriorizou»[2]. Parte, deste modo, do *princípio* (político-criminal) *do direito penal do facto*, por contraposição ao (princípio do) *direito penal do agente*. O que significa que a teoria da infração penal se erige a partir de *factos singulares* e não a partir das características de personalidade dos seus agentes.

Trata-se de um princípio próprio do modelo liberal que afasta a conceção, de pendor totalitário, da dogmática penal baseada em *tipos de agentes*[3]. Assim, o método *categorial-classificatório e sequencial* que, desde a sua origem, estrutura a teoria da infração penal, parte do conceito geral de *ação*, servindo, nas palavras de Figueiredo Dias, «de pedra angular de todas as suas predicações ulteriores»[4], quais sejam, a *tipicidade*, a *ilicitude*, a *culpa* e a *punibilidade*.

[1] Cf. Jescheck / Weigend, *Tratado de Derecho Penal*, 2002, p. 209.

[2] Correia, Eduardo, *Direito Criminal*, I, 1993, p. 231.

[3] Mais desenvolvidamente, Dias, Jorge de Figueiredo, *Direito Penal. Parte Geral*, I, 2019, pp. 275-279.

[4] Dias, Jorge de Figueiredo, *Direito Penal. Parte Geral*, I, 2019, p. 277.

A teoria da infração penal tem como objetivos essenciais garantir a *certeza* e *segurança* jurídicas – evitando a mera intuição, a improvisação ou a arbitrariedade – na aplicação prática do direito penal e, bem assim, a *igualdade* perante a lei (penal)[5].

II. Evolução histórica

A teoria da infração penal, enquanto primeira «grande elaboração dogmático-sistemática do crime»[6], surge com Franz von Liszt (1851-1919) e Ernst von Beling (1866-1932) entre finais do século XIX e princípios do século XX[7], época de furor científico positivista, com o objetivo primacial de rigorosa e segura aplicação do direito penal. Assume-se, no essencial, como técnica de subsunção[8] assente, conforme se referiu, em procedimento metódico-categorial classificatório, sob o ideal de (também) o Direito se (passar a) basear na exatidão científica das ciências da natureza. Assim se poderiam evitar, com absoluto rigor, as incertezas de aplicação da lei penal, no sentido de evitar as decisões judiciais arbitrárias. O rigor dos conceitos, a pretensão de validade científica, o labor da exatidão classificatória, que von Liszt e Beling emprestaram à teoria da infração penal, atribuíram-lhe um cariz dogmático, ao ponto de, a partir daí, passar comummente a designar-se por dogmática penal.

Passe o exagero científico-naturalístico de teor mecanicista determinista, característico do positivismo científico[9], que presidiu à génese da teoria da infração penal, esta teve o grande mérito de contribuir para a consciencialização da necessidade de uma aplicação segura (certa) do direito penal.

[5] Assim, Carvalho, Américo Taipa de, *Direito Penal. Parte Geral*, 2016, pp. 253-254.

[6] Carvalho, Américo Taipa de, *Direito Penal. Parte Geral*, 2016, p. 255.

[7] Quanto a um breve enquadramento histórico relativo à descoberta dos conceitos fundamentais que lançaram as bases das categorias da teoria da infração penal, nomeadamente com referência a Albert Friedrich Berner (e ao surgimento do conceito de *ação*), a Rudolph von Jhering (e à ideia de *ilicitude objetiva*, independente da culpa), ao próprio Beling (e ao conceito de *tipo*) ou a Reinhard Frank (e à teoria da *culpabilidade*), veja-se Roxin / Greco, *Strafrecht. Allgemeiner Teil*, I, 2020, pp. 291-292.

[8] Beleza, Teresa, *Direito Penal*, I, 1984, pp. 15-18.

[9] Refutado, no século XX, por Karl Popper, nas próprias ciências da *razão* (pura) *teórica*, as ditas exatas. Segundo Popper, deve o ser humano ter consciência dos seus limites e, por consequência, da perceção de que a sua razão cognitiva não esgotará, decerto, uma realidade altamente complexa: ainda que a realidade «possa possuir aspetos estruturais que são simples num ou noutro sentido, a simplicidade das [...] teorias» humanas – que são isso mesmo, humanas – «não implica a simplicidade do mundo» (Popper, Karl. *O universo aberto: pós-escrito à lógica da descoberta científica*, II, 1993, p. 59).

Mesmo superada a confusão entre ciências da natureza e do espírito, entre razão teórica e razão prática, a obra esculpida por von Liszt e Beling permaneceu e desenvolveu-se como pedra angular do direito penal. Não com a pretensão da (dita) exatidão das ciências da natureza, mas enquanto conjunto de critérios racionalmente elaborados, aptos a outorgar ao juiz a possibilidade de aplicação uniforme e adequada do Direito.

Sabe-se que o pensamento jurídico do século XIX sofreu grandes transformações, não obstante a sua decisiva influência na atualidade. O conjunto de normas que do sistema jurídico dimana aplica-se às relações entre pessoas e a mundividência cultural, social, ética, humana em que estas se contextualizam não pode quedar-se indiferente ao criador e ao aplicador da lei. A teoria da infração penal, enquanto subsistema jurídico, acompanhou a evolução do Direito e as mudanças historicamente operadas correspondem ao seu processo de construção. Ignorá-las seria impedir a compreensão da atual dogmática penal.

Assim se justifica uma alusão histórica à construção da teoria da infração penal que perpasse as fases mais relevantes da sua evolução. Correspondem estas fases às Escolas *clássica*, *neoclássica* e *finalista*, cujo estudo contribui decisivamente, em método histórico-evolutivo, para a compreensão do modelo atual.

1. Escola Clássica

Com Franz von Liszt e Ernst von Beling construiu-se, em finais do século XIX (e princípios do século XX), a teoria da infração penal, numa conceção que ficou conhecida como *clássica* (ou *positivista-naturalista*), que teve, desde logo, o mérito de definir a estrutura da teoria da infração penal e, neste conspecto, de construir, como se mencionou, uma técnica de subsunção apta a proporcionar segurança ao juiz, certeza ao direito penal e reforço das garantias aos cidadãos. Enquanto modelo historicamente contextualizado em ambiente cultural dominado pelo positivismo e pelo naturalismo, a *ação*, *tipicidade* e *ilicitude* perspetivaram-se em dimensão objetiva: a *ação* definia-se como *movimento corporal, provocado pela vontade humana, causador de modificação no mundo físico exterior*[10]; a *tipicidade* como *descrição objetiva e axiologicamente neutra da ação*, configurando-se como categoria *lógico-formal* em que a subsunção do facto

[10] Desenvolvidamente, Liszt, Franz von, *Tratado de Direito Penal*, I, 2003 [1895], pp. 217-227.

à norma é desprovida de significação social; a *ilicitude* (*"ilegalidade"*) como *juízo formal de contrariedade à ordem jurídica positiva*[11]. Já a *culpa* ganhava dimensão subjetiva, consistindo, sobretudo, *na relação psicológica entre o agente e o facto*[12] (*conceito psicológico de culpabilidade*[13]). Esta conceção aproximava-se de um conceito bipartido de crime que agrupava elementos *objetivos* (ação, tipicidade e ilicitude) e elemento *subjetivo* (culpa)[14], «procurando-se, assim, dotar o crime da exatidão científica prosseguida»[15].

2. Escola Neoclássica

Em termos de conteúdo, a conceção clássica foi superada pela *neoclássica*, de raiz normativista neokantiana – que implica a «premissa de uma irredutibilidade entre o mundo da natureza e o mundo dos valores»[16] –, desenvolvida nas primeiras décadas do século XX, na qual se destacou o pensamento de Edmund Mezger (1883-1962). Os motivos de tal superação, pressupostos numa consciencialização de que a dogmática penal se deve verter em razão prática, assumiram importância decisiva. «Tendo em vista o reposicionamento do direito penal no sentido do mundo do dever-ser»[17], passou a *ação* a ser considerada como *comportamento atentatório de valores*, tornando-se possível abranger a omissão – comportamentos «do mero deixar acontecer (*non facere*)»[18] – enquanto comportamento que realiza o tipo legal[19]. A *tipicidade*, começa

[11] Desenvolvidamente, Liszt, Franz von, *Tratado de Direito Penal*, I, 2003 [1895], pp. 236-258.

[12] Sobre o conceito de culpa, desenvolvidamente, Liszt, Franz von, *Tratado de Direito Penal*, I, 2003 [1895], pp. 259-292.

[13] Jescheck / Weigend, *Tratado de Derecho Penal*, 2002, p. 218.

[14] Assim, por exemplo, Jescheck / Weigend, *Tratado de Derecho Penal*, 2002, pp. 217-218; Dias, Jorge de Figueiredo, *Direito Penal. Parte Geral*, I, 2019, pp. 279-281; Costa, José de Faria, *Direito Penal*, 2017, p. 210.

[15] Costa, José de Faria, *Direito Penal*, 2017, p. 210.

[16] Costa, José de Faria, *Direito Penal*, 2017, p. 213.

[17] Costa, José de Faria, *Direito Penal*, 2017, p. 213. «Na verdade, como todos sabemos, uma das premissas absolutamente essenciais da filosofia neokantiana era a da diferença insuperável entre *ser* e *dever-ser*» (*idem, ibidem*, p. 213).

[18] Costa, José de Faria, *Direito Penal*, 2017, p. 475.

[19] Franz von Liszt admite a omissão, definindo-a, em geral, como «o não-empreendimento de uma ação determinada e *esperada*» – o que, em termos jurídicos, implica o não cumprimento de um dever jurídico de atuação (*non facet quod debet facere*) (cf. Liszt, Franz von, *Tratado de Direito Penal*, I, 2003 [1895], p. 229) –, concebendo-a, neste sentido (e, todavia), fora do conceito naturalístico de ação (assim, Jescheck / Weigend, *Tratado de Derecho Penal*, 2002, p. 217).

a admitir *elementos subjetivos* (específicos) na descrição do crime e a *ilicitude* ganha conteúdo *material*, com referência à *lesão de bens jurídicos* (danosidade social referida a valores fundamentais). A *culpa*, não alienando os elementos psicológicos, assume dimensão *normativa*, fundando-se no *liberum arbitrium* humano[20]. Ao consistir em juízo de censura pela opção de agir ilicitamente, podendo (liberdade de decisão) e devendo o respetivo sujeito optar por comportamento lícito[21], a culpa passa a incluir o pressuposto da *imputabilidade*, assim como a condição da *exigibilidade* (de um comportamento adequado ao Direito) que a fundamenta[22].

3. Escola Finalista

Com o objetivo de superar o normativismo formalista da conceção neoclássica (em crise, sobretudo, após a tragédia da II Guerra Mundial), Hans Welzel (1904-1977), precursor da conceção *finalista*, parte do fundamento ontológico da *ação*, enquanto *realização* de uma *finalidade* pretendida pelo sujeito (ou supradeterminação final de um processo causal)[23], para definir toda a construção do sistema da infração penal. A (porventura) mais relevante consequência desta conceção é a da deslocação do *dolo* (tradicionalmente elemento da *culpa*) para a *ação* (enquanto produto da vontade *final* do agente), passando, assim, a *tipicidade* a dividir-se em *objetiva* (descrição do agente e da conduta)[24] e *subjetiva* (dolo ou negligência)[25]. A conjugação destas duas vertentes reflete-se no conteúdo da *ilicitude* (contrariedade à ordem jurídica) que, assim, se divide em *desvalor da ação* ("ação pessoalmente ilícita"[26]) e *desvalor do resultado* ("lesão, ou perigo de lesão, do bem jurídico"[27]). O facto ilícito

[20] Sobre o livre-arbítrio como fundamento da culpa, veja-se DIAS, Jorge de Figueiredo, *Liberdade, Culpa, Direito Penal*, 1995, pp. 21-54.

[21] Ou, na ótica de Mezger, fundada, essencialmente, em juízo de censura pela condução de vida adotada pelo agente (culpa pelo carácter), expressa em factos singulares típicos e ilícitos (veja-se DIAS, Jorge de Figueiredo, *Liberdade, Culpa, Direito Penal*, 1995, pp. 92-101).

[22] Assim, CORREIA, Eduardo, *Direito Criminal*, I, 1993, nomeadamente pp. 445-456; DIAS, Jorge de Figueiredo, *Direito Penal. Parte Geral*, I, 2019, pp. 283-284; COSTA, José de Faria, *Direito Penal*, 2017, p. 214.

[23] Veja-se WELZEL, Hans, *Derecho Penal Alemán*, 1993, pp. 39 -50.

[24] WELZEL, Hans, *Derecho Penal Alemán*, 1993, pp. 75-77.

[25] WELZEL, Hans, *Derecho Penal Alemán*, 1993, pp. 77-95 e 153-165.

[26] Cf. WELZEL, Hans, *Derecho Penal Alemán*, 1993, p. 75.

[27] Cf. WELZEL, Hans, *Derecho Penal Alemán*, 1993, p. 75.

refere-se, pois, antes de mais, à ação do autor – com tudo o que isso implica[28] –, dando, assim, corpo à conceção do *ilícito pessoal*[29]. Despida dos elementos psicológicos de ligação entre o agente e o facto, a *culpa* ganha verdadeira dimensão normativa ao reduzir-se a um autêntico *juízo de censura* que, fundamentado na liberdade de decisão, tem como pressupostos a *imputabilidade* e a *consciência* (ao menos *potencial*) *da ilicitude* e, como elemento material, a *exigibilidade* de comportamento lícito, correspondendo, enfim, a culpa formal ao juízo de censura dirigido ao agente que *devia* e *podia* ter atuado em conformidade ao Direito[30].

III. Fundamentos de um "sistema teleológico-funcional e racional"

As perspetivas atuais tendem a "combinar", sob variadas formas, as aquisições recebidas do sistema neoclássico com inovações trazidas pelo sistema finalista. Neste contexto, autonomiza-se um sistema de facto punível que arranca da conceção avançada por Roxin – em obra intitulada *Kriminalpolitik und Strafrechtssystem*, publicada em 1970[31] – «a propósito das relações entre política criminal e sistema do facto punível»; que se aprofunda dogmaticamente «em estudos de Schünemann e de Wolter; e» que encontra «expressão sistemática paradigmática no Tratado de Roxin e, posteriormente (sobretudo, embora não só), em livros de homenagem que a este A. vêm sendo dedicados»[32]. Face à estrutura ontológica do finalismo, este sistema emergente, crismado como *teleológico-funcional e racional* (*zweckrationale [funktionale] Strafechtssystem*), ganha uma dimensão social jurídica mais ajustada a uma ciência da razão prática, deixando-se de arvorar, enquanto dogmática penal, em *barreira intransponível da política criminal*[33], antes se moldando, funcionalmente, às suas

[28] Nomeadamente, o fim que o autor atribui ao facto, a atitude que revela na sua realização, os deveres que, a propósito, sobre ele impendiam (cf. Welzel, Hans, *Derecho Penal Alemán*, 1993, p. 74).

[29] Assim, Welzel, Hans, *Derecho Penal Alemán*, 1993, p. 74. Quanto à evolução do injusto impessoal (Mezger) para o injusto pessoal (Welzel), veja-se Mendes, Paulo de Sousa, *O torto intrinsecamente culposo como condição necessária da imputação da pena*, 2007, pp. 368-376.

[30] Basicamente assim, por todos, Correia, Eduardo, *Direito Criminal*, I, 1993, p. 242; Dias, Jorge de Figueiredo, *Direito Penal. Parte Geral*, I, 2019, p. 287; Costa, José de Faria, *Direito Penal*, 2017, p. 217.

[31] Cf. Roxin / Greco, *Strafrecht. Allgemeiner Teil*, I, 2020, pp. 296-297 e nota 42.

[32] Dias, Jorge de Figueiredo, *Direito Penal. Parte Geral*, I, 2019, p. 291.

[33] A "ciência global do direito penal" (*gesamte Strafrechtswissenchaft*) de Franz von Liszt teve o grande mérito, em finais do século XIX, de atribuir relevância a duas novas ciências emergentes:

finalidades. Trata-se de uma compreensão da teoria da infração penal que se não reduz a pensamento puramente sistemático, fechado em si próprio e nos respetivos conceitos normativos, antes se abrindo, no plano metodológico, ao pensamento problemático, é dizer, a *valorações* fundadas em proposições (criminológicas e) político-criminais «imanentes ao quadro axiológico e às finalidades jurídico-constitucionais»[34], favorecendo a adequação do sistema à realidade social e aos propósitos do direito penal.

IV. Bases do sistema teleológico-funcional e racional

A teoria da infração penal atual não deixa de partir de uma síntese neoclássica-finalista em que a maioria da doutrina germânica se esforça por conciliar importantes inovações do finalismo com certas conclusões irrenunciáveis da teoria neoclássica determinadas pelo pensamento valorativo e teleológico[35].

a *criminologia* e a *política criminal.* Contextualizado no rigorismo formal do seu tempo, von Liszt direcionou a influência da criminologia e da política criminal para o campo das consequências jurídicas do crime (nomeadamente da pena). Referindo-se à *criminologia* afirmava: a «utilização consciente da pena como arma da ordem jurídica na luta contra o delinquente não é possível sem a indagação científica do crime na sua manifestação exterior material e nas suas causas internas, que se inferem dos factos. Para designar essa "ciência do crime" (causal, naturalística), pode empregar-se a expressão *criminologia*» (Liszt, Franz von, *Tratado de direito Penal,* I, 2003 [1895], pp. 146-147). O rendimento prático desta ciência de cariz empírico, impunha a definição de estratégias que, a partir dos dados obtidos, viabilizassem a prossecução de objetivos de controlo social. Delimitava-se o domínio da *política criminal* que nas palavras do penalista alemão se caracterizava da seguinte forma: «möchte ich die Kriminalpolitik bestimmen als den systematischen Inbegriff der, auf die wissenchaftliche Untersuchung der Ursachen des Verbrechenens wie der Wirkungen der Strafe gestützen, Grundsätze, nach welchen der Staat mittels der Strafe und der ihr verwandten Einrichtungen den Kampf gegen das Verbrechen zu führen hat» [*a política criminal determina o conjunto sistemático dos princípios baseados na investigação científica das causas do crime e dos efeitos das penas, segundo os quais o estado deve prosseguir a luta contra o crime por meio da pena e das instituições com esta relacionada*] (Liszt, Franz von, *Strafrechtliche. Aufsätze und Vorträge,* I, 1970 [1905], p. 292). Em contexto dogmático, cabia ao direito penal definir o objeto da criminologia e da política criminal, devendo a interpretação das suas normas manter-se intra-sistemática. Surgiam assim a criminologia e a política criminal como meras ciências auxiliares do direito penal, em vista do aperfeiçoamento do modo de execução das penas e da respetiva eficácia (nomeadamente de correção do delinquente). A legalidade formal mantinha-se, assim, intocada pela supremacia da dogmática. Na *gesamte Strafrechtswissenchaft* de von Liszt – na sua célebre e sintomática expressão – «*das Strafrecht ist die unübersteigbare Schranke der Kriminalpolitik*» [*a dogmática penal é a barreira intransponível da política criminal*] (Liszt, Franz von, *Strafrechtliche. Aufsätze und Vorträge,* II, 1970 [1905], p. 80).

34 Dias, Jorge de Figueiredo, *Direito Penal. Parte Geral,* I, 2019, p. 291.

35 Cf. Roxin / Greco, *Strafrecht. Allgemeiner Teil,* I, 2020, pp. 295-296.

Neste quadro, o conceito de *ação* passa a estruturar-se de modo a abranger também a *omissão*: o sujeito atua se determinados efeitos, dele procedentes, ou não, lhe forem atribuíveis como pessoa, de modo a poder falar-se de um "fazer" ou "deixar de fazer" e, por isso, de "manifestação de personalidade"[36]. A *tipicidade objetiva* corresponde a uma valoração da ação no sentido (preventivo) de motivar os destinatários da norma a não adotar o comportamento descrito[37]. Nos crimes de resultado, a imputação objetiva supera a categoria científico-natural ou lógica da mera causalidade através da teoria da conexão do risco, passando o ponto de partida teleológico a fazer depender essa imputação dos critérios valorativos do pressuposto da "criação de um risco não permitido"[38]. Não obstante a evolução face à teoria finalista da ação – sobretudo por se reconduzir esta a um fundamento ontológico dificilmente conciliável com a negligência e a omissão –, a atual perspetiva dominante assume a sua mais importante consequência sistemática, qual seja, a da inclusão do *dolo* no *tipo subjetivo*. Por diversas razões, mas sobretudo por dificilmente se compreender o sentido social de muitos comportamentos típicos se prescindirmos do dolo (desde logo dos comportamentos típicos de crimes tentados, mas também de crimes como, *v.g.*, a burla ou a falsificação de documentos, cujo sentido se não alcança ao prescindir-se do dolo)[39]. Mantém-se, portanto, a conceção (finalista) do *ilícito pessoal* que se generalizou, não traduzindo o ilícito típico apenas o *desvalor de resultado* (ilícito típico *objetivo*), mas também *desvalor de ação*[40] (ilícito típico *subjetivo*). Sem que isto signifique que não possa o *dolo* (além da sua função enquanto dolo-do-tipo) voltar a ter uma função a realizar ao nível da *culpa* (num certo retorno ao sistema neoclássico), até porque a confirmação da "negatividade" do dolo (dolo-da-culpa)[41], implicando a verificação da ilicitude típica, apenas se realiza em sede de culpa[42].

[36] Cf. Roxin / Greco, *Strafrecht. Allgemeiner Teil*, I, 2020, p. 314.

[37] Cf. Roxin / Greco, *Strafrecht. Allgemeiner Teil*, I, 2020, p. 315.

[38] Cf. Roxin / Greco, *Strafrecht. Allgemeiner Teil*, I, 2020, p. 297.

[39] Neste sentido, Roxin / Greco, *Strafrecht. Allgemeiner Teil*, I, 2020, p. 296.

[40] Assim, Dias, Jorge de Figueiredo, *Direito Penal. Parte Geral*, I, 2019, pp. 289-290.

[41] Negatividade emocional que se verifica quando, «perante um ilícito-típico doloso, se comprova que o seu cometimento deve imputar-se a uma atitude íntima do agente *contrária* ou *indiferente* ao Direito e às suas normas» (Dias, Jorge de Figueiredo, *Direito Penal. Parte Geral*, I, 2019, p. 622) – isto é, expressa-se na realização de um crime enquanto expressão de "atitude interior contrária ou indiferente aos bens jurídico-penais" –, assumindo o dolo relevância bidimensional (veja-se *infra*, 3.º Capítulo, III. 5.2., V. 1.4. e 5.2.2.).

[42] Situando-se esta conceção na chamada teoria da culpa limitada (veja-se *infra*, 3.º Capítulo, V. 5.2.2.).

Neste plano da *culpabilidade*, Claus Roxin propõe, ainda, a sua substituição (ou ampliação) pela (ou através da) categoria da *responsabilidade*. Mantendo-se a *culpa* como pressuposto da pena, dever-se-ia acrescentar, segundo esta conceção, a necessidade preventiva (especial e geral) da sanção penal, de modo a que a *culpabilidade* e as necessidades de *prevenção* se limitassem reciprocamente, dando lugar, conjuntamente, à *responsabilidade pessoal* do sujeito, que desencadearia a imposição da pena. A culpabilidade e as necessidades preventivas apresentam-se – entende Roxin – como condições essenciais à aplicação da pena, mas, por si só, cada uma delas, revela-se insuficiente[43]. Sendo indubitável que as necessidades preventivas são essenciais à aplicação da pena, esta categoria da "responsabilidade" – que substituiria a "culpa" e a "punibilidade" – não se consolidou, todavia, na teoria da infração penal, mantendo-se a *culpa* como categoria *ético-jurídica* autónoma e a "punibilidade" como categoria *pragmática* de estabilização das expectativas comunitárias e de socialização do delinquente dentro dos limites da culpa[44].

V. As categorias dogmáticas

Mantêm-se desde a sua origem: *ação, tipicidade, ilicitude, culpa* e *punibilidade*. São os respetivos conteúdos que têm impulsionado a evolução da teoria da infração penal.

[43] Cf. Roxin / Greco, *Strafrecht. Allgemeiner Teil*, I, 2020, p. 298.
[44] Veja-se *infra*, 3.º Capítulo, V.1.5.

2.º CAPÍTULO
A DOUTRINA DO CONCURSO E O CRIME CONTINUADO

[I. Concurso de normas ou concurso aparente de crimes; II. Concurso efetivo de crimes; III. Crime continuado]

I. Concurso de normas ou concurso aparente de crimes

1. Noção geral

No concurso de normas ou aparente de crimes existe um comportamento enquadrado em dois ou mais tipos legais de crime, mas a correspondente tutela dos bens jurídicos violados esgota-se na aplicação de um só desses tipos legais. A aplicação conjunta das normas em que a conduta se subsume equivaleria – nas palavras de Cavaleiro Ferreira – a «uma dupla valoração da mesma realidade»[45] e, portanto, à violação do princípio do *ne bis in idem* (artigo 29.º, n.º 5, da CRP), considerando o sentido material (substantivo) do princípio, isto é, a proibição de *dupla* (ou tripla, etc.) *reprovação* pelo *mesmo facto*.

Na esteira da literatura jurídica alemã[46], Figueiredo Dias distingue "mero concurso de normas" (que designa por "unidade de lei") de "concurso de crimes aparente" ("concurso de crimes impuro ou impróprio"). "Unidade de lei" reporta-se a situações em que um comportamento se subsume a duas ou mais normas, mas apenas uma ou algumas delas são aplicáveis (normas prevalecentes), em detrimento da(s) restante(s) (normas preteridas), pela mera relação *lógico-jurídica* entre a previsibilidade das mesmas que logo permite,

[45] FERREIRA, Manuel Cavaleiro de, *Lições de Direito Penal. Parte Geral*, I, 1992, p. 531.

[46] Veja-se, por exemplo, JESCHECK / WEIGEND, *Tratado de Derecho Penal*, 2002 (e bibliografia citada), pp. 788-794.

em *abstrato*, determinar essa aplicabilidade[47]. Nesta compreensão, excluir-se-ia a *consunção* das formas assumidas pela "unidade de lei"[48] que, assim, se reduziriam à *especialidade* e *subsidiariedade*. Já "concurso de crimes aparente" implica «um problema *axiológico* e *teleológico* de relacionamento de sentidos e conteúdos do ilícito»[49], que só em *concreto* pode ser dilucidado. Aqui situar-se-iam as situações de consunção.

Não se concordando com a exclusão, *in limine*, da consunção do âmbito da unidade de lei, importa, de todo o modo, ter como pano de fundo todo o espectro (mais amplo) do "concurso de normas ou aparente de crimes", estabelecendo-se, neste panorama, relações entre normas[50].

2. A relação entre as normas

2.1. Relação de especialidade

Existe um tipo legal de crime geral (um "tipo-base") que prevê um universo de situações (por exemplo, os artigos 131.º, 203.º e 143.º, todos do CP, preveem, correspondentemente, a generalidade das situações de homicídio, furto e ofensa à integridade física) e um outro tipo legal especial que prevê parte desse universo (*v.g.*, os artigos 132.º, 204.º e 144.º, também do CP, preveem, respetivamente, parte das mencionadas situações de homicídio, furto e ofensa à integridade física), "agarrando mais de perto" a situação concreta[51]. O tipo especial caracteriza-se por integrar todos os elementos do tipo geral e só dele se distinguir por conter outro elemento adicional, seja relativo à ilicitude ou à culpa[52]. Trata-se de relação de *implicação conceitual* (*inclusão*),

[47] DIAS, Jorge de Figueiredo, *Direito Penal. Parte Geral*, I, 2019, p. 1153.

[48] DIAS, Jorge de Figueiredo, *Direito Penal. Parte Geral*, I, 2019, p. 1164.

[49] DIAS, Jorge de Figueiredo, *Direito Penal. Parte Geral*, I, 2019, p. 1164.

[50] Refira-se, desde já, que os distintos tipos de relações de normas que, neste âmbito, se estabelecem (especialidade, consunção e subsidiariedade) não apresentam contornos absolutamente rígidos. Como refere Teresa Beleza, trata-se muito mais de «uma distinção tendencial, que pretende chamar a atenção para um ponto especialmente importante» dos tipos de «relações em concreto, do que categorias estanques de relações que se distingam de uma maneira perfeitamente fácil e clara» (cf. BELEZA, Teresa, *Direito Penal*, I, 1984, p. 521).

[51] Outros exemplos: homicídio simples (artigo 131.º do CP) e homicídio privilegiado (artigo 133.º do CP); furto simples (artigo 203.º do CP) e furto qualificado (artigo 204.º do CP); ofensa à integridade física simples (artigo 143.º do CP) e ofensa à integridade física grave (artigo 144.º do CP); roubo (artigo 210.º, n.º 1, do CP) e (chamemos-lhe assim) roubo qualificado (artigo 210.º, n.º 2, alínea *a*), do CP).

[52] Cf. DIAS, Jorge de Figueiredo, *Direito Penal. Parte Geral*, I, 2019, p. 1155.

não sendo possível realizar o tipo especial sem ter realizado o tipo geral[53]. Para estas condutas que se enquadram em ambos os tipos legais – que preenchem o tipo legal do crime especial, preenchendo, lógica e necessariamente, o tipo legal geral[54] – prevalece a norma especial.

Em sintonia com a máxima: *lex specialis derogat legi generalis.*

2.2. Relação de consunção em sentido técnico

Entendemos, na esteira de Eduardo Correia, que o princípio da consunção é aplicável nas circunstâncias em que entre as normas se verificam, quanto aos bens jurídicos nelas tutelados, «relações de mais e menos», contendo-se uns «nos outros, de tal maneira, que uma norma» – esgotando a tutela de bens jurídicos de ambas – «consome já a protecção que a outra visa»[55].

Assim e em termos técnico-legislativos, a consunção (*strico sensu*) revela-se quando da previsão de um tipo legal de crime (*v.g.*, a do artigo 164.º do CP, que descreve a violação, ou a do artigo 210.º, n.º 1, do mesmo diploma, que define o roubo) faz expressamente parte a previsão de um comportamento enquadrável em outro tipo legal de crime (por exemplo, ao prever «[q]uem, através de violência» ou «ameaça grave», «constranger outra pessoa» o mencionado artigo 164.º, no seu n.º 2, descreve comportamentos alternativos subsumíveis a outros tipos legais de crime, nomeadamente aos previstos nos artigos 143.º ou 154.º do CP). O que significa que o bem jurídico que neste outro tipo legal de crime se tutela (no exemplo: a integridade física) se contém já, acessoriamente, na previsão do primeiro tipo legal que tutela, como principal, um outro bem jurídico (no exemplo: a liberdade sexual). Neste enquadramento, o tipo legal de crime consuntivo é normalmente um tipo de crime complexo[56]. Nos casos de condutas abrangidas por ambas as normas e desde

[53] Cf. Dias, Jorge de Figueiredo, *Direito Penal. Parte Geral*, I, 2019, p. 1156.

[54] «[T]oda a matéria de facto subsumível à norma especial cabe inteiramente no âmbito mais vasto da norma geral» (Ferreira, Manuel Cavaleiro de, *Lições de Direito Penal. Parte Geral*, I, 1992, p. 530).

[55] Cf. Correia, Eduardo, *Direito Criminal*, II, 1993, p. 206.

[56] Na sua descrição típica, o crime complexo abrange, normalmente, situações que, alternativamente, consubstanciam outros tipos legais de crime. Exemplos: o roubo (artigo 210.º do CP) pode ser levado a cabo através de "ofensa à integridade física" (artigo 143.º do CP) *ou* de "ameaça" (artigo 153.º do CP) *ou* de "coação" (artigo 154.º do CP) *ou* colocando na impossibilidade de resistir (*v.g.* "sequestro", p.p. pelo artigo 158.º do CP); o furto qualificado (artigo 204.º do CP) pode ser consumado através de "dano" (artigo 212.º do CP) *e/ou* violação de domicílio (artigo 190.º do CP) *ou* violação de espaço fechado; a violação (artigo 164.º do CP) através de "ofensa à integridade

que a execução do facto subsumido ao tipo consunto seja *instrumental* da execução e consumação do tipo consuntivo, aplica-se a norma consuntiva[57]. O que implica tanto o sentido *abstrato* da relação entre as normas, como a *valoração teleológica* do facto *concreto*. Não está assim a consunção liminarmente excluída da "unidade de lei", uma vez que se trata de relação perspetivada, desde logo, em sentido abstrato, a partir das respetivas previsões normativas. Mas não deixa também de implicar uma concreta valoração teleológica dos factos, enquadrando-se, igualmente, no "concurso aparente".

2.3. Relação de consunção em sentido amplo (figuras afins da consunção?)

As normas concorrentes têm campo de aplicação, *a priori*, diverso. Todavia e numa relação de instrumentalidade (previsível) entre os factos enquadrados nas normas, o desvalor social de um dos crimes (consunto) dilui-se no desvalor social de outro (consuntivo). Trata-se dos casos doutrinariamente designados por: *(a) antefacto não punível* (por exemplo, *A*, para forçar o casamento com *B*, atrai a vítima para território diferente do da sua residência, conseguindo constrangê-la a casamento contra a sua vontade. Neste exemplo, o ato preparatório é punível, nos termos do artigo 154.º-C do CP, mas, uma vez consumado o casamento forçado, p.p. pelo artigo 154.º-B do mesmo CP, releva

física" (artigo 143.º do CP) *ou* de "ameaça" (artigo 153.º do CP), ou "coação" (artigo 156.º do CP). Entendendo Figueiredo Dias que, nestas situações, existe relação de especialidade, acompanhamos, todavia, Teresa Beleza ao aludir que a norma especial implica necessariamente a norma geral, exemplificando com a relação de consunção entre crime de furto qualificado através violação de domicílio e crime de violação de domicílio, uma vez que pode haver realização de furto qualificado sem ocorrer violação de domicílio (cf. BELEZA, Teresa, *Direito Penal*, I, 1985, p. 533). Do mesmo modo, pode também haver, *v.g.*, violação sem ameaça grave (colocando, por exemplo, a vítima na impossibilidade de resistir) ou roubo sem furto (sem subtração, constrangendo a vítima a entregar a coisa móvel alheia).

[57] Concretizando no exemplo referido em texto (relação entre violação e ofensa à integridade física): se a ofensa à integridade física for instrumental da violação (isto é: se funcionar como meio necessário para consumar a violação), aplica-se o tipo legal de crime de violação (artigo 164.º do CP), que abrange, na sua descrição típica, a ofensa à integridade física, consumindo, portanto, este último tipo legal (artigo 143.º do CP). Por interpretação do artigo 164.º, percebe-se que a ofensa à integridade física tem de ser um meio para atingir o ato sexual sem consentimento da vítima (tem de ser instrumental da violação). Não opera a consunção se a ofensa à integridade física for excessiva e, por isso, desnecessária para atingir o fim (se, por exemplo, após estar já a vítima dominada, continuar o agente a empregar violência). Neste caso, a situação fáctica extravasa a relação de consunção, porque ultrapassa o sentido do artigo 164.º, entrando já no domínio do concurso efetivo (aplicam-se, em concurso efetivo, os artigos 164.º e 143.º, ou 144.º, do CP).

o desvalor deste crime), *(b) facto concomitante não punível* (*v.g.*, *C* golpeia *D* com uma faca, danificando a sua camisa e, simultaneamente, atingindo-o letalmente. Neste caso, o desvalor do crime de dano, p.p. pelo artigo 212.º, dilui-se no desvalor do homicídio, p.p. pelo artigo 131.º, ambos do CP) e *(c) facto posterior* não *punível* [*e.g.*, *C*, após matar *D* (artigo 131.º do CP), oculta o cadáver (artigo 254.º, n.º1, alínea *a*), do CP). Nesta hipótese, o desvalor da ocultação de cadáver dilui-se no desvalor do homicídio. O fundamento (teleológico-valorativo) que preside a estas figuras reside em dois aspetos (não necessariamente cumulativos) fundamentais: (1) existência de relevante desequilíbrio entre os bens jurídicos tutelados pelos tipos legais de crime, de modo a que o desvalor de um crime (*v.g.*, homicídio) esgote o desvalor do outro (por exemplo: dano simples ou ocultação de cadáver); (2) nas situações de factos posteriores não puníveis, o segundo tipo legal de crime praticado corresponde, valorando criminologicamente os factos, a comportamento considerado normal, na sequência do primeiro, tomando relevo apenas o desvalor deste[58]. Pode, assim, dizer-se que, pese embora não exista, *a priori*, relação de interseção entre as previsões normativas, a verdade é que, *a posteriori*, mediante análise concreta dos factos, acaba por se interpretar que o desvalor de um dos crimes acaba por esgotar o desvalor do outro (anterior, concomitante ou posterior), o que aproxima, num certo modo de ver, tais figuras da relação de consunção, podendo, então, ser entendidas como consunção em sentido amplo ou *figuras afins da consunção*. Já se situando esta relação de consunção fora da "unidade de lei", mas consubstanciando-se, ainda, como relação de concurso aparente de crimes[59].

Seja, todavia, qual for a modalidade de consunção, prevalece sempre a máxima: *lex consumens derogat legi consumptae.*

2.4. Relação de subsidiariedade

As normas concorrentes mostram-se numa relação em que os respetivos campos de aplicação se reconduzem, lógico-conceptualmente, a um espaço de interferência (ainda que nesse espaço ambas as previsões normativas se

[58] A este propósito, desenvolvidamente, veja-se o nosso «Intervenção punitiva em tempos de crise: a paradigmática questão da punibilidade do 'autobranqueamento'», *Estudios Penales y Criminologicos*, vol. XXXVI (2016), nomeadamente pp. 538-544.

[59] E daí a tendência para se considerar a relação de consunção fora dos limites da "unidade de lei", na medida em que este género de relação é considerado, por muitos, a única forma de consunção (veja-se, por exemplo, FERREIRA, Manuel Cavaleiro de, *Lições de Direito Penal. Parte Geral*, I, 1992, pp. 532-533).

não esgotem), como, por exemplo, violência doméstica (artigo 152.º, n.º 1, do CP) e ofensa à integridade física grave (artigo 144.º do CP). Se *A* agride *B*, sua mulher, provocando-lhe dolosamente ofensa à integridade física grave, enquadrando-se a sua conduta nos tipos legais de crimes previstos nos artigos 152.º, n.º 1, e 144.º, ambos do CP, deve *A* ser punido pelo artigo 144.º. Isto, porque, ao adotar comportamento abrangido pelo espaço de interferência das normas em causa (se pode haver violência doméstica sem ofensa à integridade física grave e se pode existir ofensa à integridade física grave fora do contexto de violência doméstica, não é também menos verdade que pode ocorrer um comportamento de violência doméstica traduzido em ofensa à integridade física grave), deve a *A* ser aplicada a norma catalogada como *primária* (por ser a que comina pena mais grave), em detrimento da *subsidiária* (a que comina pena menos grave), que, como tal, *expressamente* se assume (por isso designada de *subsidiariedade expressa*)[60].

Em nossa ótica e na linha de Eduardo Correia, já a chamada *subsidiariedade implícita* (ou *tácita*) reconduz-se a situações de *consunção*[61].

Na relação de subsidiariedade, vale a máxima: *lex primaria derogat legi subsidiariae.*

[60] Com a subsidiariedade expressa evita a lei que os sujeitos de um crime com pena mais grave sejam favorecidos por o seu comportamento se enquadrar também num crime menos grave (que não é propriamente consumido, ou que, pelo menos, poderia suscitar dúvidas). A *subsidiariedade* do tipo legal de violência doméstica é *expressamente* assumida na parte final do artigo 152.º, n.º 1, do CP: «se pena mais grave lhe não couber por força de outra disposição legal». Já quanto ao tipo legal de ofensa à integridade física simples (artigo 143.º do CP) não se assume, pois, o tipo legal de crime de violência doméstica (artigo 152.º, n.º 1, do CP) como subsidiário por motivo das respetivas molduras penais. Neste caso – e considerando, na linha de Cláudia Santos, que «a violência doméstica conjugal é um crime pluriofensivo, poliédrico ou multifacetado que protege vários bens jurídicos, como a integridade física, a honra ou a liberdade, já fundantes de outras criminalizações puníveis com penas menos graves» (Santos, Cláudia, «A violência doméstica conjugal: os bens jurídicos protegidos, a desnecessidade de reiteração ou de especial intensidade e a "relação" com crimes "próximos", em José Lobo Moutinho e outros, *Homenagem ao Professor Doutor Germano Marques da Silva*, I, 2020, p. 537) – deparamo-nos com uma relação de consunção em sentido técnico, pelos fundamentos já mencionados (*supra*, 2.2.).

[61] Mais: para Eduardo Correia toda a construção da relação de subsidiariedade acaba por se revelar inútil. «No que toca à subsidiariedade expressa, por ser evidente que nada se adianta com ela para o problema do concurso; quanto à tácita porque ela vem afinal, quando válida, a coincidir com o princípio da consunção» (Cf. Correia, Eduardo, *Direito Criminal*, II, 1993, p. 206). Em todo o caso, pela nossa parte entendemos que a subsidiariedade expressa se autonomiza da consunção, posto que a norma primária pode não ser suficiente para consumir a subsidiária, tal como acontece, de resto, no exemplo apontado no texto (violência doméstica e ofensa à integridade física grave em contexto de violência doméstica).

II. Concurso efetivo de crimes

Uma ou mais condutas de um agente preenche(m) os pressupostos de dois ou mais tipos legais de crime e a tutela dos bens jurídicos violados apenas se esgota com a aplicação desses dois ou mais tipos legais de crimes ou, então, a previsão legal de norma típica é preenchida mais do que uma vez, repetindo-se, logicamente, a violação dos bens jurídicos por essa norma tutelados.

> *Exemplo 1*: em determinado dia, *A* mata *B*, subtrai, com intenção de apropriação, o relógio a *C* e prende *D* numa arrecadação.

A comete um crime de homicídio (artigo 131.º do CP), um crime de furto (artigo 203.º do CP) e um crime de sequestro (artigo 158.º do CP) através de diferentes condutas. Trata-se do chamado concurso efetivo *real*.

> *Exemplo 2*: *E* faz explodir uma bomba num pavilhão desportivo, matando dez pessoas.

E cometeu dez crimes de homicídio (artigo 131.º do CP) com a mesma conduta. O que significa dez crimes de homicídio em concurso efetivo *ideal*.

> *Exemplo 3*: *F* viola *G*. Cinco dias depois, *F* procura *G* e volta a repetir a violação.

F cometeu dois crimes de violação (artigo 164.º do CP) em concurso efetivo *real*.

Só existe concurso de crimes se, no tempo que medeia as condutas, não houver trânsito em julgado por nenhum dos crimes, como resulta do preceituado no artigo 77.º, n.º 1, do CP. O concurso efetivo de crimes encontra-se previsto no artigo 30.º, n.º 1, e as regras de punição no artigo 77.º, ambos do CP.

III. Crime continuado

Parte de uma situação de concurso efetivo de crimes através da realização plúrima do mesmo tipo legal, ou de vários tipos legais que fundamentalmente protejam o mesmo bem jurídico (por exemplo, furto, abuso de confiança, roubo), executada de forma essencialmente homogénea (com análogo *modus operandi*) e num semelhante quadro de solicitação exterior que leve a que a culpa do agente diminua sensivelmente – *grosso modo*, se reduza a culpa a um só crime (continuado)[62], conforme prescreve o artigo 30.º, n.º 2, do CP. A aplicabilidade desta figura só opera em crimes que não atentam contra bens jurídicos eminentemente pessoais.

> *Exemplo 1*: *A*, empregado de *B*, deparando-se, em três dias consecutivos, com o cofre do seu patrão aberto, retira, em cada um desses dias, € 500.

> *Exemplo 2*: em duas sextas-feiras seguidas, *C*, empregada doméstica de *D*, ao limpar o pó encontra uma caixa de charutos. Em ambos os dias, *C* subtrai os charutos para os oferecer *E*, seu namorado, com quem costuma encontrar-se ao sábado.

Nestes exemplos, são descritas condutas que reúnem os pressupostos de aplicação do crime continuado (no caso, furto continuado). Esta figura jurídica encontra-se prevista no artigo 30.º, n.º 2 e 3, e as regras de punição no artigo 79.º, ambos do CP.

[62] «A diminuição sensível da culpa só tem lugar quando a ocasião favorável à prática do crime se repete sem que o agente tenha contribuído para essa repetição. É o que sucede, por exemplo, quando o agente se depara repetidamente com um meio facilitador da prática de um crime, como uma janela ou uma porta aberta. Isto é, quando a ocasião se proporciona ao agente e não quando ele ativamente a provoca» (são as palavras de ALBUQUERQUE, Paulo Pinto de, *Comentário do Código Penal*, 2021, p. 244, respaldadas em ampla jurisprudência do STJ e doutrina).

3.º CAPÍTULO
TEORIA DA INFRAÇÃO PENAL

[I. Ação (e omissão) típica; II. Tipo objetivo de ilícito; III. Tipo subjetivo de ilícito; IV. Ilicitude e causas de justificação; V. Culpa (e negação da culpa); VI. Punibilidade]

I. Ação (e omissão) (suscetível de ser) típica (ou a síntese entre finalismo e funcionalismo)[63]

No contexto da conceção teleológico-funcional e racional, a compreensão do ilícito pessoal, iniciada pelo finalismo, mantém-se como elemento estruturante da teoria da infração penal. É perspetivada, todavia, à luz de valorações teleológicas e normativas e não de uma estrutura meramente ontológica do *agir* humano, político-criminalmente cega.

A estrutura ontológica da *ação* finalista, não obstante o mérito de deslocar elementos subjetivos para ação e tipicidade, apresentava duas grandes dificuldades no âmbito da função de delimitação: não abrangia a omissão (em que não há uma condução final do processo causal) e não se adequava aos crimes negligentes (em que a ação não tem em vista a finalidade típica)[64].

Também o conceito social de ação – ainda que essencial para abranger a omissão, uma vez que, como referem Hans-Heinrich Jescheck e Thomas Weigend, ação e omissão não se podem unificar a um nível ontológico, só em perspetiva superior de carácter valorativo (normativo-social) que permita

[63] Quanto a este ponto, mais desenvolvidamente, veja-se o nosso «A ação (suscetível de ser) típica (ou a relevância normativo-social na síntese entre finalismo e funcionalismo)», em Catarina Abegão Alves e outros, *Prof. Doutor Augusto Silva Dias. In Memoriam*, 2022, pp. 393-404.

[64] Assim, por exemplo e concluindo que por estas razões não pode o conceito final de ação «arvorar-se em conceito geral de ação», Dias, Jorge de Figueiredo, *Direito Penal. Parte Geral*, I, 2019, p. 297.

esperar um comportamento ativo que não tem lugar[65] – tinha as suas insuficiências que o impediam de concretizar a função de delimitação, revelando-se, neste caso, demasiado amplo, suscetível de englobar comportamentos (socialmente relevantes, mas) sem utilidade político-criminal, como é o caso dos comportamentos derivados de estados de inconsciência, de *vis absoluta*, de movimentos reflexos básicos ou de outros não controláveis[66].

A tendência começou, então, a ser a de entender-se não ser possível um conceito de ação enquanto categoria geral própria, pré-jurídica, «capaz de suportar as posteriores predicações da tipicidade, da ilicitude (antijuridicidade), da culpa e da punibilidade, sem, todavia, as pré-determinar»[67]. Um conceito – como é referido por Jescheck e Weigend –, capaz de cumprir uma função de (1) *classificação*, uma função de (2) *definição* e *ligação* e uma função de (3) *delimitação*[68].

Neste contexto e tentando não prescindir de um conceito de ação que se possa assumir como categoria própria, Claus Roxin avança com o "conceito pessoal de ação" (*personale Handlungsbegriff*), que definiu como "manifestação de personalidade" (*Persönlichkeitsäußerung*). Esta manifestação de personalidade implica, por um lado, considerar a ação enquanto expressão "anímico-espiritual" (*seelisch-geistiges*) da pessoa – o que não sucede em caso de efeitos que partem unicamente da esfera corporal (somática) ou de âmbito material, vital e animal, sem estar submetidos ao controlo do "eu", da instância condutora anímico-espiritual do ser humano[69] –, vale por dizer, a ação enquanto manifestação dominada ou dominável pela vontade, pela consciência, envolvendo, por conseguinte e necessariamente, a possibilidade de outra atitude distinta da que, em concreto, se adotou. Mas implica também, por outro

[65] Cf. Jescheck / Weigend, *Tratado de Derecho Penal*, 2002, p. 239. Também Eberhard Schmidt coloca em evidência o conceito de ação humana enquanto unidade de sentido de intervenção do ser individual na coexistência social, atribuindo relevo à correspondente significação social que a retira da mera dimensão ontológica (causal-naturalista) (cf. Schmidt, Eberhard, «A teoria da ação social», em *Textos de Apoio de Direito Penal*, II, 1984, pp. 177-205). Corroborando a inevitabilidade do relevo social da ação, veja-se, por exemplo, Beleza, Teresa, *Direito Penal*, II, 1980, p. 63.

[66] Assim, Roxin / Greco, *Strafrecht. Allgemeiner Teil*, I, 2020, p. 346.

[67] Dias, Jorge de Figueiredo, *Direito Penal. Parte Geral*, I, 2019, p. 293.

[68] Cf. Jescheck / Weigend, *Tratado de Derecho Penal*, 2002, p. 234.

[69] Cf. Roxin / Greco, *Strafrecht. Allgemeiner Teil*, I, 2020, p. 355. Que acrescentam: se um sujeito é empurrado por uma força irresistível contra uma janela ou se durante um sonho, um delírio ou ataque convulsivo desfere golpes contra o que se encontra à sua volta, ou se reage de modo meramente reflexo, as suas manifestações não são dominadas ou domináveis pela vontade e pela consciência, não podendo, portanto, ser classificadas como manifestações da personalidade por não serem imputadas à capa anímico-espiritual da pessoa (*idem*, *ibidem*, p. 355).

lado, que os meros pensamentos e impulsos da vontade, que logicamente pertencem à esfera anímico-espiritual da pessoa, se permanecerem no campo interno, sem relação com o mundo exterior, não se traduzem em manifestações de personalidade e, portanto, não podem ser consideradas ações[70].

Roxin entende que este conceito pessoal de ação cumpre as aludidas funções de *classificação, definição* (e *ligação*) e *delimitação* a que se referem Jescheck e Weigend.

Em termos *classificatórios*, funciona como elemento de base da teoria da infração penal ao abarcar ações e omissões dolosas ou negligentes, pois todas são manifestações de personalidade[71].

Cumpre a função de *definição e ligação*, na medida em que parte de uma compreensão pré-jurídica da ação (e da omissão) e, simultaneamente, abarca um fragmento da realidade decisivo não só para um primeiro e prévio enquadramento jurídico, mas também para as subsequentes valorações jurídico-penais[72].

Delimita a ação (e a omissão) da falta de ação (e de omissão), afastando da análise da teoria da infração factos que (não obstante se encontrar o ser humano envolvido) não correspondam a uma expressão da capa anímico-espiritual do agente[73].

Nas funções de *classificação, definição e ligação*, o "conceito pessoal de ação" de Roxin, ajustando-se à perspetiva *funcional* do direito penal (direito penal que constrói as categorias do crime orientadas para fins de política criminal), não deixa de se sintonizar com uma certa visão *finalista* ao implicar comportamentos determinados por decisão humana (consciente ou pré-consciente). O direito penal visa, sobretudo, condicionar comportamentos e, nesse sentido, só deverá dirigir-se a comportamentos que resultem de decisão humana (dar relevo, *v.g.*, a atos reflexos ou praticados em estado de inconsciência não se afigura político-criminalmente útil). É neste horizonte compreensivo que o conceito de manifestação de personalidade não deixa de se harmonizar com a ideia de ação final. A decisão humana implica a intenção de prosseguir objetivos, finalidades. Assim, verificando-se essa supradeterminação final na psique e sequente atuação com vista à finalidade pré-representada, o agente expressa a sua personalidade, exterioriza a sua capa anímico-espiritual. Seja esse fim típico ou não típico, seja atingido ou não atingido pela sua atuação.

70 Cf. Roxin / Greco, *Strafrecht. Allgemeiner Teil*, I, 2020, p. 355.

71 Desenvolvidamente, Roxin / Greco, *Strafrecht. Allgemeiner Teil*, I, 2020, pp. 358-359.

72 Desenvolvidamente, Roxin / Greco, *Strafrecht. Allgemeiner Teil*, I, 2020, pp. 359-360.

73 Desenvolvidamente, Roxin / Greco, *Strafrecht. Allgemeiner Teil*, I, 2020, pp. 360-363.

É na motivação de alcançar a finalidade orientadora do comportamento adotado que se manifesta a personalidade do agente. Não se trata aqui, bem entendido, do conceito clássico finalista (ôntico-fenomenológico), de supradeterminação final de um processo causal, mas somente de atuação em vista de um fim. Um conceito de ação final que serve apenas de elemento base ao critério da expressão anímico-espiritual do agente. Que, na análise de situações práticas, pode auxiliar o aplicador da lei na tarefa de definir a existência de ação enquanto manifestação de personalidade, abrangendo ações e omissões dolosas e negligentes.

Vejamos, a propósito, os seguintes exemplos:

> *Exemplo 1*: *A*, com intenção de matar, dispara sobre *B*, causando-lhe a morte.

Neste exemplo, *A* pré-representou uma finalidade (matar *B*) e concretizou-a com o seu comportamento que é, assim, produto de decisão humana e, portanto, dominada ou dominável pela vontade. Trata-se, em suma, de manifestação da personalidade do agente, existindo ação. *A* cometeu crime de homicídio doloso (artigo 131.º do CP).

> *Exemplo 2*: *C*, motociclista, segue viagem, em dia de chuva ténue, numa estrada com piso em paralelo. Ao deparar-se com uma bola de futebol que, 50 metros à sua frente, atravessa a estrada, *C* logo conjeturou que se seguiria uma criança a correr atrás da bola. Pensando que a travagem, naquelas circunstâncias, implicaria derrapagem do motociclo e atropelamento da criança, *C* acelera com o intuito de passar antes da criança no ponto que calculou ser o de possível contacto. Cálculo errado, todavia, pois *C*, ao acelerar, acabou por atingir *D*, criança de 9 anos, que perseguia a bola, provocando-lhe ofensa à integridade física.

A aceleração, enquanto expressão da vontade do agente, em vista de um fim (não típico), é o suficiente para exteriorizar um comportamento submetido à decisão do "eu" e, nesse sentido, manifestar, através da ação, a sua personalidade. Não tendo correspondido à medida de cuidado correta, *C* cometeu ofensa à integridade física *negligente* (artigo 148.º do CP).

> *Exemplo 3*: *E* conduz em excesso de velocidade para se não atrasar para o jantar com sua mulher. No trajeto, apercebe-se de uma pessoa ferida

> na berma da estrada, provavelmente vítima de atropelamento momentos antes, em risco de vida. Com o objetivo final de ser pontual no jantar combinado, *E* não auxilia a vítima.

Neste caso, *E* pré-representou uma finalidade não típica (pontualidade no jantar) e a sua atuação, em vista desse fim, implicou uma omissão de ação (social e juridicamente) esperada (auxiliar a vítima de um atropelamento). Trata-se de manifestação da personalidade do agente em comportamento por omissão. *E* cometeu crime de *omissão* de auxílio com dolo (artigo 200.º do CP), pois pré-representou o não auxílio como consequência necessária da sua conduta.

> *Exemplo 4*: em situação prática objetivamente idêntica à anterior, suponha-se agora que, por estar com receio de chegar atrasado ao jantar com sua mulher e, em perceção muito rápida (devido a estar apressado), por haver representado um cidadão a descansar na berma da estrada, *E* seguiu viagem. A pessoa ferida era, afinal, *F*, filho de *E*, que acabou por morrer por falta de socorro.

Não tendo adotado o cuidado devido na sua observação, trata-se, também neste exemplo, de manifestação da personalidade do agente em comportamento por omissão. Sendo *F*, seu filho (o que atribui ao pai dever especial de evitar resultado típico[74]), *E* comete crime de homicídio negligente por *omissão* (artigos 10.º e 131.º do CP).

Os próprios Claus Roxin e Luís Greco não deixam de utilizar o critério do comportamento dirigido a um objetivo para avaliar a manifestação de personalidade. A propósito do exemplo da condutora que, para afastar um inseto dos olhos, faz um "movimento defensivo brusco" com a mão, perdendo, por isso, o controlo do veículo e provocando um choque[75], afirmam que, apesar de não haver aqui uma reflexão consciente, existe um movimento defensivo transmitido psiquicamente e *dirigido* a um *objetivo*, o que é o *suficiente* para admitir a existência de uma *manifestação da personalidade*[76].

[74] Nos termos do artigo 10.º do CP, configurando-se a omissão como impura (veja-se *infra*, 2.3.1. e 5.5.).

[75] Cf. Roxin / Greco, *Strafrecht. Allgemeiner Teil*, I, 2020, p. 371.

[76] Ainda que (como referem Roxin / Greco, *Strafrecht. Allgemeiner Teil*, I, 2020, p. 372), para a visão clássica do finalismo, que requer um controle planificado de um processo causal, não haveria, neste caso, ação. Nem, tão-pouco, acrescentamos, haveria nos *exemplos 2*, *3* e *4* enunciados, pois os

Quanto à função de *delimitação*, em perspetiva prática, trata-se de função essencial, dado que permite definir o que pode ser submetido a valorações jurídico-penais, retirando (*delimitação negativa*), logo à partida, situações em que, não obstante se encontrar o ser humano envolvido, se não revelam manifestações de personalidade. Seja por se tratar de situações meramente subjetivas, internas (*cogitationis poenam nemo partitur*), seja por se traduzirem em casos em que o corpo humano funciona apenas como "massa mecânica", sem participação da psique, como são os atos praticados em profundo *estado de inconsciência*[77], sob *coação absoluta*[78] ou como resultado de *movimentos reflexos*[79].

Já numa zona cinzenta se encontra a diferença entre movimentos puramente reflexos e movimentos automáticos ou factos praticados sob forte impulso afetivo de alta intensidade ou embriaguez[80]. Nestas constelações de casos não haverá inconsciência, antes uma resposta imediata da personalidade. São situações de pré-consciência que – no caso dos movimentos automáticos – se assumem pela experiência adquirida em virtude do exercício continuado. Suponha-se que *A* se encontra parado num semáforo ao volante

comportamentos aí descritos não correspondem também a controle planificado de um processo causal (no *exemplo 2* por se tratar de crime negligente; nos *exemplos 3* e *4* por estarem em causa crimes omissivos).

[77] Se, por exemplo, na casa de *B*, durante uma conversa, *A*, subitamente, cai inconsciente e, na queda, parte um valioso jarrão, não incorre em responsabilidade penal porque, desde logo, não existe ação. O mesmo se diga se partir o jarrão ou ofender a integridade física de *B* em estado de sonambulismo ou durante ataque de epilepsia. Ou, em comportamento omissivo, o médico que não atende o paciente acabado de chegar ao banco de urgências do hospital por ter desmaiado minutos antes. O *estado de inconsciência* veda a ligação da psique com o mundo exterior.

[78] Também não deve ser responsabilizado penalmente, por nem sequer haver ação, aquele que parte um vidro de uma janela por ter sido violentamente empurrado por outra pessoa (contra o vidro), dado que se encontra em situação de *coação absoluta*. O ser humano é aqui reduzido a matéria igual a qualquer outro objeto do mundo físico, não emprestando a sua dimensão humana ao acontecimento. No âmbito da omissão, também se encontra sob coação absoluta o pai que não salva o filho do afogamento por se encontrar amarrado de mãos e pés. Não é possível imputar estes acontecimentos à capa anímico espiritual das pessoas implicadas que se encontram sob coação absoluta. Especificamente, quanto à omissão insuscetível de ser típica, veja-se, ainda, *infra*, 5.2. e 5.3.

[79] Se *A* está a tentar consertar uma tomada elétrica, sob fiscalização de *B*, sua mulher, que constantemente vai dando palpites, e se *A*, subitamente, sofre um choque que lhe projeta o braço para trás, golpeando *B*, também não assume comportamento enquanto expressão da sua personalidade. No movimento reflexo (como refere DIAS, Augusto Silva, *Apontamentos de Direito Penal*, 1995, p. 168), existe uma conexão mecânica estímulo-reação em que o impulso externo atua por via periférica (sem passar pelo sistema nervoso central), sendo transmitido diretamente de um centro sensorial a um centro motor.

[80] Assim, ROXIN / GRECO, *Strafrecht. Allgemeiner Teil*, I, 2020, p. 371.

do automóvel de *B*, sua mulher. Ao surgir surge o sinal verde, *A* realiza o movimento adequado a engrenar, em quase todos os automóveis, a 1.ª velocidade. Todavia, no carro de *B*, esse movimento corresponde a engrenar a marcha-atrás. Assim, no arranque, *A* acaba por atingir o veículo de trás causando ferimentos no respetivo condutor. Existe, neste caso, ação de *A* e eventual responsabilidade penal[81].

Figueiredo Dias mostra-se, porém, cético em relação à possibilidade de um conceito geral de ação que possa cumprir cabalmente a sua função delimitadora de modo apriorístico (pré-jurídico, independente), dado que, no contexto de uma *conceção teleológico-funcional e racional* da teoria do facto punível, tal delimitação, em bom rigor, se cumpre, as mais das vezes, em função das «exigências *normativas* dos tipos»[82]. Para o Autor é percetível, na própria conceção de Roxin, a incompletude daquela função delimitadora, uma vez que existem «conceções pessoais, modos de ser, de pensar e de agir» que «constituem lídimas (porventura as mais lídimas) expressões da personalidade», mas que não têm de «traduzir-se em ações penalmente relevantes»[83]. Podem até sê-lo (ou não), só que essa classificação não provirá, ainda na compreensão de Figueiredo Dias, de um conceito geral, *a priori*, de ação, antes dependendo das *exigências normativas* incluídas nos *tipos* de ilícito, uma vez que é da interpretação de tais exigências que se podem perceber as ações penalmente relevantes. A exteriorização da personalidade através de uma ação não significa que se trate, necessariamente, de uma ação penalmente relevante, já que uma tal delimitação só se concretiza, *a posteriori*, isto é, face às exigências do *tipo*. E, neste enquadramento, diversas manifestações humanas – «*v.g.*, *comportamentos de entes coletivos*, atos reflexos ou automáticos, factos praticados em estados graves de afeto, etc.» – podem ser (ou não) expressões de personalidade penalmente relevantes; mas isso dependerá «das exigências típicas e não de qualquer conceito geral de ação»[84].

No âmbito da conceção teleológico-funcional e racional da teoria da infração deve o conceito de ação fundar-se e delimitar-se nas finalidades político-criminais do direito penal, expressando-se (estas finalidades político-criminais) nas exigências normativas do tipo. Ainda que porventura tivesse razão Figueiredo Dias ao afirmar, neste quadro, a não autonomia de

[81] Assim, Dias, Augusto Silva, *Apontamentos de Direito Penal*, 1995, p. 169.

[82] Dias, Jorge de Figueiredo, *Direito Penal. Parte Geral*, I, 2019, p. 301.

[83] Dias, Jorge de Figueiredo, *Direito Penal. Parte Geral*, I, 2019, p. 301.

[84] Dias, Jorge de Figueiredo, *Direito Penal. Parte Geral*, I, 2019, pp. 301-302.

um conceito de ação pré-jurídico[85], tanto não obstruiria a construção de uma teoria da ação fundada precisamente nas exigências normativas dos tipos e, portanto, apta a abranger (não propriamente atos penais aprioristicamente definidos, mas) comportamentos (aprioristicamente) suscetíveis de valoração social e penal. Uma teoria da ação, assim dependente de conceitos sociais e jurídicos, cujo conteúdo deve ser, por isso, interpretado em método histórico-evolutivo, mas que se ajusta ao conceito pessoal de ação de Claus Roxin. Trata-se, em suma, de uma teoria que compreende comportamentos fundados em decisões humanas, domináveis pela vontade e, portanto, aptos a serem penalmente valorados, porque suscetíveis de ser objeto de dissuasão penal (condicionáveis). Mesmo que se não perspetive como conceito de ação pré-jurídico, autónomo, independente do sistema jurídico-penal, o que releva para a teoria da infração penal é, sobretudo, ter como base a delimitação de uma "ação (suscetível de ser) típica" e, nessa medida, um conceito de ação que, perspetivando, em última instância, as exigências normativas do tipo (com todo o conteúdo político-criminal que isso implica), cumpra essa função (de delimitação). Ou então não se situaria o conceito de ação em contexto teleológico-funcional racional.

II. Tipo objetivo de ilícito

1. Questões gerais de tipicidade

O tipo objetivo de ilícito corresponde à previsão de um comportamento, a uma descrição típica objetiva, isto é, sem ligação a elementos psicológicos do agente. Nos elementos constitutivos do tipo deparam-se-nos elementos meramente *descritivos*, referidos a realidades materiais do mundo exterior cuja captação não carece de valoração jurídica, e elementos *normativos*, em que existe uma referência normativa (sociocultural, jurídica, etc.), sendo, por isso,

[85] Ainda que o conceito de ação, com roupagem da teoria social, se possa assumir como pré-jurídico, tal como defende – e, talvez, com razão – Taipa de Carvalho. Com efeito, sendo o conceito social, por si, insuficiente, não deixa de ter decisiva relevância, não só porque a ação (e a omissão) penal tem de ser socialmente relevante (cf. BELEZA, Teresa, *Direito Penal*, II, 1980, p. 98), mas também porque tem de ser "socialmente inadequada". Este é um dos pontos colocados em evidência por Taipa de Carvalho no contexto do conceito "normativo-social de ação", conferindo-lhe, no entendimento do Autor, função de delimitação pré-jurídica (cf. CARVALHO, Américo Taipa de, *Direito Penal. Parte Geral*, 2016, pp. 260-266).

(apenas) captáveis através de um juízo valorativo, alcançável, não obstante, por um leigo (a sua interpretação exige, ao jurista-intérprete, um "juízo de valoração paralela na esfera do leigo"). A distinção nem sempre é clara, surgindo, muitas vezes, um misto de ambos [exemplos de elementos de pendor descritivo no âmbito do Código Penal: "pessoa" (artigo 131.º), "mulher grávida" (artigo 140.º), "coisa móvel" (artigo 203.º); de elementos de cariz normativo: "bons costumes" (artigo 38.º), "ato sexual de relevo" (artigo 163.º), "alheia" (artigo 203.º), "documento" (artigo 256.º).

O juízo de interpretação jurídica, ao implicar valoração do facto e da norma[86], conduz-nos à chamada "cláusula de inadequação social" (Welzel), uma cláusula implícita em todos os tipos legais, relevando o conceito social de ação enquanto fator delimitador dos comportamentos suscetíveis de ser típicos[87]. Significa esta "cláusula" que comportamentos quotidianos, socialmente adequados ou, no limite, (socialmente) toleráveis, não preenchem um tipo legal de crime (*v.g.*, ofensa física normal no contexto de uma competição desportiva de contacto físico; corte de cabelo no cabeleireiro; linguagem menos ortodoxa, num jogo de futebol, dos adeptos em relação ao árbitro; ou numa feira; intervenção cirúrgica, realizada por médico, com respeito pelas

[86] No plano da técnica jurídica de interpretação, a conceção atualmente dominante tem como ponto de partida – utilizando as palavras de Manuel de Andrade – o «*método histórico-evolutivo* ou *da interpretação progressiva* e que, feitas as contas, não é senão um *objectivismo atualista*» (ANDRADE, Manuel de, *Ensaio sobre a teoria da interpretação das leis*, 1987, p. 15). Este método, partindo de um *objetivismo historicista* que visa «apreender o sentido objectivo da lei no momento da sua feitura», procura o *objetivismo atualista*, isto é, «procura apreender o sentido objectivo da lei no momento da sua interpretação», afirmando-se que esta «deve ser entendida como se atrás dela estivesse um certo legislador abstracto, razoável, que a vai mantendo de pé [...]; ou que o jurista é fiel à situação presente, pelo que deve interpretar a lei de acordo com a época atual» (JUSTO, António Santos, *Introdução ao Estudo do Direito*, 2022, pp. 311-312). Mesclada com elementos subjetivistas, a conceção metodológica atualmente dominante, enfatiza «o caso concreto decidendo como condicionante e determinante da interpretação» (*idem, ibidem*, p. 347). Neste contexto, absorvidas «a interpretação e a integração na figura do *desenvolvimento do* direito, assume importância nuclear o juiz, cuja função judicial se exige ideologicamente neutra e verdadeiramente independente», de modo a poder cumprir, entre outros, o dever de servir «as concepções sociais, éticas e culturais dominantes» (*idem, ibidem*, p. 349) do respetivo momento histórico, em determinado espaço. Neste sentido e referindo-se aos «conceitos objetivo-normativos», cuja função, em boa parte, é a de «permanecerem abertos às mudanças de valorações» (p. 239), veja-se ENGISCH, Karl, *Introdução ao pensamento jurídico*, 2001, sobretudo pp. 205-342). Com particular incidência quanto à relevância dos juízos de valor na conformação e apreciação jurídica da concreta situação de facto, veja-se LARENZ, Karl, *Metodologia da Ciência do Direito*, 1997, nomeadamente, pp. 406-413.

[87] Cf. *supra*, I.

leges artis; privação da liberdade por tempo curto e em contextos de brincadeira[88]). Trata-se de comportamentos que não caem notoriamente fora da ordenação ético-social da comunidade[89], sejam por ação, sejam por omissão[90].

[88] Afirma Taipa de Carvalho que não estabelecendo o artigo 158.º, n.º 1, do CP critério temporal de privação da liberdade para a consumação do crime de sequestro, também a doutrina não define essa duração, referindo-se os diversos Autores a tempos variáveis. Considera, assim, correta – e bem – a jurisprudência constante do antigo Acórdão do STJ de 3-10-1990: o «crime de sequestro [...] é um crime de execução permanente e não vinculada, que não exige o preenchimento de um específico período de tempo [...]. Em todo o caso, a privação de liberdade, do 'jus ambulandi', para que possa ter algum significado e relevância como elemento do crime, não deverá ter uma duração tão diminuta que, verdadeiramente, não afecte a liberdade de locomoção» (cf. Carvalho, Américo Taipa de, «[Anotação ao] Artigo 158.º», em Jorge de Figueiredo Dias (Dir.), *Comentário Conimbricense do Código Penal*, I, 1999, pp. 408-409). A duração da privação da liberdade é, na verdade, importante para definir se afeta a liberdade de locomoção, mas deve ser relacionada com o contexto social em que se insere. Se, por exemplo, *A*, que há muito não via o seu amigo *B*, ao encontrá-lo, o abraça com força, em jeito de brincadeira, durante cinco minutos, não conseguindo *B* libertar-se, este contexto jocoso retira o enquadramento típico da conduta, por se tratar de ação, no limite, socialmente tolerável. E, não obstante, pode existir comportamento típico num sequestro que dure menos tempo: suponha-se que *C* prende, com intenções duvidosas, uma colega de trabalho, *D*, numa arrecadação, conseguindo esta, ao fim de quatro minutos, fugir ao saltar de uma janela com três metros de altura, o que a leva a sofrer ligeiras escoriações. O comportamento de *C* ultrapassa já, *nemine discrepante*, os limites do socialmente tolerável.

[89] Mais desenvolvidamente (e distinguindo a *adequação social*, enquanto comportamento de *liberdade* social *geral*, das *causas de justificação*, como, também, *liberdade de ação*, mas de natureza *especial*), Welzel, Hans, *Derecho Penal Alemán*, 1993, pp. 66-69. Luzón Peña refere-se a causas de atipicidade que distingue em quatro categorias: a) *consentimento ou acordo* em comportamentos aparentemente subsumíveis em tipos legais de crime contra a liberdade; b) *adequação social* em comportamentos também aparentemente subsumíveis em tipo legal de crime, mas considerados corretos segundo os usos sociais (*v.g.*, oferta de lembrança, com valor residual, ao carteiro); c) *intervenções médico-cirúrgicas* com respeito pelas *leges artis*; d) *casos fortuitos*, em que determinado comportamento preenche o tipo objetivo de um crime, mas em que não existe dolo, nem negligência, não se verificando o tipo subjetivo (veja-se, Luzón Peña, «Causas de atipicidade», em Maria da Conceição Valdágua (Coord.), *Problemas Fundamentais de Direito Penal – Homenagem a Claus Roxin*, 2002, pp. 112-113 e, desenvolvidamente, pp. 113 ss). Excluindo-se esta última categoria, que se refere à não verificação do tipo subjetivo, as restantes categorias enquadram-se no horizonte compreensivo da adequação social, uma vez que, quanto ao acordo, a sua verificação conduz, na verdade, à adequação social do comportamento – e nas intervenções médico-cirúrgicas o acordo é também elemento fundamental – (quanto à distinção entre consentimento e acordo, sendo aquele causa de exclusão da ilicitude e este causa de atipicidade, veja-se, entre nós, Andrade, Manuel da Costa, *Consentimento e Acordo em Direito Penal*, 2004, nomeadamente pp. 228-264 e 362-517). Sobre este tema, veja-se, também entre nós, Faria, Paula Ribeiro de, «A adequação social da conduta no direito penal (ou a relevância do simbolismo social do crime)», em Manuel da Costa Andrade e outros (Org.), *Direito Penal. Homenagem ao Prof. Peter Hünerfeld*, 2013, pp. 273-341.

[90] Quanto à omissão socialmente adequada, veja-se *infra*, 5.3.

2. Classificação dos tipos legais de crime segundo elementos objetivos comuns

A estrutura dos tipos legais de crime conduz à sua identificação segundo conjuntos de elementos que, no essencial, dizem respeito ao *autor*, à *conduta*, à *estrutura do comportamento* e à *tutela do bem jurídico*.

2.1. Quanto ao autor

2.1.1. Pessoas singulares e pessoas coletivas

Nos termos do n.º 1 do artigo 11.º do CP, sujeito do crime é, em regra, uma pessoa singular, mas, nos casos especialmente previstos na lei, pode ser também uma pessoa coletiva. Se, através do Decreto-Lei n.º 28/84, de 20 de janeiro (crimes contra a economia e saúde pública) – não obstante algumas incipientes manifestações anteriores –, surge, pela primeira vez, a responsabilização penal das pessoas coletivas no âmbito do direito penal secundário[91], com a revisão do Código Penal operada pela Lei n.º 59/2007, de 4 de setembro, o legislador nacional sufragou-a no domínio (pelo menos formal) do direito penal clássico, mais concretamente no artigo 11.º, n.º 2, do CP, «com exceção do Estado, de pessoas coletivas no exercício de prerrogativas de poder público e de organizações de direito internacional público»[92] e limitada aos crimes neste preceito elencados.

O modelo de imputação adotado no Código Penal parte do horizonte compreensivo da *teoria dos órgãos*, sob a fórmula de serem cometidos os crimes em nome da pessoa coletiva e no seu interesse por pessoas que nela «*ocupem uma posição de liderança*» (alínea *a)* do n.º 2 do artigo 11.º) e estende-se

[91] O surgimento do direito penal económico – pela necessidade de proteção de bens jurídicos de natureza económico-social –, e o inerente relevo da atividade empresarial, coloca em evidência a figura criminológica de *corporate crime* enquanto crime cometido por funcionários de uma organização no interesse desta (assim, entre outros, Sousa, Susana Aires de, *Questões Fundamentais de Direito Penal da Empresa*, 2019, p. 17, e, sublinhando o enquadramento do *corporate crime* na categoria criminológica, de espectro mais vasto, do *white-collar crime*, Santos, Cláudia, *O crime de colarinho branco*, 2001, pp. 75-76).

[92] Quanto ao problema da (ir)responsabilidade penal das pessoas coletivas no exercício de prerrogativas de poder público, veja-se Loureiro, Flávia Noversa, «A responsabilidade Penal das Pessoas Jurídicas», em Manuel M. G. Valente, *V congresso de Direito Penal e de Processo Penal. Memórias*, 2016, pp. 27-44.

às pessoas que *atuem sob a autoridade* daqueles que ocupam uma posição de liderança «*em virtude de uma violação dos deveres de vigilância ou controlo que lhes incumbem*» (alínea *b)* do mesmo n.º 2 do artigo 11.º). A densificação desta segunda proposição jurídica – que constitui novidade face ao modelo da teoria dos órgãos que vinha sendo adotado no direito penal secundário –, remete-nos para o critério da deficiência organizacional[93], tomando especial relevância, em tempos recentes, o chamado *criminal compliance*[94].

2.1.2. Crimes comuns e crimes específicos

Comuns são os crimes em que a generalidade das pessoas podem assumir a qualidade autor, correspondendo à maioria dos tipos legais previstos na parte especial do Código Penal. Os respetivos "textos-norma"[95], na sua previsão legal, começam por "Quem". A título de exemplo: «*Quem* matar...» (artigo 131.º); «*Quem* colocar em perigo...» (artigo 138.º, n.º 1); «*Quem* ofender o corpo...» (artigo 143.º, n.º 1); «*Quem* destruir...» (artigo 212.º, n.º 1); «*Quem* utilizar...» (artigo 208.º, n.º 1); «*Quem* praticar ato de procriação artificial...» (artigo 168.º); «*Quem* importunar outra pessoa...» (artigo 170.º). Já nos crimes *específicos* restringe-se a autoria a pessoas sobre as quais recai determinado estatuto ou qualidade (social, profissional, familiar) e/ou deveres especiais, como, por exemplo, «A *mãe* que matar o filho...» (artigo 136.º), «O *médico* que recusar o auxílio...» (artigo 284.º), «O *advogado* ou *solicitador* que intencionalmente prejudicar...» (artigo 370.º), «O *funcionário* que fizer uso...» (artigo 376.º).

[93] Assim por nós defendido, com fundamento numa culpa autónoma da pessoa coletiva, em, Torrão, Fernando, *Societas delinquere potest?*, 2018, pp. 461-470.

[94] Começa, com efeito, a criminalidade empresarial a ser marcada, pelo menos no plano doutrinal, pelo *criminal compliance*, com todos os problemas implicados no âmbito da responsabilidade penal, nomeadamente das pessoas coletivas, dos administradores, dos *compliance officers* e dos empregados. Sobre o tema, veja-se, por exemplo, Rodrigues, Anabela Miranda, *Direito Penal Económico – Uma política criminal na era compliance*, 2021, pp. 83-129; Sousa, Susana Aires de, *Questões Fundamentais de Direito Penal da Empresa*, 2019, designadamente, pp. 123-139; Busato, Paulo César, «*Criminal compliance*: relevância e riscos», em Cândido da Agra e Fernando Torrão (Coord.), *Criminalidade Organizada e Económica*, 2018, pp. 87-111.

[95] Utilizamos a expressão "texto-norma" no sentido que lhe é conferido por Faria Costa, isto é, o texto da norma que «se apresenta ao intérprete como o texto da lei», metodologicamente situado no momento da apreensão do significado do respetivo teor literal, ainda não no da sua «valoração axiológica e integração sistemática», correspondente já à "norma-texto" (cf. Costa, José de Faria, *Direito Penal*, 2017, pp. 155 e 156).

2.1.2.1. Crimes específicos próprios

São assim qualificados aqueles crimes em que o estatuto, dever especial ou qualidade do autor *fundamentam* o tipo legal de crime, pelo que a realização do facto por quem não tem esse esse estatuto, qualidade ou dever especial não constitui crime. É o que sucede, *v.g.*, com referência ao Código Penal, nos tipos legais de crime de "Bigamia" (artigo 342.º), de "Falsidade de testemunho" (artigo 360.º), de "Prevaricação de advogado ou solicitador" (artigo 370.º).

2.1.2.2. Crimes específicos impróprios

São os que *agravam* ou *atenuam* a ilicitude ou responsabilidade criminal em virtude do estatuto, dever especial ou qualidade do autor. Razão pela qual a prática do mesmo facto por quem não tem o estatuto, qualidade ou dever especial igualmente constitui crime (comum). Por exemplo e considerando o Código Penal, a conduta de "Peculato" (artigo 375.º) por quem não seja funcionário enquadrar-se-á no tipo legal de "Abuso de confiança" (artigo 205.º); a "Recusa de médico" (artigo 284.º) por quem não tenha essa qualidade profissional poderá subsumir-se ao tipo legal de crime de "Omissão de auxílio" (artigo 200.º); o "Infanticídio" (artigo 136.º) por quem não seja mãe da vítima – qualidade familiar suscetível de implicar diminuição de culpa durante o período puerperal – corresponde a "Homicídio" (artigo 131.º).

2.2. Quanto à estrutura do comportamento: crimes de ação e crimes de omissão

São crimes de *ação* os que correspondem a um comportamento positivo do autor (em que o autor «provoca uma alteração do real verdadeiro»[96]), estando a generalidade dos crimes na parte especial do Código Penal prevista por ação. São crimes de *omissão* aqueles em que o sujeito se abstém de realizar a ação esperada, isto é, não adota um comportamento positivo a que se encontra juridicamente vinculado (*v.g.*, "Omissão de auxílio" – artigo 200.º; "Recusa de médico" – artigo 284.º)[97].

[96] Expressão de COSTA, José de Faria, *Direito Penal*, 2017, pp. 269-270.

[97] Quanto à diferença entre comportamentos por ação e comportamentos por omissão, veja-se, desenvolvidamente, LEITE, André Lamas, *As «posições de garantia» nas omissões impuras*, 2007, pp. 33-46.

2.3. Quanto à consumação: crimes de mera atividade e crimes de resultado

Crimes de *mera atividade* correspondem aos tipos legais em que a consumação se basta com o mero comportamento, com a mera execução do autor – como, *v.g.* (no Código Penal), "Violação de domicílio ou perturbação da vida privada" (artigo 190.º), "Introdução em lugar vedado ao público" (artigo 191.º), "Evasão" (artigo 352.º), "Falsidade de depoimento ou declaração" (artigo 359.º), "Recebimento indevido de vantagem" (artigo 372.º) –. Já nos crimes *de resultado* é necessária, enquanto consequência (efeito) do comportamento, a verificação de um outro facto para que o crime se considere consumado. Por exemplo, no Código Penal, o "Homicídio" (artigo 131.º) implica que a ação do agente tenha por efeito a morte da vítima; a "Burla" (artigo 217.º) exige que o comportamento do autor tenha por consequência o "prejuízo patrimonial da vítima"; o "Dano" (artigo 212.º) só está consumado se do comportamento do agente resultar "destruição", danificação", "desfiguração" ou "inutilização" de coisa ou animais alheios.

2.3.1. Crimes de omissão pura e crimes de omissão impura

Considerando a supramencionada estrutura do comportamento e no que se refere aos *crimes de omissão*, esta classificação (crimes de mera atividade e crimes de resultado) leva-nos a uma outra, qual seja, à dos crimes de omissão *pura* e de omissão *impura*: a omissão qualifica-se como *pura* quando o tipo legal de omissão é de *mera (in)atividade*, como no caso da "omissão de auxílio" (artigo 200.º do CP) em que, *pura* e simplesmente, se responsabiliza o sujeito pela omissão, independentemente das consequências. A omissão é *impura* quando o omitente responde (não apenas pela *pura* omissão, mas também) pelo *resultado* que devia ter evitado, como sucede no "homicídio por omissão" (artigos 10.º e 131.º do CP)[98]. Não obsta, esta distinção, a que o fundamento material da incriminação seja o de evitar certas consequências (resultados), tanto nas omissões puras, como nas impuras. Só que nestas o omitente responde pelo resultado não evitado; naquelas, apenas é responsável pela pura omissão.

[98] Quanto aos critérios distintivos de omissão pura e impura, veja-se, desenvolvidamente, LEITE, André Lamas, *As «posições de garantia» na omissão impura*, 2007, pp. 46-79. No que respeita à construção dos tipos legais de omissão impura, veja-se *infra*, 5.5.

2.4. Quanto à tutela do bem jurídico

2.4.1. Crimes de dano

São qualificados como crimes de dano aqueles cuja tutela penal só opera se houver efetiva lesão do bem jurídico. Tal sucede, *v.g.*, no crime de homicídio (artigo 131.º do CP) ou no crime de violação de domicílio (artigo 190.º do CP) em que os bens jurídicos "vida" e "reserva da vida privada" são, respetiva e efetivamente, lesados (danificados).

2.4.2. Crimes de perigo[99]

Já nos crimes de perigo a tutela penal do bem jurídico antecipa-se à potencialidade de lesão do bem jurídico, isto é, à previsibilidade do dano ao bem jurídico.

2.4.2.1. Crimes de perigo abstrato

Nos crimes classificados como de *perigo abstrato*, pune-se um comportamento que é, *a priori*, perigoso para o bem jurídico, mas se não constitui o perigo como elemento da descrição típica, não tendo, por isso e logicamente, que se verificar concretamente (o perigo) para a respetiva consumação. Se, por exemplo, *A* conduz o seu automóvel com uma TAS igual ou superior a 1,2 g/l comete o crime de "Condução de veículo em estado de embriaguez" (artigo 292.º do CP) por adotar comportamento abstratamente perigoso para bens jurídicos como a vida, a integridade física ou a propriedade. O perigo para estes bens jurídicos são o motivo da incriminação. E, todavia, não exige o tipo legal que o agente coloque concretamente em perigo qualquer desses bens jurídicos. O crime é praticado e consumado mesmo que o agente embriagado tenha uma condução exemplar e não coloque qualquer daqueles bens jurídicos em perigo.

[99] Desenvolvidamente quanto ao conceito de perigo, veja-se Costa, José de Faria, *O perigo em direito penal: contributo para a sua fundamentação e compreensão dogmáticas*, 1992.

2.4.2.2. Crimes de perigo concreto

Classificam-se como crimes de perigo concreto aqueles em que a existência de *perigo* para determinado(s) bem(ns) jurídico(s) faz parte da *descrição típica* e, portanto, só com a sua efetiva verificação *concreta* existe consumação, como acontece, por exemplo, na descrição dos tipos legais de crime de "Exposição ou abandono" (artigo 138.º do CP) e de "Condução perigosa de veículo rodoviário" (artigo 291.º do CP). Se, por exemplo, *A* deixa *B*, recém-nascido, à porta de uma igreja pelas cinco horas de uma fria manhã de janeiro, vindo este a ser recolhido apenas pelas oito horas em situação de hipotermia, que só não resultou em morte, porque o pároco que o recolheu lhe prestou, *in extremis*, adequados primeiros socorros, ou se *C* conduz o seu automóvel com uma TAS igual ou superior a 1,2 g/l e se, por falta de reflexos, devida precisamente ao excesso de álcool, só por um triz não atropela *D*, que atravessava na passadeira, cometem *A* e *C* os crimes p.p., respetivamente, nos artigos 138.º e 291.º, ambos do CP, porque, com as suas condutas, colocaram em concreto perigo as vidas de *B* e *D*.

3. Subsunção nos crimes de mera atividade

O juízo valorativo do comportamento concreto e da norma abstrata, que implica um "engrenar de inferências" em raciocínio sistemático e recíproco de conexão[100], é suficiente para a subsunção ao facto típico.

4. Subsunção nos crimes de resultado. Imputação objetiva do resultado à conduta[101]

4.1. Sentido do problema

Nos crimes de resultado, já o mencionado juízo valorativo se não reduz ao comportamento, mas também ao resultado e à ligação deste àquele. Se o tipo legal implica que à ação se suceda um determinado acontecimento

[100] LARENZ, Karl, *Metodologia da Ciência do Direito*, 1997, p. 219.

[101] Quanto segue neste ponto 4 corresponde, no essencial, ao nosso «Ensaio sobre a sistematização da teoria do risco», em José de Matos Correia e Ricardo Leite Pinto (coord.), *Estudos em homenagem ao Professor António Martins da Cruz*, 2020, pp. 293-311.

(resultado) que lhe é exterior, separado no tempo e/ou no espaço da ação[102], mas que a esta se liga, torna-se necessário estabelecer o correspondente nexo de imputação objetiva. Trata-se de um dos mais complexos temas da dogmática penal. Historicamente duas grandes teorias precederam a atual, a *teoria* da conexão *do risco.*

4.2. Alusão histórica

4.2.1. À teoria das condições equivalentes (ou da *conditio sine qua non*)

Desenvolveu-se, a partir de meados do século XIX – inicialmente por Julius Glaser (1831-1885) e, posteriormente, por Maximilian von Buri (1825-1902) –, no contexto do positivismo naturalista de oitocentos, baseada no critério científico-natural de causa. Considera causa de um resultado toda a condição física sem a qual esse resultado se não verificaria, utilizando a fórmula de que não pode ser suprimida mentalmente a causa sem que desapareça o resultado[103].

4.2.2. À teoria da causalidade adequada

Criada em finais do século XIX por Johannes von Kries (1853-1928), teve como objetivo a superação do excessivo círculo de imputação da teoria das condições equivalentes, conducente ao *regressus ad infinitum.* Tornava-se necessário excluir, ao menos, as condições que imprevisivelmente provocavam o resultado.

Neste sentido, tendo como referência o tribunal que determina logicamente a imputação após a ocorrência dos factos, acabou por prevalecer a fórmula do "prognóstico objetivo-posterior" (*objektiv-nachträglichen Prognose*)[104], que ficou conhecida como *juízo de prognose póstuma.* Considerando o resultado (típico) verificado e a ação previamente realizada, a correspondente

[102] Cf. Roxin / Greco, *Strafrecht. Allgemeiner Teil,* I, 2020, p. 451.

[103] A teoria da *conditio sine qua non,* que surgiu aplicada ao direito em geral, «teve o mérito de libertar o direito penal dos resquícios medievais do estabelecimento da imputação através de práticas mágicas e supersticiosas e de juízos metafísicos» (Dias, Jorge de Figueiredo, *Direito Penal. Parte Geral,* I, 2019, p. 378).

[104] Cf. Roxin / Greco, *Strafrecht. Allgemeiner Teil,* I, 2020, p. 475.

imputação objetiva (do resultado à ação) depende de saber se, nas circunstâncias concretas de tempo e lugar do agente e atendendo aos *seus especiais conhecimentos* (efetivos ou exigíveis), era *previsível*, para um observador *objetivo*, segundo as regras de experiência comum, que da ação adviesse o resultado. Apresenta-se verdadeiramente como uma teoria da "imputação"[105] que supera o critério positivista naturalista da *conditio sine qua non*, próprio das ciências ditas exatas (da razão teórica, cognitiva), e adota um outro, de cariz social-jurídico, enquadrado nas ciências da razão prática.

Revela-se, no entanto, insuficiente. Traduz-se apenas, como referem Roxin e Greco, em elemento estrutural – muito importante – de uma *teoria geral da imputação*[106].

4.3. A teoria (geral da imputação objetiva segundo o princípio) do risco

4.3.1. Considerações gerais

Claus Roxin partiu do ensaio de Richard Honig (*Kausalität und objektive Zurechnung*, publicado em 1930) para perspetivar, desde 1970[107], a imputação objetiva como tema jurídico-social e, por isso, normativo, que se não reduz a critérios de base científico-natural de causalidade, antes se fundamentando no juízo de prognose póstuma segundo regras de experiência comum, no *id quod plerumque accidit*.

A aplicação da teoria da adequação a diversas situações concretas começou, não obstante, a revelar-se insuficiente, suscitando dúvidas, incertezas, imprecisões. As dificuldades levaram a reflexões críticas nesta matéria e, em consequência, à formulação de alguns princípios complementares à teoria da adequação que, tendendo a erigir-se em princípios gerais nesta matéria, se fundavam num denominador comum, qual seja, o do *princípio do risco*[108], dando origem à *teoria (da conexão) do risco*.

[105] Dias, Jorge de Figueiredo, *Direito Penal. Parte Geral*, I, 2019, p. 382.

[106] Roxin / Greco, *Strafrecht. Allgemeiner Teil*, I, 2020, p. 475.

[107] Veja-se Roxin, Claus, «Reflexões sobre a problemática da imputação em direito penal», em *Problemas Fundamentais de Direito Penal*, 1993, pp. 145-168.

[108] A que se refere Roxin, Claus, «Reflexões sobre a problemática da imputação em direito penal», em *Problemas Fundamentais de Direito Penal*, 1993, p. 148.

4.3.2. Sistematização da teoria do risco

Na esteira de Claus Roxin e para que se torne tão clara e precisa quanto possível, deve a teoria do risco dividir-se em dois *pressupostos* cumulativos: (*I*) que o agente, com a sua conduta, *crie* um risco proibido (isto é: não permitido, não tolerável pela sociedade), ou *aumente* (de modo proibido) um risco já existente (risco preexistente), para o resultado típico; (*II*) que o resultado típico seja a *materialização* (concretização, realização) do risco criado, ou aumentado, pelo agente[109].

Sublinhem-se dois aspetos cruciais da metodologia desta formulação tal como a perspetivamos: (1) o juízo de prognose póstuma divide-se em dois momentos, correspondentes a cada um dos pressupostos; (2) a verificação do primeiro pressuposto *indicia* a verificação do segundo.

4.3.2.1. *Pressuposto-I*: criação de um risco "proibido" (não tolerável pela sociedade), ou aumento "proibido" de risco preexistente, de verificação do resultado típico

Está muito próximo da teoria da adequação, na medida em que o risco de um acontecimento (neste caso, de um resultado típico) é, na verdade e como facilmente se compreende, a *previsibilidade* desse acontecimento. Por isso, a criação (ou aumento) de um risco parte também de um juízo de prognose

[109] Cf. Roxin / Greco, *Strafrecht. Allgemeiner Teil*, I, 2020, p. 478. Em outro estudo, refere-se Claus Roxin a um terceiro pressuposto que é assumido logo na enunciação da teoria da imputação objetiva: (1) que o comportamento do agente crie «um risco não permitido para o objeto da ação», (2) que o risco se realize «no resultado concreto» (3) e que «este resultado se» encontre «dentro do alcance do tipo» (Roxin, Claus, «A teoria da imputação objetiva», em *Estudos de Direito Penal*, 2006, p. 104). Em nossa perspetiva, este terceiro pressuposto acaba por não carecer de autonomização, na medida em que a exclusão de imputação pela sua não verificação acaba por redundar, como refere o próprio Roxin, em situações de autorresponsabilidade da vítima (*idem, ibidem*, pp. 107-110), isto é, comportamentos da vítima que, sendo fruto de decisão consciente (não instrumentalizada pelo agente através de erro, coação ou inimputabilidade), implicam a assunção do risco também por ela própria. Seja porque a criação (ou aumento) do risco é partilhada (entre agente e vítima) e, portanto, não é apenas obra do agente; seja porque se deve a comportamento posterior da vítima que interfere relevantemente no desenvolvimento do risco (criado pelo agente). Inclui-se, assim, este pressuposto (3) no âmbito do pressuposto (II) enunciado, qual seja, o de que o resultado típico seja a *materialização* do risco criado, ou aumentado, pelo agente. Será uma das situações, que à frente veremos, de não materialização do risco por interferência da própria vítima ou, eventualmente, por se encontrar o resultado fora da esfera de proteção da norma proibitiva (*infra*, 4.3.2.2.).

póstuma. Ou seja: tudo depende de saber, antes de mais, se um observador médio, dotado dos concretos conhecimentos especiais do agente, antes do facto (*ex ante*), consideraria a correspondente conduta arriscada face ao resultado acontecido (*ex post*). Se era *previsível* esse resultado. Todavia, a formulação deste pressuposto, ao implicar a criação (ou aumento) de risco *proibido*, exclui, logicamente, da imputação objetiva, situações de (a) *risco permitido*, (b) *diminuição do risco* ou (c) *aumento permitido do risco*[110].

(a) *Risco permitido*: o risco faz parte do tecido social das relações humanas. Existem atividades consideradas normais do quotidiano da vida social – como, *v.g.*, passear numa cidade, conduzir um automóvel observando as regras de trânsito, viajar de avião, de comboio, explorar minas, subir uma montanha, praticar desportos radicais – que comportam riscos. Na realidade, este género de atividades, em situações excecionais, pode provocar acidentes que impliquem ofensa à integridade física ou até a morte, mas correspondem a riscos mínimos próprios da vida comunitária, socialmente toleráveis e, por isso, juridicamente permitidos[111].

[110] Não significa isto que, na aplicação do *pressuposto-I*, se chegue a conclusões muito diferentes das da teoria da adequação, até porque o elemento estrutural forte mantém-se no juízo de prognose póstuma. Mais do que procurar diferentes soluções, a teoria do risco visa, sobretudo e conforme já se referiu, desenvolver uma metodologia mais clara, rigorosa, coerente, que permita aclarar pontos nebulosos, colmatar assimetrias, descontinuidades, insuficiências da teoria da adequação. Mas não deixa, também, de restringir, logo na aplicação deste *pressuposto-I*, o âmbito da imputação objetiva.

[111] O critério do *risco permitido* vem, insofismavelmente, corroborar o conceito de adequação social de Hans Welzel, reportado a ações que se movem dentro de uma ordem ética (cultural) da vida social que adquiriu consistência histórica. Não obstante algumas hesitações e dúvidas (sobretudo nas doutrinas alemã e austríaca), é hoje comummente aceite que o conceito de ação socialmente adequada exclui a tipicidade (seja em crimes de resultado, seja em crimes de mera atividade). Considerá-la causa de justificação (ou até de exculpação) só se compreenderia num quadro interpretativo exasperadamente positivista que negasse, na tipicidade, um pré-juízo valorativo da ação, que considerasse axiologicamente neutras as suas proposições jurídicas. Já não assim se, de outro modo, a operação de subsunção (da ação à norma típica) implicar juízos de valoração e, consequentemente, a interpretação de comportamentos como socialmente negativos, inadequados (cláusula de inadequação social). Este é um juízo (interpretativo) prévio (pré-valorativo), de mera subsunção (ao tipo), que apenas considera o comportamento, em si, isoladamente considerado (nos crimes de mera atividade) ou apenas a ligação factual de ação e resultado (nos crimes de resultado). Já todo o contexto envolvente (se o agente reagiu a uma agressão, removeu um perigo, etc.) ultrapassa a categoria da tipicidade, enquadrando-se no âmbito da ilicitude (ou da culpa). Daí que um comportamento valorado, à partida, como socialmente inadequado, possa vir a considerar-se, afinal, justificado.

Exemplo [adaptado de Roxin[112]]: *A*, pretendendo a morte de *B*, oferece-lhe um bilhete de avião a com destino à Flórida, numa época em que esta cidade registava avultado número de homicídios, dada a violência que grassava nas ruas. *A* tinha a esperança de que o avião caísse ou, caso tal não acontecesse, de que *B* viesse a ser assassinado nas ruas da Flórida.

Ainda que a oferta do bilhete de avião constitua *objetivamente* causa possível de morte e que, *subjetivamente*, *A* tenha por finalidade a morte de *B*, não deve esta conduta ser considerada ação de homicídio, porque não criou um risco de morte juridicamente relevante, antes se quedou por comportamento normal (oferta de um bilhete de avião). E mesmo havendo dolo de morte por parte de *A*, nem tentativa de homicídio se pode considerar por não existir ato de execução de homicídio. Trata-se de comportamento socialmente tolerável (ou mesmo adequado) e, nessa medida, dentro do risco normal da vida em sociedade, do *risco permitido*[113]. Caso *B* venha efetivamente a morrer por queda do avião ou assassinado nas ruas da Flórida, esta morte não se imputa ao comportamento de *A*.

O mesmo se diga – considerando um outro exemplo de Roxin – da venda de um punhal, ainda que a uma pessoa de aparência suspeita, que posteriormente vem a matar um terceiro com essa arma[114]. Haverá um certo *risco*, mas *permitido*. Faz parte da vida ordenada em sociedade. De outro jeito, também se não poderiam vender ou emprestar, *v.g.*, fósforos, enxadas, machados, facas de cozinha, materiais inflamáveis, garrafas. Roxin enquadra estas situações dentro do *princípio da confiança*, muito aplicado no contexto do direito penal de trânsito: «pode confiar-se em que os outros se comportarão

[112] Cf. Roxin, Claus, «A teoria da imputação objetiva», em *Estudos de Direito Penal*, 2006, pp. 104-105.

[113] Já assim não seria se *A* soubesse que no avião viajavam dois terroristas suicidas que se fariam explodir em pleno voo. Esta nova circunstância subjetiva seria considerada no juízo de prognose póstuma (por motivo dos conhecimentos especiais do agente implicados), tornando a morte de *B* altamente provável. A oferta do bilhete não se configuraria já dentro de um risco permitido. O que não pode deixar de levar a reconhecer-se dois pontos importantes no critério do risco permitido: (1) não é alheio a elementos subjetivos; (2) nas situações englobadas (no critério de risco permitido) dificilmente funcionaria, em rigor, o juízo de prognose póstuma, o *id quod plerumque accidit*. Não significa isto, bem entendido e considerando este segundo ponto, a inutilidade do critério do risco permitido (face à teoria da adequação). Quanto mais não seja enquanto método clarificador da (não) imputação objetiva.

[114] Roxin, Claus, «A teoria da imputação objetiva», em *Estudos de Direito Penal*, 2006, p. 105.

conforme ao direito, enquanto não existirem pontos de apoio concretos em sentido contrário»[115].

Também assim os conhecidos exemplos da "tempestade"[116], dos "cogumelos"[117] e outros. Trata-se de atividades perigosas, mas dentro do risco permitido, tolerado pela sociedade.

(b) *Diminuição do risco*: perante um risco preexistente, pode dar-se o caso de o agente interferir no curso (desenvolvimento) desse risco, modificando-o de tal maneira que diminui a sua gravidade, atentos os bens jurídicos em causa. A exclusão da imputação opera aqui por *inexistência* de *aumento do risco*, antes se verificando, ao contrário, *diminuição do risco*. Em tais constelações de casos, o agente melhora a situação da vítima, não devendo, por isso, o seu comportamento ser tipicamente proibido.

> *Exemplo 1* [adaptado de Roxin e Greco[118]]: *A* atira uma pedra que se dirige perigosamente à cabeça de *B*. *C* consegue desviá-la, arremessando uma outra pedra que, batendo na primeira, a desvia para uma parte do corpo (perna, por exemplo) de *B*, menos perigosa.

C, com a sua atuação, causou (fisicamente) um resultado de ofensa à integridade física de *B*, mas melhorou a sua situação. Seria absurdo, concretizam Roxin e Greco, proibir ações que não pioram, antes melhoram, o estado do bem jurídico protegido[119].

> *Exemplo 2*: *D* aponta uma arma de fogo à cabeça de *E*. No momento em que o disparo se torna iminente, é atingido, na mão que segurava a arma, por um pau, em golpe desferido por *F*. Em consequência do golpe, *D* aponta mais abaixo no momento do disparo, atingindo a perna direita de *E*.

[115] Roxin, Claus, «A teoria da imputação objetiva», em *Estudos de Direito Penal*, 2006, p. 105.

[116] A patroa que incumbe o capataz de entregar uma encomenda a uma outra quinta, tendo este que atravessar o bosque vizinho, durante uma tempestade com trovoada, na esperança (da patroa) de que, durante o percurso, um raio o mate, o que vem efetivamente a acontecer.

[117] A mulher que está farta do marido e que, no seu sono durante a noite, tem um sonho: que compra cogumelos na mercearia da esquina e que estes são venenosos. No dia seguinte, decide comprar cogumelos nessa mercearia na esperança de que, tal como no sonho, estes sejam venenosos e cozinha-os para o jantar do marido. O sonho premonitório torna-se realidade e o marido morre envenenado pelos cogumelos.

[118] Cf. Roxin / Greco, *Strafrecht. Allgemeiner Teil*, I, 2020, p. 481.

[119] Cf. Roxin / Greco, *Strafrecht. Allgemeiner Teil*, I, 2020, p. 481.

Como se trata de movimento reflexo de *D*, o disparo imputa-se a *F* (é consequência do golpe com o pau) que, perante o risco de morte, o diminuiu para risco de ofensa à integridade física (concretizado em resultado). *F* melhorou a situação de *E*.

Consideram Roxin e Greco que a teoria da causalidade adequada não soluciona estes casos, já que o resultado da atuação do agente é previsível[120]. Tão pouco haveria, à partida, ação socialmente adequada, como pretende Taipa de Carvalho em tentativa de considerar inútil a teoria do risco[121]: atirar uma pedra, ou golpear alguém com um pau no ombro, são comportamentos que, *ab initio*, em juízo pré-valorativo (e considerando apenas o comportamento) não correspondem a ações normais do quotidiano social. Poderá é entender-se, isso sim, que, sopesando o resultado ocorrido e, consequentemente, a diminuição do risco, a ação (o comportamento) acabe por se considerar socialmente adequada(o). Mas isso é já reconhecer utilidade à teoria do risco, que, através do critério da diminuição do risco, contribui para a definição do conceito de ação socialmente adequada em comportamentos conducentes a resultado típico[122].

> *Exemplo 3* [adaptado de Roxin e Greco[123]]: *G* atira *H*, criança de 6 anos, de uma janela do 1.º andar de uma casa em chamas, causando-lhe lesões, mas salvando-lhe a vida.

> *Exemplo 4*: *I*, de 16 anos, saiu da Escola e, em parte do trajeto para sua casa, como era habitual, percorria um pequeno troço de linha férrea. Naquele dia, *I* ouvia música através dos seus auriculares ligados

[120] Referem os Autores que, segundo a doutrina tradicional, seria o resultado imputado. Ainda que, mesmo assim, ao agente se não atribuísse responsabilidade penal, por exclusão da ilicitude fundamentada em exercício do direito de necessidade. Mas isso significaria começar por considerar a diminuição do risco como lesão típica do bem jurídico (cf. Roxin / Greco, *Strafrecht. Allgemeiner Teil*, I, 2020, p. 481).

[121] Veja-se Carvalho, Américo Taipa de, *Direito Penal. Parte Geral*, 2016, pp. 319-320.

[122] Em geral, os comportamentos de diminuição do risco não se afiguram, *a priori* (isto é: tendo em conta apenas a ação, sem considerar o resultado) socialmente adequados. Na verdade, empurrar uma pessoa, atirar uma pedra, golpear outrem com um pau são ações que não correspondem a comportamentos normais, quotidianos. Sucede que, em contexto de imputação objetiva (em que já se considera o resultado), ao diminuírem a probabilidade de ofensa a bem jurídico mais grave, já estas ações se tornam socialmente aceitáveis, constituindo-se a diminuição do risco em arrimo para a determinação do *halo* conceitual de "ação socialmente adequada".

[123] Cf. Roxin / Greco, *Strafrecht. Allgemeiner Teil*, I, 2020, p. 482.

> ao telemóvel, não ouvindo o barulho de um comboio que se aproximava por trás. *J*, seu colega, ao aperceber-se da situação, grita, avisando da aproximação do comboio. *I* apenas ouve a música. Desesperado, *J* corre em grande velocidade em direção a *I*, conseguindo empurrá-la, salvando-a, *in extremis*, do atropelamento e morte. Em resultado da queda provocada pelo empurrão, *I* sofreu lesões físicas com alguma gravidade.

Roxin e Greco distinguem *diminuição do risco* (seriam os casos dos *exemplos 1* e *2*) de *substituição de um risco por outro menos grave* (seriam as situações dos *exemplos 3* e *4*).

É verdade que, em rigor, tal distinção é dogmaticamente correta. Em situações de *diminuição do risco* o agente interfere no próprio curso do risco e modifica-o, no sentido de melhorar a situação da vítima. Nos casos de *substituição de um risco por outro menos grave*, essa interferência não existe do mesmo modo. Há interrupção do primeiro risco e substituição por um outro menos grave.

Mas não é também menos verdade que, nestes casos de *substituição de um risco por outro menos grave*, se melhora, em termos similares (aos da *diminuição do risco*), a situação da vítima. Político-criminalmente, não parece afigurar-se útil a distinção. Em perspetiva jurídico-social, o agente, em qualquer dos casos, diminui o risco de violação dos interesses juridicamente protegidos da vítima. Nos casos dos *exemplos 1* e *2*, interferindo no curso do risco, desviando-o para resultado menos grave; nos casos dos *exemplos 3* e *4*, interrompendo o curso de um risco ao substitui-lo por um outro conducente a resultado menos grave. Pode concluir-se, em suma, que as atuações de *G* e *J* acabam também por diminuir o risco, ainda que por caminhos causais ligeiramente diversos (sem dúvida) aos de *B* e *F*, mas jurídico-socialmente idênticos (evita-se um risco maior, provocando-se um menor).

Figueiredo Dias não atribui relevo à distinção. Ao exemplificar a diminuição do risco através de um caso semelhante ao do *exemplo 4*, inclui as situações de *substituição de risco por outro menos grave* nas constelações de casos de *diminuição de risco*[124]. E bem, em nosso entendimento. Relevante é a atenuação do risco preexistente, seja por interferência no desenvolvimento do risco, diminuindo-o, seja por sua interrupção e substituição por outro menos grave. Até porque, na verdade, em nenhum dos casos se aumenta o risco preexistente; e, não havendo aumento do risco (preexistente), não há imputação objetiva.

[124] Cf. Dias, Jorge de Figueiredo, *Direito Penal. Parte Geral*, I, 2019, p. 388.

(c) *Aumento permitido (não proibido) do risco*: não é suficiente à imputação objetiva, todavia, o aumento de risco preexistente. É necessário, ainda, que tal aumento opere de modo *proibido*, não tolerável pela sociedade.

> *Exemplo 1*: após acesa discussão, no centro da cidade do Porto, *A*, através de um violento empurrão, projeta *B* para a via rodoviária. Desequilibrando-se, *B* cai e bate com a cabeça no solo, sofrendo, em consequência, graves ferimentos que lhe provocam perigo para a vida. Estendido, logo após a queda, no solo da rodovia, *B* é letalmente atropelado por *C*, que conduzia o seu automóvel com respeito pelas regras de trânsito, mas, ainda assim, sem possibilidade de efetuar travagem suficiente.

Neste caso, *C* aumentou o risco de morte de *B*, mas tal aumento não é proibido, atendendo à circunstância de a sua condução respeitar as regras de trânsito. Razão pela qual a morte de *B* se lhe não imputa. Mal se compreenderia, na verdade, a imputação objetiva de resultado típico a comportamento que, não obstante implicar aumento do risco, se situa dentro dos riscos normais do quotidiano da vida social[125].

O mesmo sucede em caso de morte de uma pessoa ferida – em risco de vida –, amarrada a linha férrea, por comboio que segue o seu curso normal, não sendo possível frear a tempo de evitar o desenlace fatal. O respetivo maquinista aumentou o risco de morte da vítima que se concretizou. Esse aumento do risco é, no entanto, permitido (não proibido), uma vez que o maquinista seguia o seu curso normal, cumprindo as regras da atividade em causa.

De referir, ainda, que tal como em situações de criação de risco (veja-se o caso da bomba no avião[126]), também em caso de aumento do risco os elementos subjetivos do agente podem ser decisivos para a definição da proibição (ou não) do aumento do risco.

> *Exemplo 2*: em lugar ermo na região de Trás-os-Montes, após desavença por questão de terras, *D* acerta um tiro em *E* que, gravemente ferido, fica prostrado no chão. Pensando que *E* havia morrido, *D* afasta-se do local. Alguns minutos depois, surge *F* que, sem transporte nem telemóvel, ao aperceber-se da situação de *E*, lhe tenta extrair a bala, a "sangue frio"

[125] A morte, neste caso, deve ser imputada a *A*. O empurrão para a rodovia torna previsível a morte por atropelamento. O comportamento de *C* não provoca desvio relevante no desenvolvimento do risco, dado que, pelo contrário, confirma o juízo de previsibilidade de morte por atropelamento.
[126] *Supra*, nota 113.

> com uma faca. Não tendo *F* meios para intervenção cirúrgica eficaz e não sendo médico, nem sequer enfermeiro, o mais provável acontece: com a sua atuação mata *E*.

A verdade é que se *F* não interviesse, *E* igualmente morreria em consequência do disparo. Neste exemplo, *F*, ao antecipar a morte de *E*, aumentou o risco desse resultado, mas o seu comportamento é *socialmente tolerável*, desde que tenha tentado (tido a intenção de) diminuir o risco, não existindo outra possibilidade, que não esta, de evitar a morte. Se assim for, o aumento do risco provocado pelo seu comportamento *não é proibido* (é tolerável pela sociedade), pelo que a morte não se lhe imputa[127].

O aumento não proibido do risco enquadra-se no horizonte compreensivo das situações de *substituição de riscos*. Vimos, em sede de diminuição do risco, que se o *risco substitutivo* implicar *risco menos grave* (que o anterior) sempre haverá *diminuição do risco* e, portanto, exclusão da imputação objetiva. Mas mesmo que o *risco substitutivo* implique *risco de idêntica gravidade*[128], ou – como nos exemplos 1 e 2 acabados de enunciar – de *aumento permitido do risco*, não haverá imputação objetiva, uma vez que se não verifica o *pressuposto-I* da teoria do risco. O agente atua dentro de um *princípio de confiança* (não violando deveres de cuidado que fosse capaz de cumprir), tentando diminuir (ou interromper) o risco preexistente, mesmo que acabe por aumentá-lo[129]. A sua atuação situa-se, em qualquer dos casos, dentro dos limites do risco permitido.

Sublinhe-se que em nenhuma destas situações de *substituição de riscos* se dá relevância (negativa) a causas virtuais. A imputação não é excluída por

[127] Morte deve ser imputada a *D*, autor do disparo. O comportamento de *F*, em situação similar à do automobilista do exemplo do atropelamento, não desvia também o risco criado por *D*, dado se tratar de comportamento normal naquelas circunstâncias e, portanto, previsível.

[128] Veja-se o exemplo de Samson, citado por Roxin e Greco: o maquinista segue em sua locomotiva na via direita que se encontra bloqueada por rochas, após desmoronamento, não tendo já tempo de travar. O agulheiro desvia a locomotiva para a via esquerda, que está também bloqueada pelo mesmo desmoronamento, e o maquinista morre nesse lugar (Roxin / Greco, *Strafrecht. Allgemeiner Teil*, I, 2020, p. 486).

[129] Se no *exemplo 2* (da extração da bala ao moribundo), o agente violar dever de cuidado (*v.g.*, tinha tempo para chamar um seu amigo médico por telemóvel, que rapidamente se deslocaria ao local) ou não tentar diminuir o risco (*v.g.*, matar a vítima com um tiro, ainda que para diminuir sofrimento) já haverá aumento proibido do risco e, portanto, viabilizada fica a imputação objetiva por se cumprir o *pressuposto-I* da teoria do risco. Quanto à relevância do *princípio da confiança* no carácter *permitido* (não proibido) do risco, veja-se Roxin, Claus, «A teoria da imputação objetiva», em *Estudos de Direito Penal*, 2006, pp. 105-106.

motivo de um resultado que também sucederia se o agente não tivesse atuado. É excluída por interferências do agente que *diminuem*, *não aumentam* ou *aumentam*, mas de modo *não proibido*, riscos preexistentes. E, por isso, interferências insuficientes à verificação do *pressuposto-I* da teoria do risco.

4.3.2.2. *Pressuposto-II*: resultado enquanto materialização do risco

Em termos metodológicos, como referimos, é nosso entendimento que a verificação do *pressuposto I* indicia a verificação do *pressuposto II*. Se, com efeito, determinado sujeito *cria* um *risco proibido* (ou *aumenta*, de modo *proibido*, risco preexistente) para o resultado típico, então, verificando-se o resultado, é legítimo supor que a respetiva *materialização* se deva, em princípio, a essa criação (ou aumento proibido) do risco.

Pode, todavia, assim não suceder. E se bem interpretamos o sentido lógico da teoria do risco, assim não sucederá caso se verifique (pelo menos) uma de três situações: *(a)* se o resultado se dever a *risco preexistente* (ou à cumulação de risco preexistente e risco aumentado pelo agente); *(b)* se houver *interferência relevante* (porque imprevisível) *no desenvolvimento do risco* (interferência que poderá provir de *facto natural*, *comportamento de terceiro* ou *da própria vítima*); *(c)* se o *resultado não* estiver *dentro do alcance da esfera de proteção da norma* proibitiva.

(a) *Risco preexistente*: em nossa perspetiva, conhecidos (e complexos) casos como os dos "pelos de cabra", da "novocaína" ou do "ciclista embriagado", por exemplo, não se esgotam em sede de puro incremento (aumento) do risco (até porque, em todos, existe, insofismavelmente, aumento proibido do risco), mas no âmbito da respetiva *materialização*. Existe concorrência com risco anterior (preexistente) que o agente aumenta, importando verificar se o resultado corresponde a materialização desse aumento do risco.

Comecemos, todavia, com dois exemplos simples:

> *Exemplo 1* ["Caçador de patos"]: *A* e *B* discutem no cimo de uma ponte, de relevante altitude, sobre um rio. Em dado momento, *A* exaltando-se, empurra *B* da ponte para que morra afogado (*B* não sabe nadar). Na queda, é atingido por um tiro disparado por *C*, caçador de patos, que desde há várias horas não vislumbrava, angustiado, qualquer peça de caça, e, ao ver *B* em plena queda, logo supôs, traído pela sua ânsia, tratar-se de um pato. Apesar de atingido pelo tiro, *B* morre em consequência

de traumatismo craniano provocado pelo impacto do choque da cabeça com uma pedra situada no fundo do rio que tinha baixa profundidade (cerca de um metro).

Exemplo 2: *D* ministra uma dose de veneno mortal no almoço de *E*, seu marido. Após sair de casa, *E* envolve-se em acesa discussão com *F* numa taberna. *F* atinge-o com um disparo de arma de fogo em órgão vital. Transportado em ambulância, *E* acaba por morrer na chegada ao hospital. A *causa-mortis* revelada na autópsia é atribuída ao envenenamento.

Nestes exemplos, ninguém duvidará de aumento proibido do risco preexistente nos comportamentos de *C*, caçador de patos, e de *F*, cliente agressivo da taberna: *C* dispara sobre uma pessoa (*B*), atuando de modo não permitido e criando um risco de morte que, associado ao risco (preexistente), também de morte, por queda da ponte, *aumenta* a probabilidade do resultado por *concorrência de riscos*. O mesmo se diga do disparo de *F* cujo risco de matar (*E*) se junta ao risco da ingestão de veneno. Mas também ninguém duvidará de que as mortes de *B* e de *E* se não devem aos aumentos (proibidos) de risco, nem sequer ao concurso (à cumulação) dos riscos, antes resultam dos riscos previamente criados por *A* e por *D*, vale por dizer, aos *riscos preexistentes* de cada um dos exemplos. As respetivas mortes acabam por concretizar esses riscos (preexistentes) que, a final, não sofreram qualquer desvio. Verificado o aumento proibido de um risco, a questão da imputação objetiva só se define em sede de *materialização* do risco.

Vejamos agora um dos conhecidos exemplos acima mencionados:

Exemplo 3 ["Pelos de cabra"]: *A*, diretor de uma fábrica de pinceis para a barba, importa pelos de cabra chineses e entrega-os às suas operárias para fabrico sem prévia desinfeção como estava legalmente prescrito. *B*, *C*, *D* e *E*, quatro operárias, morrem infetadas por bacilos de carbúnculo provenientes dos pelos de cabra chineses. Uma investigação posterior conclui que o desinfetante prescrito seria ineficaz contra o bacilo de carbúnculo até então desconhecido na Europa[130].

[130] Caso julgado pelo Supremo Tribunal do Reich (*Reichsgericht*) no ano de 1929 (*RGSt*, 63, 211) (Cf. Roxin, Claus, «Violação do dever e resultado nos crimes negligentes», em *Problemas Fundamentais de Direito Penal*, 1993, p. 236).

O comportamento de *A* *aumenta* (torna mais provável), de modo *proibido* (não desinfeção legalmente prescrita) o *risco* de morte das operárias. Porém, as mortes de *B*, *C*, *D* e *E* deveram-se aos bacilos de carbúnculo até então desconhecidos na Europa (desconhecimento que abrangia *A*[131]) e, portanto, o desinfetante legalmente prescrito destinava-se a remover outros bacilos igualmente mortais. As mortes das operárias *não* se deveram ao *aumento do risco* (não desinfeção dos pelos), mas ao *risco preexistente* (bacilos de carbúnculo, não removíveis pelo desinfetante) e, por isso, *não* correspondem a *materialização* do *risco aumentado* por *A* (são antes *materialização* do *risco preexistente*). A morte das operárias não se imputa, assim, ao comportamento de *A* (entrega de pelos não desinfetados).

À mesma solução se chegaria, é verdade, por aplicação da fórmula (usualmente utilizada em casos do género, nomeadamente no âmbito dos princípios complementares à teoria da adequação) dos chamados *comportamentos lícitos alternativos* fundamentada na consideração de «que o resultado teria tido seguramente lugar [...] ainda que a ação ilícita não tivesse sido levada a cabo»[132]. Nesta fórmula, nega-se a imputação objetiva, «seja porque não se torna possível comprovar [...] verdadeiramente uma *potenciação* do risco já autonomamente instalado, seja porque, como sustenta Roxin, se não pode dizer sequer que o comportamento do agente *criou* um risco não permitido: verificando-se que tanto a conduta indevida como a conduta lícita "alternativa" produziriam, afinal, o mesmo resultado típico, a imputação deste àquela traduzir-se-ia na punição da violação de um dever cujo cumprimento teria sido inútil, o que violaria o *princípio da igualdade*»[133]. Adaptando o exemplo dos "pelos de cabra", não haveria imputação das mortes das operárias ao diretor da fábrica, porque estas ocorreriam mesmo que fosse cumprido o dever de desinfetar os pelos de cabra.

Porém, tal formulação não deixa de ser demasiado ampla, o que a torna algo dúbia, indeterminada, confusa. Atreita a confusão com situações de (cursos de) riscos hipotéticos ou virtuais e sua relevância negativa[134]. Melhor será

[131] O que significa que tal risco proveniente dos bacilos do carbúnculo se não pode incluir no risco provocado por *A*, uma vez que se não integra nos seus conhecimentos específicos, não podendo, por consequência, ser considerado no âmbito do juízo de prognose póstuma. O risco dos bacilos do carbúnculo é autónomo face ao risco aumentado por *A*.

[132] Dias, Jorge de Figueiredo, *Direito Penal. Parte Geral*, I, 2019, p. 394.

[133] Dias, Jorge de Figueiredo, *Direito Penal. Parte Geral*, I, 2019, p. 394.

[134] Sublinha, de resto, Figueiredo Dias, a necessidade de se não confundir as situações de comportamento lícito alternativo com as situações de causalidade hipotética ou causalidade virtual (cf. Dias, Jorge de Figueiredo, *Direito Penal. Parte Geral*, I, 2019, p. 394, nota 39, e p. 399).

recorrer ao critério da imputação de resultado a risco preexistente enquanto critério excludente da materialização do risco. Se assim suceder, o aumento do risco acaba por se revelar inócuo, irrelevante, não concretizado em resultado. A *não imputação* do *resultado* ao aumento do risco deriva da imputação do mesmo a uma *outra causa* (um outro *risco*) prévia(*o*) (preexistente) *real*, não virtual.

Soluções dúbias e confusas a que a fórmula dos comportamentos lícitos alternativos é suscetível de conduzir, revelam-se em outros dos exemplos mencionados:

> *Exemplo 4* ["Novocaína"]: *F*, médico de um hospital, ministra, por descuido, uma injeção de cocaína para anestesiar *G*, seu paciente, em vez de novocaína, a substância indicada pela ciência médica para o efeito. Em consequência da injeção, *G* morre. Posteriormente constata-se que, dada a constituição física de *G*, a utilização de novocaína também teria provocado a morte[135].

A doutrina alemã, conforme refere Claus Roxin, teve grandes dificuldades em lidar com este caso[136]. O próprio Roxin distingue duas sub-hipóteses, admitindo a imputação numa delas e a não imputação na outra[137]. Sem embargo da dificuldade implicada, alguma indeterminação na equívoca fórmula dos "comportamentos lícitos alternativos" em nada contribui para clarificar a solução.

O médico, ao ministrar a injeção de cocaína, não procedeu devidamente, ultrapassando o limite do risco permitido, aumentando a possibilidade de morte do paciente. Sendo este o *risco* (a causa) *real*, o juízo de que o paciente morreria mesmo que tivesse sido ministrada novocaína, por muito certo que seja, resulta, fatalmente, de raciocínio hipotético, pelo que o aumento do risco real parece ser indiscutível (ou então, *v.g.*, o ato de matar um moribundo não implicaria aumento do risco de morte). Quanto ao *pressuposto-II* da teoria do risco, a *não materialização* da morte em função do aumento do risco só

[135] Caso correspondente a sentença não publicada do Supremo Tribunal do Reich no ano de 1926 (Cf. Roxin, Claus, «Violação do dever e resultado nos crimes negligentes», em *Problemas Fundamentais de Direito Penal*, 1993, p. 236, nota 4).

[136] Cf. Roxin, Claus, «Violação do dever e resultado nos crimes negligentes», em *Problemas Fundamentais de Direito Penal*, 1993, pp. 265 ss.

[137] Veja-se Roxin, Claus, «Violação do dever e resultado nos crimes negligentes», em *Problemas Fundamentais de Direito Penal*, 1993, p. 266.

ocorreria se o resultado se devesse a *risco preexistente*. O que se conjetura é se essa não materialização pode advir da hipótese de a injeção de novocaína implicar a certeza do mesmo resultado. Mas tal causa (risco) de morte não sucedeu; não houve ministração de novocaína. Trata-se de raciocínio hipotético do qual se infere que um *risco* (causa) *virtual* (ministração de novocaína) conduziria ao mesmo resultado, isto é, que o "comportamento lícito alternativo" do médico (injetar novocaína) levaria também à morte do paciente (sendo, para o efeito, irrelevante se tal inferência provem de juízo com valor de prova bastante, ou do critério do *in dubio pro reo*). Aplicar, neste caso, a fórmula do comportamento lícito alternativo é *negar* a imputação a um *risco real* (cocaína) por motivo de *risco virtual* (novocaína). Nem o critério da *cumulação* entre *risco preexistente* e *aumento do risco*, anteriormente referido enquanto fator excludente da materialização do aumento risco, é, no caso, aplicável. Pois que se não cumula morte por cocaína e novocaína. O risco preexistente (por si ou cumulativamente com o aumento do risco) só impede a materialização (do aumento do risco) quando se trata de *risco* preexistente *real*[138], não *virtual*[139].

> *Exemplo* 5 ["Ciclista embriagado"]: *H*, camionista, decidiu ultrapassar *I*, ciclista, mas não manteve a distância necessária à realização da manobra com segurança, em contravenção ao Código da Estrada. Durante a ultrapassagem, o ciclista, que estava embriagado, repentinamente guinou a bicicleta para a esquerda, caiu e acabou por morrer esmagado pela roda traseira do camião. Comprovou-se que o acidente ter-se-ia verificado, bem assim como o seu fatal desenlace, mesmo que *C* tivesse mantido a distância devida[140].

A vítima morre por concurso de riscos: o camionista não respeitou a distância devida, o ciclista estava embriagado e guinou a bicicleta. A morte dá-se em circunstâncias em que ambas as condutas eram aptas (constituem situações

[138] É verdade que a constituição física do paciente, atreita a tornar mortal a injeção de novocaína, é risco preexistente real. Mas já não o é a reação do organismo face a tal injeção que não sucedeu. A morte deveu-se (concretizou-se) à (na) injeção de cocaína, não à (na) reação do organismo à novocaína, pois esta não foi ministrada.

[139] É questão tida como pacífica que no âmbito do direito penal se não atribui *relevância* (nem *positiva*, nem *negativa*) à *causa* hipotética ou *virtual* (veja-se, por todos, Dias, Jorge de Figueiredo, *Direito Penal. Parte Geral*, I, 2019, p. 400).

[140] Caso julgado pelo Supremo Tribunal Federal em 1957 (*BGH*, 11, 1-7) (cf. Roxin, Claus, «Violação do dever e resultado nos crimes negligentes», em *Problemas Fundamentais de Direito Penal*, 1993, p. 236).

de risco não permitido) a provocar a morte. O risco preexistente (embriaguez do ciclista) concorre (cumula-se) com o aumento do risco (camionista não assegura distância devida). A morte (resultado típico) não corresponde a materialização do risco preexistente, nem a aumento do risco, mas à cumulação de ambos os riscos. Como se mencionou acima, o critério do risco preexistente excludente da materialização do aumento do risco opera tanto nos casos em que o resultado se deve apenas ao risco preexistente, como nas situações em que o resultado se deve á cumulação do aumento do risco com o risco preexistente (*materialização cumulativa*). Ao camionista não se imputa a morte do ciclista. Ao seu comportamento só se pode assacar parte do risco que levou à morte de *I*[141].

Nestes casos de materialização cumulativa, há que apurar, todavia, se o risco preexistente se pode incluir no juízo de prognose póstuma relativo à ação de quem aumenta o risco.

> *Exemplo 6*: *J* ministra uma dose do *veneno X* na comida de *M*, insuficiente para matar. *L*, sem saber da ação de *J*, faz o mesmo e *M* morre por ação conjunta de ambas as doses.

Neste exemplo, a morte não se imputa a *L* por resultar de risco preexistente (dose de veneno ministrada por *J*) cumulado com aumento do risco (dose de veneno por si, *L*, ministrada). A dose ministrada por *J* não é considerada no juízo de prognose póstuma relativo à ação de *L*.

> *Sub-hipótese do exemplo 6*: *L* sabe da ação de *J*.

Este *especial conhecimento do agente* (de *L*) passa a ser incluído no juízo de prognose póstuma, tornando-se decisivo para definir a existência de risco proibido. Neste caso, passa a ser previsível que da atuação de *L*, cumulada com a atuação de *J* (esta informação passa a constar do juízo de previsibilidade), resulte a morte de *M*. E este resultado é exatamente a *materialização* do aumento do risco protagonizado por *L*, contando com o veneno ministrado por *J*. Morte imputa-se a *L*, posto que o risco preexistente se inclui no juízo de prognose póstuma.

[141] Já não assim se o ciclista caísse dentro dos limites da área de segurança a respeitar na ultrapassagem (imputando-se, nesse caso, a morte ao camionista) ou se o camionista, mantendo a distância devida, se visse surpreendido com a queda do ciclista que, desta feita, excedesse os limites dessa distância de segurança (hipótese em que a morte já se imputaria ao próprio ciclista).

Quanto a *J* (nesta sub-hipótese), a morte não se lhe imputa por não ser a dose por si ministrada suficiente para matar. Por não criar, autonomamente considerada, risco de morte.

(b) *Interferências relevantes no desenvolvimento do risco (ou quebra do risco)*: nas constelações de casos aqui abrangidas existe, também, risco concorrente, mas posterior. Importa verificar se esse risco posterior interfere relevantemente no risco criado por determinado sujeito.

> *Exemplo 1* [sub-hipótese do "caçador de patos"]: durante a queda de *B* (que fora empurrado da ponte por *A*), *C*, o caçador de patos, atinge-o com um disparo de caçadeira, mas, desta feita, *B* morre, precisamente, por ser atingido, em órgão vital, pelo tiro.

> *Exemplo 2*: ["Ambulância"] *D* dispara um tiro de revólver sobre *E*, que fica gravemente ferido, em perigo de vida, sendo, por isso, conduzido a um hospital. Na viagem, o condutor da ambulância provoca um despiste, acabando *E* por morrer em consequência do acidente.

Existe, em ambos os casos, a criação de um risco proibido, quer da parte de *A*, quer da parte de *D*. Empurrar alguém de uma ponte de elevada altitude, ou disparar sobre uma pessoa, são comportamentos não toleráveis pela sociedade que criam o risco de matar (resultado típico do crime de homicídio). As mortes, porém, vêm a suceder por motivo de um outro curso causal, de um *outro risco* superveniente, que se revelava *imprevisível* e que *interfere no desenvolvimento do risco* criado por *A* e por *D*. Não é previsível (ainda que seja obviamente possível) que quem se encontre no decurso de uma queda de ponte seja atingido por um tiro ou que quem seja atingido por um tiro morra em virtude de acidente. Trata-se de situações de *quebra do risco*.

Nestas *interferências* no *desenvolvimento de um risco* (no curso causal, na linguagem da teoria da adequação), Roxin e Greco atribuem *relevância* à *imprevisibilidade* da interferência. O que implica, em pleno *pressuposto-II* da teoria do risco, um outro *(segundo) juízo de prognose póstuma*[142]. Isto porque se

[142] Quanto a este segundo juízo de prognose póstuma no contexto da materialização do risco (que se acrescenta ao primeiro, no âmbito da criação do risco), veja-se Roxin / Greco, *Strafrecht. Allgemeiner Teil*, I, 2020, pp. 489-490. Segundo juízo de prognose póstuma que deriva, aliás, já da própria teoria da causalidade adequada. Salienta Figueiredo Dias como ponto a merecer atenção o da «necessidade de a adequação se referir a todo o processo causal e não só ao resultado, sob pena

torna necessário apurar se as *interferências* são *imprevisíveis*, pois só estas são *relevantes*, só estas *quebram o* curso do *risco*. Em caso afirmativo (isto é: sendo as *interferências imprevisíveis*), o resultado já se não imputa a quem criou o risco, mas a quem (ou ao facto que) interferiu (de modo *imprevisível*) no desenvolvimento do risco. Assim, nos exemplos apontados, *A* e *D* seriam punidos apenas por tentativa de homicídio, pois as interferências, em ambos os casos, eram imprevisíveis. Decisivo é, pois, o juízo de *imprevisibilidade* quanto à *interferência do risco*. Essa *imprevisibilidade* (da interferência) torna-a *relevante*, desvia-a do risco criado pelo agente. Já não assim, obviamente, se a *interferência* for *previsível*. Neste caso faz parte do risco.

> *Exemplo 3*: *F*, de uma ponte elevada, atira *G*, que não sabe nadar, para que se afogue, mas *G*, durante a queda, atinge o pilar da ponte e morre.

> *Exemplo 4*: *H*, com intenção de matar *I*, golpeia-o, várias vezes, com uma faca. *I* morre, não dos golpes, mas de infeções pelas feridas provocadas.

Deparam-se-nos, nestes dois *exemplos*, interferências *previsíveis* (por isso, *irrelevantes*) no desenvolvimento do risco. No *exemplo 3*, apesar de *G* não morrer afogado, a morte provocada por ter atingido o pilar da ponte está incluída no risco de cair da ponte; como no *exemplo 4*, a morte pelas infeções faz parte do risco de ser golpeado pela faca empunhada por *H*. A interferência *previsível* não desvia o risco criado pelo agente, fazendo, ao invés, parte dele.

Claro que tal juízo de previsibilidade depende do contexto em que sucede o facto (previsibilidade segundo critérios de experiência comum e nas circunstâncias de tempo e lugar do facto). Senão vejamos:

de se alargar em demasia a imputação. Aqui se suscitam» – prossegue o Autor – «os problemas da "intervenção de terceiros" e da chamada "interrupção do nexo causal"» (Dias, Jorge de Figueiredo, *Direito Penal. Parte Geral*, I, 2019, p. 385). O problema, todavia, é o de que na formulação da teoria da causalidade adequada nem sempre esse juízo aparece claro, suscitando-se diversas imputações nublosas consoante as formulações realizadas (por exemplo: no caso dos "pelos de cabra", a teoria da causalidade adequada tende a fazer a imputação objetiva à atuação do diretor da fábrica por ser previsível que da não desinfeção dos pelos as operárias viessem a morrer. Ora, se a formulação se referir a todo o curso causal, já se diria que não existe imputação por não ser previsível que as operárias morressem de um bacilo até então desconhecido na Europa).

Exemplo 5 ["Tubarão", adaptado de Silva Dias[143]]: *J* empurra *K*, que não sabe nadar, da ponte Luís I para o Rio Douro, mas *K* não morre afogado, antes sendo comido por um tubarão.

Exemplo 6: *L* empurra *M*, que não sabe nadar, de um navio em pleno Oceano Pacífico, mas *M* não morre afogado, antes sendo comido por um tubarão.

No exemplo 5, a *interferência* é *relevante* por ser *imprevisível* o surgimento de um tubarão no Rio Douro; no exemplo 6, já a *interferência* é *irrelevante*, porque *previsível*.

As interferências excludentes da materialização do risco podem suceder por *facto natural* (exemplo do "tubarão no Rio Douro"), *intervenção de terceiros* (exemplo do "caçador de patos") ou *atuação da própria vítima* (*v.g.*, uma pessoa atingida por um tiro que, entretanto, se suicida)[144].

(c) *Esfera de proteção da norma*

Exemplo 1 [clássico, "dos ciclistas", adiantado por Roxin[145]]: dois ciclistas passeiam um atrás do outro, no escuro, sem estarem com as bicicletas iluminadas. Em virtude da inexistência de iluminação, o ciclista que vai à frente colide com outro ciclista, vindo da direção oposta. O resultado teria sido evitado se o ciclista que vinha atrás tivesse ligado a iluminação da sua bicicleta.

Exemplo 2 [adaptado de Silva Dias[146]]: um automobilista conduz pela faixa esquerda da estrada, por motivo de ultrapassagem em local proibido, quando lhe cai à frente do carro um indivíduo que apanhava pinhas em cima de um pinheiro. Sem hipótese de evitar o acidente, o automobilista atropela-o e causa-lhe a morte.

[143] Cf. Dias, Augusto Silva. *Apontamentos de Direito Penal*, Porto (versão policopiada), n/p, p. 232-233.

[144] Os comportamentos por omissão também podem constituir interferências relevantes no desenvolvimento do risco. Vejam-se dois exemplos (um, de atuação da própria vítima; o outro de interferência de terceiros): (1) *A* dispara sobre *B* com intenção de matá-lo. *B*, ferido, dirige-se ao hospital. Ao lembrar-se que no hospital teria que preencher muita papelada e dar explicações, acaba por se dirigir para casa, onde vem a morrer; (2) *D* é atingido por disparo de *C*. Ficando gravemente ferido, ainda se consegue dirigir ao hospital a tempo de salvar a vida. *E*, médico de serviço, não atende, porém, *D*, de imediato, por estar a assistir a um jogo de futebol no seu telemóvel.

[145] Roxin, Claus, «A teoria da imputação objetiva», em *Estudos de Direito Penal*, 2006, p. 111.

[146] Cf. Dias, Augusto Silva. *Apontamentos de Direito Penal*, Porto (versão policopiada), n/p, p. 222.

Em ambos os exemplos, os sujeitos (ciclista que vinha atrás e automobilista) assumem comportamentos de risco não tolerável (utilizar bicicleta, à noite, sem iluminação; conduzir pela via esquerda em local proibido). Se pensarmos nas causas físicas, é verdade que sem tais comportamentos os resultados se não teriam produzido (se o ciclista que seguia atrás tivesse ligado a iluminação da bicicleta o da frente ficaria visível e não haveria colisão; se o automobilista conduzisse pela via direita não teria atropelado o indivíduo que caiu da árvore).

Todavia, não existe ligação jurídico-social entre o fim da norma que proíbe o ciclista de conduzir a bicicleta, durante a noite, sem iluminação e as ofensas produzidas. A norma proibitiva (neste caso, do Código de Estrada) destina-se apenas a evitar acidentes diretamente provocados pelo próprio ciclista e não a impedir que outros veículos choquem com terceiros[147].

Como não existe ligação (jurídico-social) entre a ultrapassagem protagonizada pelo automobilista – e consequente condução pela via esquerda em local proibido – e o atropelamento. A esfera de proteção da norma que proíbe ultrapassagens não abrange atropelamentos de pessoas que caem, por exemplo, de árvores. Destina-se a evitar colisões de veículos[148].

Os resultados produzidos (ofensas à integridade física por colisão das bicicletas e morte por atropelamento) situam-se fora das correspondentes esferas de proteção das normas proibitivas. Por isso, em perspetiva jurídico-social, não correspondem a materialização do risco proibitivo criado pelos agentes.

5. Subsunção nos crimes de omissão

5.1. Considerações gerais

Comportamento omissivo traduz-se, antes de mais e socialmente, em omissão de comportamento expectável. Juridicamente, significa omissão de ação devida. Os tipos legais de crime por omissão descrevem situações de *non facere* em que o sujeito não cumpre um dever (jurídico-penalmente imposto) de agir. Se os tipos legais de crimes de omissão pura apresentam estrutura

[147] Assim – e concluindo que as ofensas à integridade física se imputam ao primeiro ciclista –, Roxin, Claus, «A teoria da imputação objetiva», em *Estudos de Direito Penal*, 2006, p. 112.
[148] Neste sentido, Dias, Augusto Silva. *Apontamentos de Direito Penal*, Porto (versão policopiada), n/p, p. 222.

relativamente simples[149], já os tipos legais de crime de omissão impura constituem complexo tema dogmático, uma vez que se trata de crimes (omissivos) de resultado com toda a estrutura específica implicada, nomeadamente em sede de imputação objetiva.

5.2. Impossibilidade fáctica *absoluta* (ou a omissão insuscetível de ser típica[150])

Antes de mais, coloca-se, nos crimes de omissão, a possibilidade fáctica de o sujeito atuar em cumprimento do dever (e, assim, evitar o resultado, seja este típico, no caso das omissões impuras ou constituindo apenas fundamento da incriminação, tratando-se de omissões puras[151]). Se assim não acontecer e se a impossibilidade fáctica for absoluta, o problema que se suscita é prévio, situando-se no domínio da própria omissão[152], seja esta pura ou impura. Não existe, sequer – em caso de *impossibilidade fáctica absoluta* (de cumprimento do dever) –, comportamento humano dominável pela vontade por se não traduzir a omissão em exteriorização anímico-espiritual da vontade do sujeito. Não corresponde, em suma, a omissão suscetível de ser típica[153].

> *Exemplo 1*: *A* assiste pelo vídeo do computador em sua casa, em Lisboa, ao afogamento de *B*, seu filho, no rio Cávado, situado em Barcelos, não lhe sendo, em absoluto, possível, evitar o resultado[154].

> *Exemplo 2*: *C*, *baby-sitter* de *D*, estando presa numa arrecadação, ouve os gritos da criança a seu cargo a afogar-se na piscina[155].

[149] Cf. *supra*, 2.3.1.
[150] Cf. *supra*, I.
[151] Cf. *supra*, 2.3.1.
[152] Situa-se no âmbito tratado em *supra*, I.
[153] Neste sentido, desenvolvidamente, veja-se Leite, André Lamas, *As «posições de garantia» na omissão impura*, 2007, pp. 86-90.
[154] Assim, invocando a impossibilidade de atuação pela distância espacial e, por conseguinte, a inexistência de omissão, Roxin, Claus, *Strafrecht. Allgemeiner Teil*, II, 2003, p. 630.
[155] Vejam-se, ainda, exemplos adiantados em *supra*, I, notas 77 e 78.

5.3. Impossibilidade fáctica *relativa* (ou a omissão socialmente adequada ou tolerável[156])

Num contexto próximo, mas de impossibilidade (agora) relativa de cumprimento do dever (porque, de todo o modo, existe ainda diminuta possibilidade de cumprir o dever, o que significa que o sujeito pode tentar cumpri-lo), há que considerar as constelações de casos em que o sujeito não é dotado de qualidades técnicas específicas para evitar o resultado típico ou em que o comportamento apto a evitar esse resultado típico o coloca em situação de sério risco para a sua própria vida ou integridade física[157]. O *non facere*, em casos tais, será socialmente adequado ou tolerável.

> *Exemplo 1*: *A* conduzia o seu automóvel, quando se depara com *B*, ferido na berma da estrada. Uma atuação segundo as regras dos primeiros socorros seria o suficiente para manter a pessoa viva a tempo de a conduzir ao hospital. Todavia, não tendo conhecimento técnico dessas regras, *A* opta por telefonar a uma ambulância que chega no preciso momento em que *B* acaba por morrer[158].

> *Exemplo 2*: Numa escalada a uma montanha, *C*, alpinista, pretende salvar *D*, também alpinista, que, após queda, se encontra em local de muito difícil acesso, com graves ferimentos. Apercebendo-se do sério risco para a vida que correria se tentasse salvar, de imediato, *D*, *C* opta por não o fazer. Quando, mais tarde, *C* conseguiu contactar uma equipa de salvamento que se dirigiu ao local, já *D* havia morrido.

[156] Cf. *supra*, 1.

[157] Assim, o preceituado no artigo 200.º, n.º 3, do CP, deve valer como princípio geral de atipicidade, quer nas omissões puras, quer nas omissões impuras. Como refere Taipa de Carvalho a propósito deste preceito – e após mencionar, precisamente, que o seu comando vale também para as omissões impuras – «[e]sta exclusão da punibilidade da omissão reconduz-se, dogmaticamente, a uma exclusão da própria tipicidade da omissão» (Carvalho, Américo Taipa de, *Direito Penal. Parte Geral*, 2016, p. 552). Não pode, em suma, impor-se ao omitente o dever de colocar em sério risco bens jurídicos seus que sejam considerados (pela própria lei) indisponíveis (nomeadamente a vida e a integridade física essencial).

[158] Sublinha Roxin, a propósito de exemplos similares, que a incapacidade de ação não existe apenas em termos absolutos, mas também em circunstâncias em que na concreta situação o sujeito não se encontra em condições (*v.g.*, por falta de qualidades técnicas) de fazer algo razoável para cumprir uma obrigação (cf. Roxin, Claus, *Strafrecht. Allgemeiner Teil*, II, 2003, p. 630).

Os comportamentos de *A* e de *C* são socialmente adequados (ou, no limite, tolerados), pelo que as respetivas omissões (de socorrerem, eles próprios, *B* e *D*) são atípicas, não preenchem a cláusula de inadequação social[159].

5.4. Subsunção nos crimes de omissão pura

Tal como nos crimes de mera atividade, também nos crimes de omissão pura (de mera inatividade) o juízo valorativo de enquadramento do comportamento (por omissão) concreto na norma abstrata é suficiente para a subsunção[160].

5.5. Subsunção nos crimes de omissão impura. As posições de garante

Estruturando-se a teoria da infração penal a partir de crimes por ação e implicando os crimes por omissão raciocínios especializados, as maiores dificuldades surgem nas omissões impuras. Isto, porque, como se referiu já[161], diferentemente dos crimes de omissão pura que se encontram descritos na Parte Especial do Código Penal (*v.g.*, artigo 200.º, artigo 284.º), correspondendo a crimes de "mera (in)atividade", os crimes de omissão impura, através do artigo 10.º (incluído na Parte Geral) do CP, constroem-se por extensão da tipicidade dos crimes de resultado, previstos por ação na Parte Especial (*e.g.*, artigo 131.º do CP), a comportamentos omissivos. Por efeito do artigo 10.º, n.º 1, do CP (que equipara a ação à omissão nos crimes de resultado), os tipos legais de crimes (de resultado) abrangem, ao lado dos comportamentos por ação, (também) comportamentos por omissão, isto é, comportamentos que omitem a ação adequada a evitar o resultado típico.

Mas para que a equiparação legal encontre fundamento em valoração político-criminal que evite intervenção punitiva excessiva, impõe o n.º 2 do mesmo artigo 10.º que, perante a iminência de verificação de um resultado típico, o dever de atuação do omitente corresponda a um «dever jurídico que *pessoalmente* o obrigue a evitar esse resultado».

[159] Quanto à cláusula de inadequação social, veja-se *supra*, 1.

[160] Cf. *supra*, 3.

[161] Cf. *supra*, 2.3.1.

Na interpretação e densificação desta proposição jurídica, surgiram as "posições de garante".

Atualmente e no essencial, as posições de garante (ou fontes do dever de garante) fundam-se em situações conhecidas como *lei, contrato, ingerência, domínio de fonte de perigo* e *comunidades de perigo*[162].

5.5.1. Lei

Alude, essencialmente, a relações de proteção familiar previstas por lei e (a estas) análogas[163]. Existe posição de garante quando determinada pessoa se depara com a iminência de verificação de resultado típico em relação a outra pessoa com a qual existe essa relação familiar ou análoga, impondo-se-lhe, por lei (sob a égide do direito da família), deveres de proteção e, portanto, o dever de evitar o resultado. Não o fazendo (omitindo o cumprimento do dever de garante) e verificando-se, por consequência, o resultado, a sua atuação será objetivamente típica. Por exemplo, um pai que deixa o seu filho menor morrer afogado, abstendo-se de o salvar, preencherá, com o seu comportamento,

[162] No que se refere à evolução do pensamento jurídico relativo à construção dogmática das posições de garantia desde as teorias «clássicas» ou «formais» do século XIX (iniciadas com Feuerbach) às «modernas» ou «materiais» do século XX (com destaque inicial de Armin Kaufmann), passando pela «sistémico-funcionalista» de Jakobs, até à adoção de uma posição atual «material-formal», que, no essencial, partilhamos, veja-se LEITE André Lamas, *As posições de garantia na omissão impura*, 2007, pp. 145-307. Para uma reflexão crítica acerca da estrutura e dos fundamentos dos crimes de omissão impura, nomeadamente do conteúdo dos deveres de garante e da sua relação com o resultado típico, veja-se CUNHA, José Damião, «Algumas reflexões críticas sobre a omissão imprópria no sistema penal português», em Manuel da Costa Andrade e outros, *Liber Discipulorum para Jorge de Figueiredo Dias*, 2003, pp. 481-539.

[163] No contexto do Estado de Direito materialmente democrático e social não se restringe a fonte do dever de garante ao rigorismo formal das relações jurídico-familiares expressamente previstas na lei (no Direito da Família), estendendo-se, por analogia material, a outras relações situadas no horizonte compreensivo que fundamenta os deveres jurídico-familiares, qual seja, o da «existência de relações fáticas», de «proximidade existencial», as quais se traduzem numa «situação de real dependência», que correspondam ao que a doutrina alemã condensa em relações de «comunidade de vida» (*Lebengemeinschaften*) (veja-se, por todos, LEITE, André Lamas, *As «posições de garantia» nas omissões impuras*, 2007, pp. 203-226). Ainda que, em nosso entendimento, se devam restringir – desde logo por certeza jurídica – a situações em que a relação existente seja *materialmente análoga*, pela proximidade existencial, a uma *relação familiar*, devendo manter-se a fonte de dever de garante estribada na *lei* (abrangendo relações familiares e análogas) e não em toda a sorte de relações que possam ser interpretadas – e, sob diversos pontos de vista, entendidas – como "relações de comunidade de vida".

o tipo objetivo de homicídio por omissão (artigos 10.º e 131.º do CP[164]). O mesmo se aplicará a similar situação entre, *v.g.*, um tio e um sobrinho que vivam em relação análoga à de pai e filho, sem que exista, formalmente decretada, relação de tutela prevista no Código Civil (artigos 1927.º a 1966.º)[165].

5.5.2. Contrato (ou assunção voluntária de funções de proteção[166])

A posição de garante deriva da circunstância de alguém ter assumido voluntariamente funções de proteção em relação a uma ou mais pessoas. Seja em relação a(s) pessoa(s) determinada(s) (exemplos da *baby-sitter*[167] ou do guarda-costas[168]), seja face a uma generalidade de pessoas que se encontrem em certos contextos (exemplos do médico de serviço no banco de urgências do hospital ou do nadador-salvador[169]).

5.5.3. Ingerência

Obrigação de evitar resultado típico por se ter provocado (através de ação precedente ilícita) o perigo desse resultado (exemplo clássico do condutor que, por excesso de velocidade, atropela peão a atravessar na passadeira, colocando-o em perigo de vida, mas que segue viagem, não cumprindo o dever de atuar no sentido de evitar a sua morte).

[164] Referimo-nos ao artigo 131.º do CP e não, por exemplo, ao artigo 132.º, também do CP, porque os tipos especiais de homicídio não se definem na tipicidade objetiva (definem-se, em regra, em sede de culpa, configurando-se como tipos-de-culpa).

[165] Posto que, se tutela formalmente decretada houver, já o fundamento é legal e não materialmente análogo.

[166] Assim referido, entre outros, por Jescheck e Weigend para sublinhar que determinante na posição de garante não é a validade jurídico-formal do acordo contratual, mas o fundamento da assunção material (cf. Jescheck / Weigend, *Tratado de Derecho Penal*, 2002, p. 671).

[167] Exemplos em que uma jovem rapariga é contratada para exercer funções de *baby-sitter* enquanto os pais da criança se ausentam.

[168] Casos em que um abastado empresário contrata um guarda-costas para ser por este protegido de eventuais agressões, assaltos, etc.

[169] O médico de serviço e o nadador-salvador assumem funções de proteção face àqueles que recorram ao serviço de urgências do hospital e aos que se encontrem a banhos em praia vigiada, respetivamente.

5.5.4. Domínio da fonte de perigo

Seja a fonte de perigo de *(a) domínio próprio*: quem detém uma fonte de perigo (por exemplo, o dono de uma máquina ou o dono de um animal feroz) está adstrito, em caso de perigo de verificação de resultado típico, a adotar comportamento que evite esse resultado[170]; seja de *(b) domínio de atuação de terceiros*: aplica-se aos responsáveis por terceiros inimputáveis, ou de responsabilidade diminuída (*v.g.*, o pai que nada faz mediante o comportamento do seu filho, de 6 anos, que aponta uma pedra ao vidro de um estabelecimento comercial e a atira, partindo o vidro e cometendo, por conseguinte, crime de dano contra a propriedade); seja, ainda, resultante de *(c) domínio fático absoluto*: *«existência de uma abissal desproporção entre o bem jurídico em perigo e a atuação positiva que o sujeito poderia empreender para a respetiva salvaguarda*[171] (*e.g.*,o passeante solitário que, no Parque da Cidade do Porto, se depara com uma pequena criança caída, de frente, num aguaçal, correndo sérios riscos de afogamento, bastando um pequeno esforço de levantar a criança para evitar a sua morte, mas nada faz, deixando a criança morrer; ou a pessoa que assiste à situação de um invisual que, a dois metros de si, se dirige na direção de um bueiro e nada faz para evitar a queda).

5.5.5. Comunidades de perigo

Assunção de empreendimento conjunto de carácter arriscado cria, em cada um dos respetivos participantes, a adstrição a um dever de garante face aos outros (exemplos característicos: grupo de alpinistas, grupo em expedição nas savanas de África, grupo em desportos radicais. Se, nestas atividades, um dos elementos se coloca em situação de perigo, *v.g.*, para a vida ou integridade física, estão os outros elementos adstritos ao dever de evitar o resultado).

[170] Sobre os deveres de garante dirigidos ao controle de uma fonte de perigo e decorrentes situações cujos contornos se não encontram ainda completamente definidos, nomeadamente a responsabilidade do titular da empresa e a responsabilidade pelo produto, veja-se, por exemplo, STRATENWERTH / KUHLEN, *Strafrecht. Allgemeiner Teil*, 2011, pp. 286-288.

[171] Após colocar em evidência as críticas que, em geral, são feitas, quer do ponto de vista dogmático, quer político-criminal, ao dever de garante fundado nas chamadas "situações de monopólio", André Lamas Leite adianta este subcritério no âmbito do domínio da fonte de perigo (veja-se LEITE, André Lamas, *As «posições de garantia» nas omissões impuras*, 2007, pp. 252-266).

5.6. Subsunção nos crimes de omissão impura. Imputação objetiva do resultado à conduta omissiva. A teoria do risco (adaptação à omissão)

Verificada a existência de dever de garante, segue-se a teoria da conexão do risco adaptada à omissão da ação adequada a evitar o resultado. Assim, mantendo-se os dois *pressupostos* cumulativos da teoria do risco, impõe-se, *mutatis mutandis*, a respetiva formulação:

5.6.1. *Pressuposto-I*: não diminuição "proibida" (intolerável pela sociedade) do risco de verificação do resultado típico

Dá-se a verificação deste *primeiro pressuposto* quando, mediante situação de desenvolvimento de *risco* para determinado *resultado* típico, o sujeito, de modo proibido (intolerável), não o diminui, violando o dever de garante a que está adstrito[172]. *Risco* de resultado significa, antes de mais (já o referimos[173]), *previsibilidade* de resultado, o que implica necessariamente o recurso ao *juízo de prognose póstuma*. Assim, considerando o resultado (típico) verificado e a situação prévia que se desenvolvia e mediante a qual o sujeito se deparava, torna-se necessário verificar se, nas circunstâncias concretas de tempo e lugar do sujeito e atendendo aos seus especiais conhecimentos (efetivos ou exigíveis), era *previsível*, para um observador *objetivo* e segundo as regras de experiência comum (numa palavra: para o *homem médio*), que da situação prévia em desenvolvimento adviesse o resultado. Se a resposta for positiva, conclui-se que o sujeito se deparou com uma *situação de risco* para o resultado. Se o sujeito, estando adstrito ao dever de garante e tendo possibilidade fáctica de interferir, diminuindo o risco, não o fizer (não adotar a ação esperada de diminuir o risco), de modo proibido (intolerável pela sociedade), conclui-se, então, pela não diminuição proibida do risco para o resultado, ficando *indiciada* a imputação objetiva do resultado ao *non facere* do omitente.

Este pressuposto traz logicamente implicado o comportamento (omissivo) socialmente inadequado, pois só assim a não diminuição do risco é proibida. Se nos depararmos com a omissão socialmente tolerável em que a possibilidade de evitar o resultado é remota por falta de qualidades técnicas do

[172] Como refere Roxin, na imputação objetiva em crimes de omissão, o sujeito não cria um risco, antes se deparando com uma situação de risco para resultado típico (cf. ROXIN, Claus, *Strafrecht. Allgemeiner Teil*, II, 2003, p. 684).

[173] Cf. *supra*, 4.3.2.1.

omitente para o efeito ou porque a intervenção diminuidora do risco coloca em sério perigo bens jurídicos indisponíveis do próprio sujeito ou de terceiro – nomeadamente a vida ou a integridade física –, já a omissão não é proibida, falhando, por conseguinte, este primeiro pressuposto, não se indiciando a imputação objetiva[174].

> *Exemplo 1*: *A*, nadador-salvador, verificando que *B* se encontra em dificuldades no mar, nada faz, acabando *B* por morrer.

> *Sub-hipótese 1*: *A* não salvou *B*, porque o mar estava revolto, havendo sério risco de morte de *A*, caso procedesse à ação de salvamento.

Nesta *sub-hipótese 1*, *A* não diminuiu o risco, mas esta não diminuição do risco corresponde a comportamento *tolerável*, pelo que se não verifica o *pressuposto-I* (da teoria do risco). A morte de *B* não se imputa ao comportamento omissivo de *A*.

Neste enquadramento, não pode deixar de se fundar o primeiro pressuposto da teoria do risco (adaptado à omissão impura) num duplo juízo de previsibilidade: (1) que da situação mediante a qual o omitente se depara seja *previsível* a verificação do resultado típico; (2) que seja *previsível* que a atuação (a interferência por ação) do sujeito *diminua o risco* de verificação desse resultado. Este segundo juízo de previsibilidade implica a *possibilidade fáctica* de atuar no sentido de diminuir o risco, prosseguindo o escopo político-criminal que subjaz ao comando normativo sufragado pelo artigo 10.º, n.º 1 e n.º 2, do CP.

> *Exemplo 2*: *C*, nadador-salvador, apercebe-se de que *D* se encontra no mar em risco de afogamento. Com todas as condições fácticas para a ação de salvamento sem riscos, *C* tem, contudo, dúvidas se esta seria tempestiva, pelo que decide não atuar e deixar *D* entregue à sua sorte, acabando por morrer.

[174] Estas situações de não diminuição do risco correspondente a comportamento tolerável entroncam – tal como o risco permitido ou a diminuição do risco nos crimes por ação (cf. *supra*, ponto 4.3.2.1.) – nos comportamentos socialmente adequados (neste contexto mais específico, entroncam nas omissões socialmente adequadas, a que nos referimos *supra*, 5.3., e, portanto, na *impossibilidade fáctica relativa*) que impedem a subsunção do facto à norma (que só deve operar se verificada a cláusula de inadequação social).

Exemplo 3: sendo diagnosticada doença grave a *E*, de 16 anos, *F*, médico, informa *G*, pai de *E*, de que a única possibilidade de *E* sobreviver é a de ser internado num hospital em Inglaterra, equipado com as condições necessárias ao tratamento indicado, persistindo, todavia, a incerteza quanto à eficácia da cura. Não obstante ter condições económicas para internar o filho no hospital indicado, *G* nada faz, deixando o seu filho morrer.

Nestes dois exemplos, não obstante a dúvida quanto à eficácia das atuações de *C* e *G*, é, ainda assim, previsível, em juízo *a priori*, que tais atuações diminuíssem o risco de verificação do resultado. Se *C*, nadador-salvador, iniciasse a ação de salvamento, o risco de morte de *D* diminuiria. Tal como, se *G* internasse o seu filho no hospital indicado pelo médico diminuiria, em princípio, o risco de morte de *E*. O que é suficiente para considerar que tais comportamentos por omissão não são toleráveis, verificando-se o *pressuposto-I* da teoria do risco, pois trata-se de comportamentos que, de forma proibida, não diminuem o risco de verificação do resultado típico. O que é suficiente para consolidar a existência de dever de garante[175] e, consequentemente, indiciar a imputação objetiva das mortes de *D* e *E* aos comportamentos omissivos de *C* e de *D*.

5.6.2. *Pressuposto-II*: resultado enquanto materialização do risco não diminuído

Sabemos já que, em termos metodológicos, a verificação do *pressuposto-I* da teoria do risco *indicia* a verificação do *pressuposto-II*. Se, com efeito, o omitente, adstrito ao dever de garante, não adotou, de modo proibido, a ação adequada a diminuir o risco de verificação do resultado típico, então, verificando-se o resultado, é legítimo supor que a respetiva materialização se deva, em princípio (*a priori*), a essa não diminuição do risco.

Pode, todavia, assim não suceder. E assim não sucederá em, pelo menos, uma de quatro hipóteses: *(a) ineficácia da diminuição do risco; (b) materialização de risco preexistente; (c) interferência relevante no desenvolvimento do risco* ou *(d) resultado fora da esfera de proteção do dever de garante.*

[175] Entram, assim, estes comportamentos omissivos no domínio da discursividade jurídico-punitiva, pois, confirmando-se o dever de garante e existindo dolo do (ao menos conformação com o) resultado (por parte dos omitentes), iniciada está a tentativa de homicídio por omissão (veja-se *infra*, 4.º Capítulo, I.3.).

(a) *Ineficácia da diminuição do risco*: se, *a posteriori* (isto é: após a verificação do resultado), se concluir que a diminuição do risco não evitaria o resultado, então não deve este resultado imputar-se à não diminuição do risco. Conclui-se, através de juízo *ex post*, que, afinal, a atuação do omitente não era suscetível de diminuir o risco. Trata-se de conclusão que implica um juízo de comprovação de que a diminuição do risco seria, afinal, ineficaz. Um juízo de comprovação fundado na previsibilidade de que a atuação do omitente seria inútil. Se assim for, o resultado não corresponde, afinal, a materialização de comportamento de não diminuição do risco.

> (Recupere-se) *o exemplo 2*: *C*, nadador-salvador, apercebe-se de que *D* se encontra no mar em risco de afogamento. Com todas as condições fácticas para a ação de salvamento sem riscos, *C* tem, contudo, dúvidas se esta seria tempestiva, pelo que decide não atuar e deixar *D* entregue à sua sorte, acabando por morrer.
>
> (Acrescente-se agora a seguinte) *sub-hipótese*: uma análise posterior determinou a hora da morte de *D*, que, com toda a probabilidade, tornaria ineficaz a atuação de *C*, pois, calculado o tempo necessário para o salvamento, quando o nadador-salvador resgatasse *D* já este teria morrido[176].

Se, pelo contrário, for comprovado, através de um juízo de previsibilidade *sério* (*rectius*, para *além da dúvida razoável*) de que a atuação do omitente teria sido eficaz, então já o resultado se deve à não diminuição do risco, imputando-se o resultado ao omitente.

> *(Recupere-se o) exemplo 3*: sendo diagnosticada doença grave a *E*, de 16 anos, *F*, médico, informa *G*, pai de *E*, de que a única possibilidade de *E* sobreviver é a de ser internado num hospital estrangeiro, equipado com as condições necessárias ao tratamento indicado, persistindo, todavia, a incerteza quanto à eficácia da cura. Não obstante ter condições económicas para internar o filho no hospital indicado, *G* nada faz, deixando o seu filho morrer.

[176] Problema seria idêntico se acrescentada uma *sub-hipótese* ao *exemplo 3* em que uma análise técnica posterior determinasse que a causa da morte de *G* não seria, com probabilidade, removida pelo tratamento indicado.

(Acrescente-se agora a seguinte) *sub-hipótese*: uma análise técnica posterior determinou a causa da morte de *G*, comprovando-se, para além da dúvida razoável, que o tratamento no hospital indicado teria sido eficaz[177].

Só com a previsibilidade *séria* (em linguagem processual: que confira valor de prova bastante) de que a atuação de *E* teria sido eficaz, é que se confirma o resultado como materialização da não diminuição do risco do omitente. Em qualquer caso de dúvida insanável quanto à eficácia da atuação esperada, não corresponde o resultado à materialização da diminuição do risco, atento (em linguagem processual) o princípio *in dubio pro reo*.

Considerando as duas fases (os dois pressupostos), da teoria do risco – a primeira em que relevam juízos *ex ante*; a segunda, em que se formulam juízos *ex post* –, não existe, verdadeiramente, controvérsia entre o critério da *diminuição do risco* e o da *evitabilidade* do resultado, a que se refere grande parte da doutrina e da jurisprudência[178]. Pela nossa parte, entendemos que se trata de questão metodológica, uma vez que são critérios relevantes em dois momentos metodológicos diferentes no âmbito da aplicação da teoria do risco aos crimes de omissão impura. Num primeiro momento (*pressuposto-I*), importa aferir, *apriori*, mediante juízo de previsibilidade média, se a ação esperada diminui o risco. Sendo a resposta afirmativa, entendendo-se que diminui e que, consequentemente, a não adoção da ação esperada corresponde a uma não diminuição proibida do risco, impõe-se, num segundo momento (*pressuposto-II*), aquilatar, *aposteriori*, se seria, afinal, eficaz o comportamento diminuidor do risco (se seria apto a *evitar* o resultado). Se assim se concluir, o resultado corresponde à materialização da não diminuição do risco, imputando-se, sequentemente, à não diminuição do risco pelo omitente. É, pois, neste segundo momento que se impõe um juízo (*ex post*) conclusivo quanto à comprovação da eficácia da diminuição do risco fundada na constatação (em prova cujo valor se situe, pelo menos, no patamar valorativo da prova bastante, ultrapassando a dúvida razoável, o *in dubio pro reo*) de que a atuação do omitente teria sido útil, pois evitaria o resultado. Mas se assim se não concluir,

[177] Ou uma *sub-hipótese* ao *exemplo 2* em que se comprovasse, para além da dúvida razoável, que, considerando o momento da morte, teria *C*, com segurança, tido o tempo necessário para a salvar *D* com êxito.

[178] Sobre esta controvérsia, jurisprudencial e doutrinária, na Alemanha, veja-se, por todos, Roxin, Claus, *Strafrecht. Allgemeiner Teil*, II, 2003, pp. 642-648. Em Portugal, Dias, Jorge de Figueiredo, *Direito Penal. Parte Geral*, I, 2019, pp. 1082-1086, ou Costa, José de Faria, *Direito Penal*, 2017, pp. 507-510.

significa, então, que a atuação do omitente teria sido ineficaz, que não evitaria o resultado. Nesta hipótese, que abrange situações de dúvida razoável quanto à eficácia da atuação que diminuiria o risco, o resultado não se deve assim à omissão de diminuição do risco, pelo que se não pode concluir que (utilizando a fórmula legal) o sujeito omitiu ação adequada a evitar o resultado. Em suma: em juízo posterior (no momento do *pressuposto-II*), a dúvida quanto à eficácia da ação diminuidora do risco implica a conclusiva de que a atuação era ineficaz (*in dubio pro reo*) e, por isso, de que o resultado não corresponde à materialização da omissão de diminuição do risco.

(b) *Risco preexistente*: se o resultado se dever a um outro risco anterior ao risco mediante o qual se deparou o omitente, então o resultado é a materialização dessoutro risco e não do risco que o omitente não diminuiu.

> (Recupere-se agora o) *exemplo 1* (supra enunciado): *A*, nadador-salvador, verificando que *B* se encontra em dificuldades no mar, nada faz, acabando *B* por morrer.
>
> (Considere-se agora uma) *sub-hipótese 2*: a morte de *B* não teve como causa o afogamento, antes se devendo a ingestão de veneno que sua mulher, uma hora antes, ministrara no pequeno almoço.

Neste caso, não corresponde a morte de *B* à materialização do risco (de afogamento) não diminuído por *A*, razão pela qual não se imputa a morte de *B* à não diminuição do risco (imputa-se ao envenenamento).

(c) *Interferência relevante no desenvolvimento do risco*

> *Sub-hipótese 3* (do *exemplo 1*): a morte de *B* ocorreu, porque, no momento em que se encontrava em risco de afogamento, é atropelado por uma mota aquática, conduzida por *C*.

Surge aqui um risco *posterior* (atropelamento pela mota aquática) que *interferiu* de modo *relevante* (porque *imprevisível*) no desenvolvimento do risco mediante o qual se deparou *A* (risco de afogamento de *B*). Existe, portanto, uma *interferência relevante* no desenvolvimento do *risco* (uma quebra no risco) que *A* não diminuiu, devendo fazê-lo. A morte de *B não é*, assim, *a materialização* da não diminuição do risco (isto é, do comportamento por omissão) de *A* (antes correspondendo à materialização do atropelamento provocado por *C*).

(d) Resultado fora da esfera de proteção do dever de garante

Exemplo 4: durante a noite, *H* segue de bicicleta sem luz atrás de seu filho menor, *I*, que conduz também uma bicicleta sem luz e que, por sua vez, segue atrás de um outro ciclista, *J*, igualmente sem luz. Por não estarem as bicicletas iluminadas, *J* choca com *K*, condutor de uma motorizada vindo da direção oposta. A ofensa à integridade física em *J*, resultado do choque com *K*, teria sido evitada se *I* acionasse as luzes da sua bicicleta, iluminando a de *J*.

O pai não diminuiu o risco, de modo proibido (por estar adstrito a dever de garante imposto por *lei* relativa ao direito da família, isto é, imposto pela relação jurídico-familiar), ao não ordenar ao seu filho que cumprisse o dever previsto no Código da Estrada (artigo 93.º, com referência ao artigo 61.º) de acender a luz da bicicleta. Se o fizesse diminuiria o risco de colisão entre *J* e *K* e, por conseguinte, o risco de ofensa à integridade física de *J*. Todavia, o fim do dever de garante em causa (dever de impor ao filho que cumpra o Código da Estrada) não tem ligação jurídico-social com a ofensa à integridade física de *J*. O fim de proteção do dever de garante a que *H* está adstrito, apenas abrange a proteção da vida e da integridade física de *I*, seu filho. Isto, porque o dever a que se encontra adstrito o pai de impor ao filho que conduza a bicicleta com luz, tem apenas em vista a proteção do próprio filho. O resultado ocorrido está, portanto, fora da proteção do dever de garante que sobre *H* recai, donde *não* corresponde (esse resultado de ofensa à integridade física de *J*) à *materialização* da não diminuição do risco por *H* (e, consequentemente, por *I*). Corresponde, sim, à circunstância de o próprio *J* não diminuir o risco em relação a si próprio, de conduzir a bicicleta sem luz.

III. Tipo subjetivo de ilícito

1. Construção

O «sistema penal assenta na punição das ações humanas dolosas»[179]. São estas que fundamentam, em regra, a intervenção penal. Só em situações especiais sufraga a lei a punibilidade a título de negligência. Esta é a técnica

[179] Albuquerque, Paulo Pinto de, *Comentário do Código Penal*, 2021, p. 158.

legislativa definida no artigo 13.º do CP («[s]ó é punível o facto praticado com dolo ou, nos casos especialmente previstos na lei, com negligência»). Não é assim necessária, na Parte Especial da legislação penal – seja no próprio Código Penal, seja em legislação penal avulsa –, referência expressa ao dolo. Este encontra-se já implícito, em termos *gerais*, nos diversos tipos legais de crime sem (que seja necessária) menção *especial* expressa (*v.g.*, "quem matar", nos termos da previsão normativa do artigo 131.º, conjugada com o disposto no artigo 13.º, ambos do CP, traz implícito "quem *dolosamente* matar"; "quem ofender o corpo ou a saúde de outra pessoa", nos termos do artigo 143.º, tem o sentido de "quem *dolosamente* ofender o corpo ou a saúde de outra pessoa"; "quem detiver, prender, mantiver presa ou detida outra pessoa", conforme se prevê no artigo 158.º, n.º 1, tem o sentido de "quem *dolosamente* detiver, prender, mantiver presa ou detida outra pessoa"). Só a negligência se encontra especial e expressamente prevista na Parte Especial (por exemplo, "quem matar outra pessoa por *negligência*", conforme prevê o artigo 137.º, ou "quem, por *negligência*, ofender o corpo ou a saúde de outra pessoa", nos termos do artigo 148.º, n.º 1, do CP).

No âmbito jurídico-penal é de grande importância a distinção entre ações dolosas e negligentes. Normalmente, significa a diferença entre comportamento criminoso e não criminoso, ou, então, entre criminalidade (e consequente punibilidade) grave e leve.

2. Dolo do tipo

Tendo presente que a análise dos elementos subjetivos do tipo só se coloca havendo comportamento objetivamente típico, o dolo, nos termos do artigo 14.º do CP, estrutura-se em dois elementos: *cognitivo* (conhecimento do facto objetivamente típico) e *volitivo* (vontade de realizá-lo).

2.1. Estrutura do dolo do tipo: elemento cognitivo (intelectual)

2.1.1. Conhecimento do facto típico

Traduz a representação mentalmente correta da factualidade típica ou, na terminologia da lei, a representação mentalmente correta de «um facto que preenche um tipo de crime» (artigo 14.º, n.º 1, do CP). Se, por hipótese,

A matou *B* com um disparo (preenchimento do tipo objetivo do crime p.p. pelo artigo 131.º do CP), o elemento cognitivo verifica-se no caso de *A* representar corretamente o facto típico, qual seja, que detinha uma arma de fogo carregada, que perante ele estava uma pessoa (*B*) (representação do *objeto* da ação) e que, disparando na sua direção, previsivelmente a mataria (previsibilidade do *desenvolvimento do risco,* implicada no dolo dos crimes de resultado). Estes são os elementos do facto típico p.p. pelo artigo 131.º do CP. Se o facto típico realizado não é corretamente representado pelo agente, existe *erro sobre (o objeto ou sobre o desenvolvimento do risco d)o facto típico.*

2.1.1.1. Erro(-ignorância) sobre (d)o facto típico (*error in persona vel objecto* e erro sobre o desenvolvimento do risco)

Falar em erro sobre factos é aludir a falsa representação da realidade (factual), a uma falsa perceção de factos. Se essa falsa perceção se refere à factualidade típica, trata-se de erro sobre o facto típico. Vale por dizer: os factos subsumidos num tipo legal de crime existem na realidade objetiva, mas o agente não os representa mentalmente, não os perceciona, falhando, assim, um dos elementos estruturantes do dolo: o elemento cognitivo. Por isso, se enquadra o *erro sobre o facto típico* na previsão normativa do artigo 16.º, n.º 1, do CP, tendo como consequência, precisamente, a *exclusão do dolo.* O erro sobre o facto típico pode assumir duas modalidades: *(a) erro sobre o objeto* e *(b) erro sobre o curso (ou desenvolvimento) do risco.*

(a) *Erro sobre o objeto (error in persona vel objecto)*: constitui erro sobre o facto típico a falsa representação do objeto da ação típica.

> *Exemplo 1*: *A*, cidadão de uma recôndita aldeia alentejana (que pela primeira vez sai da sua terra natal, deslocando-se a Lisboa), dispara sobre *B* (um homem-estátua que, à noite, expressava a sua arte no Chiado), provocando-lhe a morte, crendo que disparava sobre uma estátua (disparou para treinar a pontaria).

Neste exemplo, verifica-se a factualidade típica, preenchendo a conduta de *A* o tipo objetivo de homicídio (artigo 131.º do CP). *A*, todavia, não a representou, não a percecionou, pois, ao cogitar que disparava sobre uma estátua, *ignorou* que ali se encontrava, afinal, uma pessoa. Ao não percecionar um dos elementos do facto típico (a pessoa enquanto objeto de ação do homicídio), que objetivamente existia, encontra-se *A* em *erro* sobre um elemento do facto típico – no caso, em *erro sobre o objeto* da ação, uma pessoa (*B*) –, pelo que, excluído o dolo, nos termos do artigo 16.º, n.º 1, do CP, não comete *A* homicídio doloso (poderá ter cometido, porventura, homicídio negligente, nos termos conjugados dos artigos 16.º, n.º 3, 15.º, alínea *b*), e 137.º, todos do CP).

(b) *Erro sobre o desenvolvimento do risco (sobre o processo causal)*: a falsa representação incide agora sobre o curso do risco (ou, em linguagem tributária da teoria da causalidade adequada, sobre o processo causal) conducente ao resultado típico.

> *Exemplo 2*: em contexto de brincadeira, *C*, sabendo que *D* era um bom nadador, empurra-o para uma piscina. *D*, todavia, por não contar com o empurrão, atrapalha-se e acaba por morrer afogado.

Em crimes de resultado, a figura do dolo envolve necessariamente, como se referiu, o curso do risco, isto é, a previsibilidade do desenvolvimento do risco (do processo causal, na linguagem da teoria da adequação) que se materializou em resultado. Trata-se do conhecimento de uma realidade típica dinâmica, pois o desenvolvimento (ou curso) do risco (o nexo de causalidade) encontra-se implícito no tipo legal de crime de resultado. No exemplo apontado, *C* não previu (*ignorou*) o curso do risco que levou *D* à morte. Encontra-se *C* em *erro sobre o curso do risco* (*erro sobre o processo causal*) por não ter representado um facto (o curso do risco que levou à morte) que constitui elemento típico do crime de homicídio (implícito na expressão *quem matar*). Trata-se, igualmente, de erro sobre a factualidade típica (excludente do dolo, nos termos do artigo 16.º, n.º 1, do CP).

O erro sobre o facto típico, previsto no artigo 16.º, n.º 1, do CP, constitui uma falsa representação da realidade típica, um «defeito de representação»[180], uma vez que a factualidade típica objetivamente existe, mas o agente não a representa. Tomando de empréstimo a terminologia de José António Veloso, o erro sobre o facto típico, previsto no artigo 16.º, n.º 1, do CP, constitui *erro-ignorância*[181] do facto típico, que se contrapõe ao *erro-suposição* (ou "excesso de representação") do facto típico.

[180] Assim, Costa, José de Faria, *Direito Penal*, 2017, p. 439.

[181] Cf. Veloso, José António, *Erro em Direito Penal*. Lisboa, 1993, pp. 13 ss.

É verdade que todo o erro implica necessariamente *ignorância* e *suposição*. Quando se não representa um facto que objetivamente existe (*ignorância*), supõe-se uma realidade alternativa que objetivamente não existe (*suposição*). *Ignorância* e *suposição* são *verso* e *reverso* da figura do *erro*. A relevância da distinção opera, no entanto, com referência ao *facto típico*.

No *exemplo 1*, acima descrito, o facto típico é o de que *A* matou *B* (artigo 131.º do CP). Só que *A* não representou esse facto, pois *ignorava* estar a disparar sobre uma pessoa, *supondo* tratar-se de uma estátua. O erro de *A* é o de ter *ignorado* (não ter percecionado) a pessoa (*B*) sobre quem disparou, sendo essa pessoa o *elemento do tipo* de homicídio. Tal como, no *exemplo 2*, *C* não representou (*ignorou*) que *D* se atrapalhasse e acabasse por morrer afogado (*supondo* que este nadaria e facilmente saísse ileso da brincadeira). Aqui, o erro de *C* é o de ter *ignorado* (não ter previsto, não ter percecionado) o curso do risco tal como se desenvolveu. Eis o que releva no erro sobre o facto típico: *ignorar* (não representar) subjetivamente *a factualidade típica* que objetivamente existe (supondo-se uma outra factualidade). Por isso se consubstanciam, estes exemplos, em situações de *erro-ignorância* sobre o *facto típico* (*A* não representou outra pessoa, *C* não percecionou o curso do risco), sendo aplicável, por conseguinte, o disposto no artigo 16.º, n.º 1, do CP (erro excludente do dolo).

Esta distinção assume grande importância dada a possibilidade de suceder exatamente o inverso (com a consequente diferença de regime jurídico): *A*, cidadão lisboeta, disparar sobre uma estátua (numa recôndita aldeia alentejana), supondo tratar-se de uma pessoa (de um homem-estátua). Ou *C* empurrar *D* para uma piscina, supondo não saber este nadar, mas, afinal, ser um competente nadador, saindo ileso da situação. Nestes casos, o *facto típico* (homicídio) *não existe*, ainda que o agente o tenha *suposto*. Depara-se-nos, então, o *erro-suposição* sobre o *facto típico* (*facto típico* objetivamente inexistente, mas *suposto* pelo agente), que já se não subsume na figura do erro sobre o facto típico, previsto no artigo 16.º, n.º 1, do CP, antes se enquadrando na figura da tentativa impossível (no caso, de homicídio)[182].

[182] Quanto à tentativa impossível, veja-se *infra*, 4.º Capítulo, I.1.5.

2.1.1.2. Erro sobre elementos descritivos e erro sobre elementos normativos do tipo

O erro sobre o facto típico incide sobre os elementos de um dado tipo legal de crime, podendo, nessa medida, incidir sobre elementos descritivos ou sobre elementos normativos do tipo[183].

No *exemplo 1*, incide o erro sobre elemento descritivo do tipo legal de homicídio, dado que recai sobre "outra pessoa" (objeto da ação)[184].

Mas pode incidir o erro sobre elementos normativos do tipo legal de crime, elementos que implicam referência normativa, mas facilmente compreensíveis pelo leigo[185]. Tal erro enquadra-se igualmente na previsão normativa do artigo 16.º, n.º 1 («erro sobre elementos [...] de *direito* de um tipo de crime»[186]), do CP.

> *Exemplo*: Após viagem de avião, no saguão do aeroporto, *E* pega numa mala que supõe ser a sua, mas que afinal pertence a *F*.

O erro incide aqui sobre o caráter *alheio* da mala (coisa móvel), que constitui elemento *normativo* do tipo legal de furto (artigo 203.º do CP). Opera a figura do erro (*ignorância*) sobre (o caráter *alheio* da coisa e, portanto, sobre) o facto típico (*E ignora* a circunstância de a mala ser alheia, supondo-a sua), excludente do dolo, nos termos do artigo 16.º, n.º 1, do CP[187].

[183] No que respeita aos elementos descritivos e normativos do tipo, veja-se, *supra*, II.1.

[184] Outros *exemplos* de erro sobre elementos descritivos do tipo: *C* ingere substância abortiva, ignorando que estava grávida, provocando um aborto (*C* ignora a existência da gravidez, pelo que, nos termos do artigo 16.º, n.º 1, do CP, lhe é excluído o dolo de aborto, crime p.p. pelo artigo 140.º, n.º 3, também do CP); *D* tranca a porta do quarto de hóspedes de sua casa, ignorando que aí se encontrava a descansar o primo de sua mulher (*D* não tem consciência de privar de liberdade outra pessoa, sendo-lhe, *ex vi* do artigo 16.º, n.º 1, excluído o dolo do crime de sequestro, p.p. pelo artigo 158º, ambos do CP).

[185] Como se viu *supra*, II.1.

[186] [Itálico adicionado].

[187] Outros *exemplos* de erro sobre elementos normativos do tipo: no exercício das suas funções, *G*, funcionário público, recebe indevidamente de *H*, empresário, avultada quantia. Convenceu-se *G* de que *H* lhe entregara quantia correspondente a uma dívida ao Estado que, na realidade, não existia (*G* ignora o carácter "indevido" da atribuição patrimonial, donde, por aplicação do artigo 16.º, n.º 1, do CP, se lhe exclui o dolo de recebimento indevido de vantagem, crime p.p. pelo artigo 372.º, n.º 1, do mesmo CP); *I*, supondo entrar em sua própria casa, entra em casa de *J*, sem consentimento (*I* ignora que entra em casa alheia, sendo-lhe, por isso, excluído o dolo de violação de domicilio, crime p.p. pelo artigo 190.º do CP).

2.1.1.3. *Aberratio ictus vel impetus*

Situações diferentes das de erro sobre o facto típico, são as de erro na execução (*aberratio ictus*). Diferenças vertidas no facto de não se fundar a *aberratio ictus*, em erro mental de representação (de perceção). Em causa não está, pois, a correta perceção da realidade. Só que por motivo de falha na destreza psicofísica da execução do facto, ou em razão de circunstâncias alheias ao agente, não se concretiza o facto pretendido. Nas figuras da *aberratio ictus* há que distinguir duas constelações de casos: as análogas às de *(a)* erro sobre o facto típico e as quase análogas às de *(b)* erro sobre a *identidade* do objeto do facto típico (que, ao fim e ao cabo, são análogas às de erro sobre o facto típico).

(a) *Aberratio ictus* e *erro sobre o facto típico.*

> *Exemplo*: *A* pretende matar *Rex*, propriedade de seu vizinho, *B*. Dispara um tiro na direção do genuíno lobo d'alsácia, mas, por erro de pontaria, atinge letalmente *C*, amigo de *B*, que se encontrava alguns metros ao lado.

Sendo figura diferente da do erro sobre o facto típico, a *aberratio ictus* apresenta, não obstante, elementos similares, análogos. Em ambas as figuras o sujeito realiza um facto típico por erro: de perceção (representação mental), quando incide sobre o facto típico; de execução, na *aberratio ictus*. É exatamente (a figura d)o erro, seja de perceção ou de execução, que leva o sujeito a realizar um facto típico não pretendido. Não se prevendo, todavia, na lei, situações de *aberratio ictus*, depara-se-nos uma lacuna a preencher por se tratar de caso omisso carecido de disciplina jurídica, que se não deve, por isso, quedar à margem do Direito. No âmbito da tipicidade subjetiva, a lei regula situações de erro excludente do dolo-do-tipo, mas incompletamente. Impõe-se, então e por princípio de justiça formal, suprir esta incompletude através de paridade de tratamento para hipóteses semelhantes, não previstas, o que significa prolongar a estatuição do artigo 16.º, n.º 1, do CP, em sequência natural, na «dialéctica interna dos juízos de valor que a inspiram»[188].

Ora, a figura do erro sobre o facto típico destina-se a não punir dolosamente quem, por equívoco, comete um facto (portanto) não intencional. O erro implica a não intencionalidade do agente. Este comando jurídico

[188] Palavras (a propósito da figura da analogia) de ANDRADE, Manuel de, *Ensaio sobre a teoria da interpretação das leis*, 1987, p. 80.

(exclusão do dolo), que do artigo 16.º, n.º 1, do CP consta, deve ser ampliado a outras situações de erro que, lógica e fatalmente, implicam também a não intencionalidade do agente. Como sucede nas constelações de casos de erro na execução (*aberratio ictus*). Assim e pese embora se não incluírem estas constelações de casos na previsão normativa do preceito (artigo 16.º, n.º 1, do CP), deve a sua disciplina jurídica (exclusão do dolo) aplicar-se-lhes pela mesma certeza lógica de não existência de crime (*rectius*, de facto típico) intencional. Em ambos os casos o dolo é, em suma, excluído: pelo artigo 16.º, n.º 1, do CP, diretamente, nas hipóteses de erro sobre o facto típico; pelo artigo 16.º, n.º 1, do CP, por analogia, nos casos de *aberratio ictus*[189]. Trata-se, claro está, de analogia *in bonam partem*.

(b) Aberratio ictus e *erro sobre a identidade do objeto (da ação) do facto típico*. Mas analogia de situações não significa igualdade. Apesar de análogas, as figuras apresentam diferentes configurações, conduzindo, em casos específicos, à necessidade de aplicação de distintos regimes jurídicos. Como sucede nas constelações de casos de erro sobre a identidade do objeto (da ação) «em que o agente erra sobre os objetos de ação *tipicamente iguais*». Este erro é tido como irrelevante, porque a norma de conduta subjacente a um tipo legal de crime «não proíbe a ofensa de uma pessoa específica ou de uma coisa específica»[190].

> *Exemplo*: *D* pretende matar *E*. Armado com um revólver, espera-o em lugar ermo. Ao surgir, no local, aquele que parece ser *E*, *D* dispara e mata-o. Afinal tratava-se de *F*, irmão gémeo de *E*.

Repare-se que neste exemplo não há verdadeiramente erro sobre o (objeto do) facto típico. O objeto da ação (elemento típico) do tipo legal de homicídio (artigo 131.º do CP) é uma pessoa física ("outra pessoa"), não havendo distinção de identidade. Não se proíbe a ação de matar relativamente a uma pessoa específica. O sujeito (*D*) disparou sobre uma pessoa física (*F*), matando-a, tendo intenção de disparar sobre uma pessoa física (*E*, todavia) e matá-la. Não se exclui o dolo de homicídio, uma vez que existe conhecimento e vontade de

[189] É comum (ainda que nem sempre aconteça) redundarem, as situações de *aberratio ictus*, em concurso ideal de crimes. No exemplo apontado: tentativa de dano (artigos 22.º e 212.º, ambos do CP) em *B* (proprietário do animal) e homicídio negligente (artigo 137.º do CP) em *C*. Mas a aplicação do artigo 16.º, n.º 1, do CP (por analogia) apenas opera em relação à factualidade típica resultante do erro na execução (no exemplo, o disparo que letalmente atingiu *C*).

[190] Costa, José de Faria, *Direito Penal*, 2017, p. 440.

matar outra pessoa. O erro mental sobre a identidade do objeto da ação do facto típico é irrelevante. No exemplo, trata-se de erro sobre a identidade da pessoa (que constitui objeto da ação), sendo este erro irrelevante para efeitos de aplicação do artigo 131.º do CP. *D* comete homicídio doloso consumado.

Em casos com contornos similares, mas de *aberratio ictus*, poderia, à partida, conjeturar-se, por analogia, a mesma solução. Todavia, existe uma *diferença* decisiva que ultrapassa os limites da analogia: estão em causa *dois objetos* da ação e, por conseguinte, há que tutelar *dois bens jurídicos*.

> (Adaptação do) *Exemplo* (a situação de *aberratio ictus*): *D* pretende matar *E*. Armado com um revólver, espera-o em local ermo. Ao surgir *E*, *D* dispara; mas, por erro de pontaria, acaba por atingir letalmente *F* que se encontrava alguns metros atrás.

Diferentemente do que sucede no exemplo anterior, a ação de *D* coloca agora em perigo a vida de *E* e danifica a vida de *F*. Existem, assim, dois bens jurídicos carecidos de tutela penal. É neste ponto que se ultrapassam os limites da analogia e, portanto, se autonomiza a solução para a *aberratio ictus* que só poderá ser a de punição em concurso (ideal) de crimes: tentativa de homicídio sobre *E* (artigos 22.º, 23.º e 131.º, todos do CP) e homicídio negligente de *F* (artigo 137.º do CP). E nem se refira a falta de coerência teórica com a solução de erro sobre a identidade do objeto do facto típico. A analogia entre as figuras de erro sobre o facto típico e *aberratio ictus* não abrange a questão do concurso de crimes, apenas se referindo ao crime concretizado (aplicando-se, por analogia, a correspondente exclusão do dolo). Mantém-se, assim, quanto ao crime concretizado, a analogia com a figura do erro sobre o facto típico. A autonomização (e consequente concurso, caso o crime seja punível na forma negligente) de crimes enquadrados na figura da *aberratio ictus*, face à não autonomização (e inexistência de concurso) de crimes no âmbito do erro sobre a identidade do objeto, respeita já, em suma, a diferenças específicas das figuras[191]. Decisivo é apurar, volta-se a instar, se a situação concreta implica

[191] Esta é a posição, no âmbito da *aberratio ictus*, da chamada *teoria da concretização*, em que se enquadram, desde logo, Roxin / Greco, *Strafrecht. Allgemeiner Teil*, I, 2020, pp. 628-632, e, bem assim, Figueiredo Dias, referindo que se trata de posição «hoje largamente dominante, entre nós e lá fora» (cf. Dias, Jorge de Figueiredo, *Direito Penal. Parte Geral*, I, 2019, p. 422). Uma outra posição, a da *teoria da equivalência*, minoritária, defende a punição pelo crime doloso consumado (entre nós, Beleza, Teresa, *Direito Penal*, II, 1980, p. 190, Costa, José de Faria, *Direito Penal*, 2017, pp. 442-443 e Carvalho, Américo Taipa de, *Direito Penal. Parte Geral*, 2016, p. 330). Em termos político-criminais

a necessidade de tutela de (pelo menos) dois bens jurídicos (um colocado em perigo e outro danificado) ou de apenas um (o danificado).

2.1.2. Conhecimento das proibições legais

Só importa em tipos legais de crime cuja relevância axiológica é pouco significativa, tratando-se, nessa medida, de figura mais vocacionada para o direito penal secundário (e, ainda mais, para o ilícito de mera ordenação social). Nestes tipos legais de crime, o *mal* está, sobretudo, na *proibição (mala proihibita)*, aferindo-se o desvalor do comportamento por ser atentatório de uma proibição legal, não tanto por ser *um* mal *em* si, isto é, por atentar contra bens jurídicos fundamentais (*mala in se*) como é característico do direito penal (nomeadamente do direito penal clássico). Assim, no domínio de tais tipos legais de crime – cujo *conhecimento* seja *razoavelmente indispensável para que o agente possa tomar consciência da ilicitude do facto* –, o conhecimento da norma proibitiva (da ilicitude *formal*) é um conhecimento de facto (não um juízo de valoração) que se torna necessário, antes de mais, ao dolo-do-tipo, uma vez que a ténue relevância axiológica da conduta, por si (sem o conhecimento fáctico da norma formal proibitiva), não é suficiente à verificação de um dolo-do-tipo, indiciador de ilicitude (indiciador de desvalor da ação), suscetível de poder vir a ser comprovado em dolo-da culpa[192], isto é, suscetível de ser comprovado em atitude ético-pessoal de contrariedade ou indiferença aos bens jurídicos lesados, ou colocados em perigo[193].

a teoria da equivalência torna-se insustentável. Fazendo nova adaptação ao exemplo colocado, suponha-se que *D* dispara sobre *E* pretendendo matá-lo. Se, por falta de pontaria, o disparo atingir o braço de *E* de raspão e, por ricochete, acertar em órgão vital de *F*, matando-o, ainda menos se compreenderia a mera punição por homicídio doloso consumado. A ofensa à integridade física de *E* (que reforça o perigo concreto para a sua vida) não pode, pura e simplesmente, quedar-se à margem da tutela penal, colocando em evidência a punição em concurso: tentativa de homicídio (consumindo a ofensa à integridade física) de *E* e homicídio negligente consumado de *F*.

[192] Nas palavras de Figueiredo Dias, «o desconhecimento desta proibição impede o conhecimento total do substrato da valoração e determina uma insuficiente orientação da consciência ética do agente para o problema da ilicitude», concluindo, em suma, «que «o conhecimento da proibição é requerido para afirmação do dolo "do tipo"» (Dias, Jorge de Figueiredo, *Direito Penal. Parte Geral*, I, 2019, p. 424).

[193] Quanto ao dolo da culpa, veja-se *infra*, V. 1.4.

2.1.2.1. Erro sobre (desconhecimento d)as proibições legais

Se o agente de um crime subsumido a tipo legal cujo *conhecimento* seja *razoavelmente indispensável para que possa tomar consciência da ilicitude do facto*, não conhecer (ignorar) a norma formal proibitiva, encontra-se em situação de erro sobre a proibição, previsto na terceira proposição do artigo 16.º, n.º 1, do CP, excludente do dolo, nos termos do preceito. Trata-se, nestes casos, de erro que não chega a ser sobre a ilicitude *material* (o chamado erro de valoração, previsto no artigo 17.º do CP), uma vez que a ilicitude, implicada no tipo, não contém relevância axiológica para tanto.

2.2. Estrutura do dolo do tipo: elemento volitivo

Significa, em traços gerais, que o agente «atuou com intenção de» «realizar» (artigo 14.º, n.º 1, parte final, do CP) o facto típico, isto é, o facto que preenche o tipo (objetivo) de crime. A lei prevê três graus de dolo:

2.2.1. Dolo direto (artigo 14.º, n.º 1, do CP)

A realização do facto típico é o objetivo final do sujeito.

> *Exemplo:* Devido a negócios menos claros em que se sentiu por *B* enganado, *A* decide matá-lo. Sabendo que *B* se encontrava em casa, coloca uma bomba na respetiva garagem. Acionando a bomba, *A* provoca uma explosão que destrói toda a casa, matando *B*.

Neste exemplo, *A* atua com dolo direto de homicídio (artigo 131.º do CP), uma vez que, representando a morte de *B* ao provocar a explosão, atua com a intenção final de o matar.

2.2.2. Dolo necessário (artigo 14.º, n.º 2, do CP)

A realização do facto típico não corresponde ao objetivo final da conduta adotada, mas a uma consequência certa (*necessária*) desse objetivo, tendo o sujeito disso consciência (e vontade).

Exemplo: *A* provoca uma explosão na casa de *B*, com intenção de matá-lo, sabendo, todavia, que também *C* se encontra nessa mesma casa e que, igualmente, morrerá, o que acaba por suceder.

Havendo agora dois homicídios realizados por *A*, em concurso efetivo, mantém-se o dolo direto de matar *B*, existindo também, desta feita, *dolo necessário* de matar *C*.

2.2.3. Dolo eventual (artigo 14.º, n.º 3, do CP)

A realização do facto típico não corresponde ao objetivo imediato da conduta, mas a uma sua consequência hipotética (*possível*), *conformando-se* o sujeito com a sua realização.

Exemplo: *A* provoca uma explosão na casa de *B*, com intenção de matá-lo, admitindo, ainda que sem absoluta certeza, que também *C* se encontraria na mesma casa. A explosão mata *B* e *C*.

Mantendo-se o dolo direto de matar *B*, já em relação a *C*, nesta hipótese, *A* apenas se *conforma* com a possibilidade da sua morte, agindo com *dolo eventual* de homicídio.

3. Dolo e erro nos crimes de omissão

Considerando que se concretizam, os crimes de omissão, no incumprimento de um dever de agir, a situação fáctica que subjaz a este dever integra-se, necessariamente, no respetivo tipo objetivo de ilícito. Quer se trate de situação fática enquadrada num dever geral de atuação contido no tipo legal de crime (como sucede nos crimes de pura omissão), quer se configure em situação fática subsumida a um dever de garante (no caso de crimes de omissão impura).

Assim, a perceção mental exata da situação fáctica subjacente aos respetivos deveres incorpora-se no elemento cognitivo do dolo-do-tipo nos crimes de omissão, pelo que o erro-ignorância (não representação mental) dessa situação fáctica é excludente do dolo, nos termos do artigo 16.º, n.º 1, do CP.

Exemplo 1: *A* segue viagem de Lisboa para o Algarve no seu automóvel. Em pleno Alentejo, vislumbra um homem deitado, a cinco metros da berma da estrada, na sombra de um *chaparro*. Convence-se *A* de que se trata de um cidadão em repouso, não se apercebendo de que, na verdade, este mesmo cidadão se encontra em situação de perigo para a vida por acabar de ser vítima de acidente por despiste (a sua motocicleta percorrera mais alguns metros, quedando-se ocultada por arbustos).

Exemplo 2: *B* nada faz ao ver *C*, seu filho, morrer por afogamento no mar, tendo todas as condições para salvá-lo. Ignora, todavia, *B* que *C* é seu filho.

Não prestando o socorro devido, *A* comete crime de omissão de auxílio (artigo 200.º do CP), mas em erro excludente do dolo (artigo 16.º, n.º 1, do CP). Tal como *B* que nada faz ao ver *C*, seu filho, morrer afogado, mas ignorando que é seu filho (erro de facto sobre o dever de garante). A *B* exclui-se o dolo de homicídio por omissão (nos termos conjugados dos artigos 10.º, 131.º e 16.º, n.º 1, todos do CP), podendo ser punido por homicídio negligente por omissão (artigos 16.º, n.º 3, 10.º, 15.º e 137.º).

4. Elementos subjetivos específicos

Apenas constam em alguns tipos legais de crime. Consubstanciam-se na exigência de uma intenção para além do dolo, isto é, de uma intenção dirigida a um resultado que se não contém no facto típico. São, por isso, comummente designados por "crimes de resultado truncado (ou cortado)". Exemplo paradigmático é o da "ilegítima intenção de apropriação" prevista no tipo legal de crime de furto (artigo 203.º, n.º 1, do CP). Para além do elemento geral subjetivo em que se traduz o dolo (artigos 13.º e 14.º, ambos do CP) – reportado à consciência e vontade de "subtrair coisa móvel alheia" (consciência e vontade de realizar o facto típico) –, a tipicidade subjetiva só se encontra verificada se existir "ilegítima intenção de apropriação" da coisa móvel alheia subtraída. Ou seja, se o agente subtrair a coisa móvel alheia com intenção de vir a comportar-se como seu proprietário (intenção de usar, fruir e dispor). À subtração de coisa móvel alheia (factualidade típica) e respetiva intenção de subtração (dolo), o próprio tipo legal acrescenta a *ilegítima intenção de apropriação* (elemento subjetivo específico)[194].

5. Crimes negligentes (a negligência do tipo)

Estrutura-se a negligência do tipo na realização de um comportamento típico não intencional, mas incumpridor de um *dever objetivo de cuidado*. A concretização deste conceito de cuidado objetivamente devido alicerça-se no chamado *princípio da confiança*[195]. Parte-se de um princípio que corresponde, no essencial, à confiança generalizada de que as pessoas adotam comportamentos respeitadores de deveres a que, segundo as circunstâncias de cada caso, se encontram adstritas, podendo situar-se em diversas áreas de atividade. O princípio da confiança encontra-se, portanto, em várias fontes, das quais se podem destacar, entre outras, as normas jurídicas de circulação rodoviária (sector em que existe, por princípio[196], a confiança de que os condutores respeitam os deveres jurídicos previstos no Código da Estrada, tais como, *v.g.*, conceder prioridade quando esta é devida, manter a velocidade dentro dos limites estabelecidos, não efetuar ultrapassagens proibidas, não conduzir alcoolizado), as normas (jurídicas e éticas, escritas e não escritas) relativas à cooperação, divisão laboral e segurança (*v.g.*, no âmbito da construção civil), as normas de cariz ético reguladoras de atividades profissionais (por exemplo, as *leges artis* da atividade médica), ou de atividades desportivas, profissionais ou não profissionais (tais como, *v.g.*, caça, futebol, râguebi ou boxe). Confia-se, também, que as pessoas não assumam atividades para as quais não se encontram qualificadas (por exemplo, o mágico com fraca pontaria não assumirá o espetáculo das facas com a sua assistente, a pessoa fisicamente débil não passeará um possante *rottweiler*, o cirurgião de mão trémula

[194] Outros exemplos no Código Penal: "burla" (artigo 217.º), "insolvência dolosa" (artigo 227.º), "falsificação" (artigo 256.º), "contrafação de moeda" (artigo 262.º), "branqueamento" (artigo 368.º-A, n.º 2).

[195] Sobre o princípio da confiança (*Der Vertrauensgrundsatz*), desenvolvidamente, Roxin / Greco, *Strafrecht. Allgemeiner Teil*, I, 2020, pp. 1190-1195.

[196] Princípio que cessa nas circunstâncias em que, seja qual for o sector de atividade em causa, se torna manifestamente injustificada a confiança no comportamento devido de outros, como, por exemplo, (em contexto da circulação rodoviária), no caso de o condutor de um automóvel ser uma criança ou no caso de um peão de avançada idade, em situação de fragilidade, desorientado, se preparar para atravessar a rua fora da passadeira (basicamente assim, Roxin / Greco, *Strafrecht. Allgemeiner Teil*, I, 2020, pp. 1190-1191).

não realizará a intervenção cirúrgica). Confia-se, em suma, que as pessoas assumam comportamentos conformes ao critério-padrão do «homem consciente e cuidadoso»[197].

Atuar de acordo com o princípio da confiança implica adotar comportamento *cumpridor do dever de cuidado*. Atuar em desconformidade com o princípio da confiança e, por isso, de modo desconforme ao dever objetivo (*violação do dever de cuidado*), provocando resultado típico, previsto na forma negligente (por exemplo: o condutor que não respeita o sinal vermelho do semáforo, atropelando letalmente o peão que atravessa a passadeira, autorizado pelo sinal verde), implica o cometimento de crime negligente (no exemplo, homicídio negligente, nos termos dos artigos 13.º e 137.º, ambos do CP).

No caso de o sujeito não ser capaz de cumprir o dever de cuidado (por exemplo, não saber conduzir um automóvel, não ter força suficiente para segurar o saudável *rottweiler*, ter o cirurgião, por doença, a mão demasiado trémula para realizar intervenção cirúrgica com segurança), a violação do dever desloca-se (antecipa-se) temporalmente para o momento em que *assumiu* a atividade para a qual se encontra impreparado (para o momento em que assumiu conduzir o automóvel, para o momento em que decidiu passear o seu poderoso *rottweiler*, para o momento em que decidiu realizar a intervenção cirúrgica). Trata-se, igualmente, de violação de dever de cuidado – desta feita, do dever de não assumir função para o qual não se encontra preparado –, conducente, desde que o sujeito seja capaz de cumpri-lo, a situações da chamada *negligência na assunção*[198].

Quanto ao problema de saber se a realização do tipo legal de crime negligente é reveladora de atitude interior de *ligeireza* ou *leviandade* face aos bens jurídico-penais, este é já um problema situado no plano da negligência-da-culpa[199].

5.1. Negligência consciente e negligência inconsciente

No artigo 15.º do CP prevê-se a negligência consciente e a negligência inconsciente. Nos termos da lei, na alínea *a)* do mencionado preceito, a negligência é consciente quando o agente, violando o dever de cuidado a que se encontra

[197] A expressão é de Carvalho, Américo Taipa de, *Direito Penal. Parte Geral*, 2016, pp. 528-529.

[198] Sobre a negligência na assunção, veja-se Dias, Jorge de Figueiredo, *Direito Penal. Parte Geral*, I, 2019, essencialmente, pp. 1024-1026 e pp. 1048-1049.

[199] Veja-se *infra*, V.1.4.

adstrito, representa «como possível a realização de um facto que preenche um tipo de crime mas» atua «sem se conformar com essa realização». Significa que o agente mentalmente representa o facto típico (matar, ofender a integridade física, etc.), mas atua convencido de que este não se realizará (o condutor, por exemplo, que segue em excesso de velocidade numa zona com crianças a sair da escola e que, representando a possibilidade, remota, de atropelamento, confia firmemente que tal não ocorrerá). A negligência é inconsciente quando o sujeito, violando o dever de cuidado a que se encontra adstrito, não chega «sequer a representar a possibilidade de realização do facto», nos termos da alínea *b)*, também do artigo 15.º do CP. Não existe sequer representação mental da possibilidade de realização do facto típico (*v.g.*, o condutor que, agora, nem representa a possibilidade de atropelamento das crianças, porque nem se apercebe que se encontra nas proximidades de uma escola).

5.2. Negligência consciente e distinção face ao dolo eventual

É uma linha ténue a que separa as figuras da negligência consciente e do dolo eventual. Se na negligência consciente o agente representa o facto típico, mas atua *sem se conformar* com a sua realização (artigo 15.º, alínea *a)*, do CP), no dolo eventual o agente representa o facto típico e atua *conformando-se* com a sua realização (artigo 14.º, n.º 3, do CP).

A delimitação das figuras do dolo eventual e negligência consciente tem merecido intensa reflexão ao longo de muitos anos. O que se compreende, dada a abissal diferença entre punibilidade a título de dolo e punibilidade (ou inexistência de punibilidade) a título de negligência. Em causa está, atualmente e face à nossa lei penal, a densificação do conceito de *conformação* (e, portanto, da sua linha de fronteira face ao conceito de *não conformação*) com a realização do facto típico. Tradicionalmente, a delimitação entre dolo eventual e negligência consciente poderá ser condensada[200], no essencial, em duas teorias: *da probabilidade* e *da aceitação.*

Na *teoria da probabilidade* releva o elemento *cognitivo* do dolo[201]. Quanto mais o agente tivesse consciência da probabilidade de realização do facto típico,

[200] Quanto às múltiplas teorias que, historicamente, têm vindo a procurar o critério decisivo para a delimitação das figuras, veja-se Roxin / Greco, *Strafrecht. Allgemeiner Teil*, I, 2020, pp. 553 ss.
[201] Assim, por exemplo, Stratenwerth / Kuhlen, *Strafrecht. Allgemeiner Teil*, 2011, p. 105.

tanto mais o seu elemento psicológico de ligação a esse facto se enquadraria na figura do dolo (eventual). No entanto, esta teoria sofre, sobretudo, duas críticas que acabam por afastá-la: (1) dificuldades – desde logo, teóricas e, muito mais, práticas –, porventura insuperáveis, na determinação do exato grau de probabilidade a partir do qual haveria dolo; (2) desconsideração do elemento volitivo que, em certas situações, conduz a soluções dificilmente atendíveis, uma vez que pode o sujeito percecionar a realização do facto típico com baixa probabilidade (elemento cognitivo), mas ter firme, intensa e férrea vontade da sua realização (elemento volitivo). Como referem Günter Stratenwerth e Lothar Kuhlen, pode um determinado sujeito querer o improvável, como, por exemplo, tentar acertar mortalmente na sua vítima a uma grande distância, e acabar por ter êxito[202]. Em hipóteses desta natureza, dificilmente se pode defender a negligência.

Já a *teoria da aceitação* incide sobre o elemento *volitivo*. Existiria dolo nos casos em que o agente tivesse firmemente aceitado a realização do facto típico. Dadas as dificuldades práticas da determinação desta firme e efetiva vontade, utilizar-se-ia a chamada *fórmula hipotética de Frank*: verificar "se o agente, que realizou o facto típico, teria igualmente agido, caso tivesse essa realização como certa". Concluindo-se pela positiva, haveria dolo; pela negativa, negligência[203].

Da reflexão crítica sobre esta teoria, ressaltaram dois exemplos que colocaram em causa a sua definitividade: um primeiro, que se poderá designar por *mendigos russos*; o segundo, por *menina da barraca de tiro.*

> *Exemplo* [dos "mendigos russos"[204]]: diversos mendigos russos, para suscitar caridade, estropiavam crianças, nomeadamente amputando-lhes os braços, para suscitar a caridade pública. Por vezes, em consequência das lesões sofridas, uma ou outra criança morria.

Pergunta-se (*fórmula hipotética de Frank*): teria o mendigo igualmente agido se tivesse como certa a morte da criança? Certamente que não (seria a resposta), pois necessitava da criança viva para suscitar caridade nas

[202] Cf. Stratenwerth / Kuhlen, *Strafrecht. Allgemeiner Teil*, 2011, p. 106.

[203] Basicamente assim, com referência a Frank, Roxin / Greco, *Strafrecht. Allgemeiner Teil*, I, 2020, p. 560 e nota 113.

[204] Refere-se a este exemplo, Correia, Eduardo, *Direito Criminal*, I, 1993, pp. 384-385, nota 2 e, também, Beleza, Teresa, *Direito Penal*, II, 1980, p. 217.

pessoas. E, todavia, não seria curial considerar-se este homicídio como (meramente) negligente.

> *Exemplo* [da "menina da barraca de tiro", adaptado de Lacmann[205]]: numa feira, *A*, vaidoso personagem que se vangloriava de possuir excelente pontaria, aposta com um amigo que consegue acertar numa bola de cristal que, na barraca de tiro, uma menina segurava na mão esquerda. Tratando-se, na realidade, de atirador medíocre, *A* sentia-se inseguro, mas, para manter a fama de exímio atirador, estava firmemente apostado em ter muita sorte e, assim, conseguir acertar na bola de cristal. O mais provável sucedeu, porém: *A*, com o disparo, acertou na menina, provocando-lhe ofensa à integridade física grave.

Pergunta-se: teria *A* apostado com o amigo e disparado o tiro se soubesse que acertaria na menina? Também aqui a resposta seria negativa. Porque perderia a aposta e, sobretudo, a reputação de excelente atirador. Mas não se trata, seguramente, de ofensa à integridade física negligente[206].

Atualmente, em relação ao dolo eventual, é colocada em evidência a circunstância de o sujeito decidir atuar mediante *consideração séria do risco*[207]

[205] [Lacmann, *ZStW*, 31 (1911), p. 159] – *Apud* Roxin / Greco, *Strafrecht. Allgemeiner Teil*, I, 2020, p. 560, nota 115.

[206] As teorias da probabilidade e da aceitação focam, respetivamente, a distinção entre dolo eventual e negligência no elemento cognitivo (probabilidade) e no elemento volitivo (aceitação), implicando, ambas, uma delimitação (quase) estanque destes elementos. Para uma crítica à separação rígida dos elementos cognitivo e volitivo, no âmbito do dolo eventual, veja-se Palma, Maria Fernanda, «Dolo eventual e culpa em direito penal», em Maria da Conceição Valdágua (Coord.), *Problemas Fundamentais de Direito Penal. Homenagem a Claus Roxin*, 2002, sobretudo pp. 55-59.

[207] O critério da *consideração séria do risco* é sublinhado por Fernanda Palma, ilustrando a superação de anteriores objeções à teoria da aceitação, nomeadamente quanto ao exemplo dos mendigos russos (aplicável também ao exemplo da "menina da barraca de tiro"): a «*consideração séria do risco* pressupõe já que o risco não seja anulado na base de decisão, mas aceite com todas as suas consequências. Quem arrisca a vida para salvar uma outra pessoa que está prestes a morrer no incêndio, aceita, heroicamente, o fracasso, embora não o deseje. Joga na hipótese de êxito, mas tal como um jogador assume a possibilidade de fracasso. É o que acontece no caso dos estropiadores, no caso dos mendigos russos, que utilizavam, nitidamente, uma lógica empresarial ao estropiarem crianças para as utilizar na mendicidade. Apostavam no êxito, embora não deixassem de aceitar a possibilidade de fracasso». A inclusão «séria do risco na base motivacional» conducente ao dolo eventual, é «uma espécie de versão negativa do comportamento heroico de alto risco» (cf. Palma, Maria Fernanda, «Dolo eventual e culpa em direito penal», em Maria da Conceição Valdágua (Coord.), *Problemas Fundamentais de Direito Penal. Homenagem a Claus Roxin*, 2002, p. 54).

de verificação do facto típico, revelando uma atitude interior de indiferença face ao bem jurídico colocado em perigo. Aludem Stratenwerth e Kuhlen que, para esta conceção atualmente preponderante, denominada *"teoria da decisão"* ou *"teoria da atitude"* (*Einstellungstheorie*), existe dolo eventual em relação às consequências que o sujeito assume em prol da sua verdadeira meta de ação. Sejam estas consequências, para o sujeito, desagradáveis, ou não, ele conforma-se com a sua verificação[208].

Neste enquadramento, segundo Roxin e Greco, a figura do dolo eventual implica que o agente conte seriamente com a possibilidade de concretização do facto típico e opte, mesmo assim, por atuar, em vista de um dado fim último pretendido, resignando-se (mal ou bem) à eventual realização do facto típico, isto é, conformando-se com essa realização. De outro modo, atua com negligência consciente quem prevê a possibilidade de verificação do resultado, mas não a toma a sério, nem a ela, consequentemente, se resigna, por estar confiante de que não sucederá. Uma "confiança" que se não pode confundir com mera "esperança", nem pode resultar numa sobrevalorização da própria capacidade de dominar a situação[209]. Roxin e Greco recuperam, em certa medida, a *teoria da indiferença* (*Gleichgültigkeitstheorie*) desenvolvida por Engish, segundo a qual existe dolo eventual quando o sujeito encara com *indiferença* as possíveis consequências negativas da sua ação. Destacam Roxin e Greco que, nesta doutrina, a *indiferença* é um indício seguro de que o sujeito se resignou ao resultado, tendo, portanto, agido dolosamente[210].

As perspetivas atuais, ao referirem-se à "consideração séria risco" do resultado, não deixam de combinar elementos da *teoria da probabilidade* com elementos da *teoria da aceitação*. Um pouco na linha de uma segunda fórmula adiantada por Frank, a *fórmula positiva*, em vista da superação das fragilidades da fórmula hipotética – e que Roxin e Greco consideram ser, na verdade, menos exposta a objeções do que a fórmula hipotética –, segundo a qual existe dolo eventual sempre que o sujeito, face ao facto típico, possa expressar a sua vontade com a afirmação: "aconteça ou não aconteça, eu atuo"[211].

[208] Cf. Stratenwerth / Kuhlen, *Strafrecht. Allgemeiner Teil*, 2011, pp. 106-107.

[209] Cf. Roxin / Greco, *Strafrecht. Allgemeiner Teil*, I, 2020, pp. 551-552.

[210] Pese embora não deixem de acrescentar que, em apreciação inversa, a falta de indiferença não implique necessariamente a exclusão do dolo (cf. Roxin / Greco, *Strafrecht. Allgemeiner Teil*, I, 2020, p. 555).

[211] Cf. Roxin / Greco, *Strafrecht. Allgemeiner Teil*, I, 2020, p. 560.

Feitas as contas, assumidamente ou não, as perspetivas atuais parecem não deixar de dar relevo à atitude emocional do agente. Por motivo de uma emoção negativa (vaidade, egoísmo, ganância), o agente dispõe-se ao risco iminente de atentar contra bens jurídicos fundamentais (vida, integridade física, propriedade), revelando uma *atitude interior* de desrespeito, *indiferença* ou, mesmo, desprezo por esses *bens jurídicos* penalmente tutelados. Deslocar-se-ia, neste enquadramento, o problema para o chamado dolo emocional, enquanto elemento adicional (ou terceiro elemento) do dolo, situado no plano da culpa[212]. Ao revelar tal atitude interior, o agente conformar-se-ia com a realização do facto típico. Refere, todavia, Figueiredo Dias, que não é «necessário (nem dogmaticamente viável) ir tão longe e arvorar o critério da "indiferença" em critério último de distinção»[213]. Até porque «a questão da "culpa dolosa" só pode suscitar-se se previamente tiver podido comprovar-se a verificação de um ilícito doloso e, portanto, do dolo do tipo»[214].

Concorda-se, sem dúvida, que no plano da tipicidade se não pode deixar de proceder à delimitação do dolo eventual face à negligência consciente. Distinção para a qual se torna essencialmente relevante a consciência *do risco sério* de realização do facto típico e a vontade de, mesmo assim, atuar. O que implica conformação com essa realização (do facto típico) e, portanto, dolo(eventual)-do-tipo. Indiciado fica, pois, o dolo-da-culpa (ou a culpa pelo crime doloso).

Compreende-se, entretanto, a observação de Roxin e Greco de que o conceito de decisão, como todos os conceitos jurídicos, não tem de se limitar a puro fenómeno psicológico[215]. Neste sentido, acrescentam, a quem for completamente *indiferente* a verificação de um resultado que representa como

[212] Elemento emocional do dolo que, já o vimos (*supra*, 1.º Capítulo, IV), é assumido por Figueiredo Dias em sede de culpa ao considerar (após relembrar «que o tipo de culpa doloso se verifica apenas quando, perante um ilícito-típico doloso, se comprova que o seu cometimento deve imputar-se a uma atitude íntima do agente contrária ou indiferente ao Direito e às suas normas») que a punição a título de dolo se não restringe à verificação do dolo-do-tipo, antes se requerendo «um qualquer elemento adicional (na verdade, um elemento emocional), que, deste modo, traduz a vera essência do tipo de culpa doloso» (Dias, Jorge de Figueiredo, *Direito Penal. Parte Geral*, I, 2019, p. 622 e p. 623, respetivamente).

[213] Dias, Jorge de Figueiredo, *Direito Penal. Parte Geral*, I, 2019, p. 437.

[214] Dias, Jorge de Figueiredo, *Direito Penal. Parte Geral*, I, 2019, p. 437.

[215] Cf. Roxin / Greco, *Strafrecht. Allgemeiner Teil*, I, 2020, p. 551. A «dupla dimensão psicológica e valorativa do dolo eventual» é destacada por Palma, Maria Fernanda, «Dolo eventual e culpa em direito penal», em Maria da Conceição Valdágua (Coord.), *Problemas Fundamentais de Direito Penal. Homenagem a Claus Roxin*, 2002, pp. 50-56.

possível, tanto lhe dá que o resultado se verifique ou não. Nesta atitude de indiferença, existe já uma decisão quanto à possível lesão de bens jurídicos[216]. Atitude de indiferença (ou desprezo) face ao bem jurídico em risco que consolida o dolo-do-tipo em dolo-da-culpa (em *dolus malus*), viabilizando a punibilidade por crime doloso. Não se esgotam na tipicidade as figuras do dolo e da negligência.

5.3 Crimes preterintencionais e/ou agravados pelo resultado

Trata-se de tipos legais de crime cuja moldura penal é agravada em função de um resultado. Nestes tipos legais de crime, o resultado deve logicamente ser (e como sucede em todos os tipos legais de crimes de resultado) *objetiva* e *subjetivamente* imputado ao comportamento do agente. Com efeito, estabelece o artigo 18.º do CP que o resultado agravante deve ser imputado ao agente «pelo menos a título de negligência». O que implica, desde logo, a imputação objetiva, mas também a subjetiva, e, portanto, a inexistência de qualquer sorte de responsabilidade meramente objetiva[217].

5.3.1. Crime (agravado pelo resultado) preterintencional

Se o *resultado agravante* é *típico* (crime *preterintencional*), como sucede, por exemplo, no tipo legal p.p. pelo artigo 147.º, n.º 1, do CP (que agrava as molduras penais dos tipos legais de ofensa à integridade física pela decorrência

[216] Cf. Roxin / Greco, *Strafrecht. Allgemeiner Teil*, I, 2020, p. 551. Nesta formulação, sublinhe-se o critério decisivo da *indiferença* quanto à verificação do resultado, trazendo, fatalmente, indiciada a atitude interior de indiferença face ao bem jurídico em risco.

[217] Afastando-se o crime preterintencional da sua origem histórica baseada no aforismo do direito canónico do *versari in re illicita* ("*versari in re illicita operam danti rei illicitae, imputatur omnia quae sequuntur ex delicto*"), que Figueiredo Dias sintetiza em português na seguinte fórmula: «quem pratica um ilícito responde pelas consequências, mesmo casuais, que dele promanem» (Dias, Jorge de Figueiredo, *Direito Penal. Parte Geral*, I, 2019, p. 368), implicando a consagração de responsabilidade objetiva. Sobre a relação histórica entre crime preterintencional e o *versari em re illicita*, em Portugal (nomeadamente nos Códigos Penais de 1852 e 1888), veja-se (*idem, ibidem*), pp. 369-371, Moniz, Helena, «Crimes agravados pelo resultado: para além da preterintencionalidade», em Manuel da Costa Andrade e outros (Org.), *Direito Penal. Fundamentos Dogmáticos e político-Criminais. Homenagem ao Prof. Peter Hünerfeld*, 2013, pp. 503-507, Faria, Paula Ribeiro de, *Formas especiais do crime*, 2017, pp. 126-127 (com referência a Espanha na nota 150).

da *morte*), esse resultado agravante deve ser imputado ao agente a título de *negligência* (nos termos dos artigos 147.º, n.º 1, e 18.º, ambos do CP).

> *Exemplo*: *A* desfere poderoso soco em *B*, que se desequilibra, tropeça numa pedra, cai e bate com a cabeça numa outra pedra, acabando, em resultado, por morrer.

Ultrapassada a questão da imputação objetiva, só se aplica o artigo 147.º, n.º 1 (conjugado com o artigo 18.º, ambos), do CP se a morte de *B* for imputável a *A* a título de negligência. É verdade que o artigo 18.º não exclui a imputação dolosa (ao preceituar «*pelo menos* a título de negligência» está implicitamente a admitir "*pelo mais* a título de dolo"). Mas no caso do artigo 147.º, n.º 1, do CP, o resultado agravante (a morte) é por si típico (artigo 131.º do CP). Assim, se o agente (no exemplo, *A*) atuar com intenção (dolo) de matar (*B*), haverá homicídio doloso consumado (artigo 131.º do CP) e já não ofensa à integridade física agravada pela morte da vítima (artigo 147.º, n.º 1 do CP). Sendo típico o resultado agravante (no caso, a morte), o crime agravado pelo resultado (*v.g.*, o artigo 147.º, n.º 1, do CP) é consumido pelo crime doloso (artigo 131.º do CP). Eis o crime *agravado pelo resultado* que é *preterintencional*: o resultado é imputado ao agente (apenas) a título de negligência. Isto, porque se for imputado a título de dolo opera o fenómeno da consunção, não se aplicando, por conseguinte, o crime agravado pelo resultado (é consumido). No crime preterintencional, como a própria designação indica, o resultado agravante fica necessariamente para além da intenção (do agente).

5.3.2. Crime agravado pelo resultado (atípico e, portanto, não necessariamente preterintencional)

Já não assim nos tipos legais com *resultado agravante atípico.*

> *Exemplo: C* viola *D*, que engravida.

O crime de violação (p.p pelo artigo 164.º do CP) é agravado pelo resultado gravidez (nos termos do artigo 177.º, n.º 5, do CP). Isto, bem entendido, se a gravidez for imputada ao agente «*pelo menos* a título de negligência» (artigo 18.º), mas também se, *pelo mais*, for imputada a título de dolo (resultado interpretativo ainda contido no sentido lógico do artigo 18.º). Assim se pode concluir que o crime agravado pelo resultado *nem sempre é preterintencional*[218].

IV. Ilicitude e causas de justificação.

1. Questões fundamentais

1.1. Complementaridade funcional e diversidade estrutural

A ação típica, sendo atentatória de bens jurídicos tutelados pelos tipos legais de crime, é, em princípio, ilícita. Pode, no entanto, essa ação realizar-se em contexto fáctico a que a lei atribua eficácia justificativa. Trata-se das causas de justificação do facto típico ou de exclusão da ilicitude: não obstante se ter realizado um facto típico, a ordem jurídica aprova essa atuação, que é, assim, conforme ao Direito, conforme à ordem jurídica considerada no seu todo.

Existe, neste conspecto, uma relação de *complementaridade* material de *funções* entre ação típica e causa de justificação traduzida «na valoração de uma *concreta* ação como lícita/ilícita», que se realiza por duas diferentes vias: «os tipos incriminadores constituem uma via provisória de fundamentação de ilicitude, os tipos justificadores uma via definitiva de exclusão da ilicitude *prima facie* indiciada pela subsunção da ação concreta a um tipo incriminador»[219].

Esta *complementaridade funcional*, realizada pelas duas vias enunciadas, conduz a uma *diversidade estrutural* (e, portanto, a uma *autonomia formal* e *sistemática*) entre tipos incriminadores e causas de justificação, que se manifesta, sobretudo, em dois aspetos essenciais: (1) aos tipos legais cabe a tutela, «tão determinada quanto possível», de bens jurídicos, possuindo «uma referência concreta e individualizadora»; as causas de justificação valem para uma generalidade de situações (e, portanto, de bens jurídicos) «independentes da concreta conformação do tipo incriminador em análise»[220]; (2) as causas de justificação, diferentemente dos tipos incriminadores, não se encontram

[218] Concordamos, portanto, com Helena Moniz ao referir que «uma combinação dolo-dolo» só deverá afirmar-se quando «*a produção dolosa do resultado agravante* [...] *constitua um resultado que autonomamente não integre um tipo legal de crime*» (cf. MONIZ, Helena, «Crimes agravados pelo resultado: para além da preterintencionalidade», em Manuel da Costa Andrade e outros (Org.), *Direito Penal. Fundamentos Dogmáticos e político-Criminais. Homenagem ao Prof. Peter Hünerfeld*, 2013, p. 518).

[219] DIAS, Jorge de Figueiredo, *Direito Penal. Parte Geral*, I, 2019, p. 449.

[220] DIAS, Jorge de Figueiredo, *Direito Penal. Parte Geral*, I, 2019, p. 450.

vinculadas à máxima *nullum crimen sine lege*, nomeadamente aos correspondentes corolários de lei penal *certa* e *estrita*, admitindo-se mesmo a possibilidade de fazer valer, no limite, causas supralegais de exclusão da ilicitude.

1.2. Causas de justificação e princípio da unidade da ordem jurídica

As causas de justificação de um facto típico não têm natureza estritamente penal. Uma vez «qualificada como ilícita uma acção por um qualquer ramo de direito, ela é ilícita face à totalidade da ordem jurídica; e, inversamente, se ela é lícita face a um qualquer ramo de direito, é-o face à totalidade da ordem jurídica»[221]. Na verdade, quando opera uma causa de justificação, o agente atua, normalmente, ao abrigo de um direito subjetivo, como sucede, *v.g.*, no direito de (legítima) defesa ou no direito de necessidade, como pode atuar também no cumprimento de um dever jurídico a que se encontra adstrito (assim no conflito de deveres). Deste modo, um facto justificado à luz do direito penal não pode considerar-se ilícito noutro ramo do Direito, mesmo que este (outro ramo do Direito) não preveja tal justificação. Tal como a justificação de um facto em outro ramo do Direito implica a licitude do comportamento em direito penal. Considerar ilícito, num dado ramo do Direito, o exercício de um direito subjetivo (ou o cumprimento de um dever jurídico) atribuído (ou imposto) por outro ramo de Direito, constituir-se-ia, na verdade, em assimetria incompreensível, ou, nas palavras de Roxin e Greco, "em contradição axiológica insuportável" (*unerträglicher Wertungswiderspruch*)[222]. É verdade que existem atos ilícitos (assim considerados por outros ramos do Direito) que podem não merecer a tutela penal, atento, desde logo (mas não só), o princípio da subsidiariedade da intervenção jurídico-punitiva. E que existem atos penalmente ilícitos que possam não merecer a tutela de outros ramos de Direito (*v.g.* situações de tentativa punível ou de crimes de perigo em que, no âmbito jurídico-civil, se entenda não haver dano). Mas estes atos não deixam de ser ilícitos, considerando a ordem jurídica no seu todo; ainda que não necessitem de reação sancionatória em mais de um ramo do Direito.

[221] DIAS, Jorge de Figueiredo, *Direito Penal. Parte Geral*, I, 2019, pp. 453-454.
[222] ROXIN / GRECO, *Strafrecht. Allgemeiner Teil*, I, 2020, p. 728.

1.3. Tentativas de sistematização das causas de justificação

Considerando a multiplicidade e diversidade das causas de justificação, tem a doutrina, desde há muito, procurado definir uma lógica própria unificadora suscetível de as reconduzir a um denominador comum, em vista de uma sistematização racional apta a estabelecer princípios gerais de justificação.

Não sendo possível um *numerus clausus* de princípios reguladores decisivos, nem uma sistematização fechada e concludente das causas de justificação[223], sempre poderá relevar o princípio do *interesse preponderante*[224]. Para aferir, ao menos, de um sentido lógico de fundo subjacente à razão de ser e à essência das diferentes causas de justificação. Com efeito e operando a justificação a partir de uma situação conflitual[225], impõe-se definir o interesse prevalecente, preponderante. O que se conforma com a função hegemonicamente preventiva do direito penal radicada, no essencial, na maior preservação possível de bens jurídicos[226].

1.4. Elementos subjetivos das causas de justificação (remissão[227])

A conceção do ilícito pessoal deixada pelo finalismo e a correspondente deslocação das figuras do dolo e da negligência para a tipicidade – dando origem à categoria da tipicidade subjetiva –, atribuiu ao tipo-de-ilícito uma dimensão subjetiva que não pode ser, logicamente, descurada no âmbito das causas de justificação. Vale por dizer: a justificação de um facto típico deve, também ela, conter as dimensões objetiva e subjetiva, não podendo operar em modelo de pura objetividade.

[223] Assim e após mencionar, num enfoque pluralista, diversos princípios estruturantes das causas de justificação, Roxin / Greco, *Strafrecht. Allgemeiner Teil*, I, 2020, p. 732.

[224] O princípio do interesse (ou direito) preponderante, deve-se, sobretudo, a Mezger e a Blei, que o perspetivam para a generalidade das causas de justificação a par do princípio da "ausência de interesse" (ou da "ausência de injusto") relativo ao consentimento (cf. Roxin / Greco, *Strafrecht. Allgemeiner Teil*, I, 2020, pp. 730-731). Considerando a diferença entre "acordo", enquanto causa de atipicidade, e "consentimento", como causa de justificação (veja-se *infra*, 5.1.), concordamos com Figueiredo Dias ao entender que também o consentimento parte de uma situação conflitual (cf. Dias, Jorge de Figueiredo, *Direito Penal. Parte Geral*, I, 2019, p. 457).

[225] Cf. nota anterior.

[226] Cf. Dias, Jorge de Figueiredo, *Direito Penal. Parte Geral*, I, 2019, p. 457.

[227] *Infra*, 8.

Significa isto que a exclusão da ilicitude do facto típico implica a verificação objetiva dos pressupostos e requisitos legais da correspondente causa de justificação, mas também a sua verificação subjetiva, recorrendo aos elementos psicológicos do agente. Quais sejam: *consciência* (*perceção*) do complexo fáctico subsumido aos pressupostos e requisitos da causa de justificação e *vontade* de atuar em conformidade com tais pressupostos e requisitos.

2. Legítima defesa

2.1. Fundamento

A legítima defesa encontra o seu fundamento na preservação do bem jurídico agredido e, por isso, no *princípio da autoproteção individual*[228], na defesa da ordem jurídica e consequente paz social, contribuindo para o reforço da confiança dos cidadãos no sistema jurídico (*prevenção geral positiva*)[229].

Em causa está, com efeito, a preservação da ordem jurídica, numa conexão intersubjetiva privada, em circunstâncias de impossibilidade de recurso à força pública. O que corresponde à legitimação de intervenção da justiça privada, enquanto subsidiária da justiça pública. Mas, em traço distintivo das outras causas de justificação e porque implica reação *defensiva* face a uma agressão *ilícita*, a legítima defesa admite, em certos contextos e sob determinados limites, que sejam sacrificados valores iguais, ou mesmo superiores, aos salvaguardados. Dando expressão ao sobredito efeito de prevenção geral positiva, em vista da paz social.

2.2. Pressupostos

Antes de mais, a legítima defesa implica, nos termos do artigo 32.º do CP, um complexo fáctico consubstanciado em três pressupostos cumulativos:

(a) *Agressão*: trata-se de comportamento necessariamente *humano*, pois, é adjetivado de *ilícito* (no terceiro dos pressupostos enunciados), dirigido

[228] Assim, por exemplo, Carvalho, Américo Taipa de, *Direito Penal. Parte Geral*, 2016, p. 361.

[229] Para Taipa de Carvalho, «o direito de legítima defesa fundamenta-se no princípio da autoproteção individual e no princípio da prevenção geral e especial ético-juridicamente fundamentada» (Carvalho, Américo Taipa de, *Direito Penal. Parte Geral*, 2016, p. 361).

a interesses juridicamente protegidos do agente ou de terceiro. Não necessariamente doloso, mas, logicamente – e por se tratar de agressão humana –, dominável pela vontade. Admite-se, assim, a legítima defesa face a agressões negligentes[230].

> *Exemplo*: Supondo falsamente que a sua arma estava descarregada, *A*, em brincadeira de mau gosto, aponta-a, na direção da perna de *B*, jogador de futebol, com o intuito de lhe pregar um valente susto. No preciso momento em que se prepara para premir o gatilho, é atingido, na mão que segurava a arma, por uma pedra, lançada por *C*, amigo de *B*. O impacto da pedra causou graves ferimentos no pulso e mão de *A*, mas evitou que este, de forma negligente, atingisse, com um disparo, a perna de *B*.

Neste exemplo, *C* atua em legítima defesa de *B* (legítima defesa de terceiro). *B* está a ser agredido, pois a ofensa iminente dos seus interesses juridicamente protegidos provem de ação humana (dominável pela vontade). Esse é o pressuposto da legítima defesa, não distinguindo a lei entre agressões dolosas e negligentes, pelo que se não infere do artigo 32.º do CP – nas palavras de Figueiredo Dias – «qualquer negação da possibilidade de reações em legítima defesa contra condutas negligentes. Além de que» – acrescenta – «tal restrição introduziria nesta matéria uma grande e mesmo insuportável margem de incerteza e insegurança, dado que em numerosas situações o agredido terá dificuldade em saber se a agressão é dolosa ou negligente»[231]. Em causa estão, pois, os próprios fundamentos do princípio da legalidade penal, estribados na clareza da lei e na garantia que deve ser dada ao cidadão de poder distinguir o lícito do ilícito.

A agressão pode, ainda, ser por ação ou por omissão[232]. Incluindo as omissões puras.

> *Exemplo*: numa praia, um banhista está na iminência de se afogar, encontrando-se três pessoas sentadas sobre as suas boias, a observar. *D*, para salvar o banhista e usando a força mínima necessária, subtrai a boia

[230] Diferentemente, Carvalho, Américo Taipa de, *Direito Penal. Parte Geral*, 2016, p. 368. Quanto às eventuais restrições na atuação de defesa relativamente a agressões negligentes, veja-se *infra*, 2.4.

[231] Dias, Jorge de Figueiredo, *Direito Penal. Parte Geral*, I, 2019, p. 487.

[232] Assim, Roxin / Greco, *Strafrecht. Allgemeiner Teil*, I, 2020, p. 775; Jescheck / Weigend, *Tratado de Derecho Penal*, 2002, p. 363; Dias, Jorge de Figueiredo, *Direito Penal. Parte Geral*, I, 2019, p. 478.

a um dos três espectadores do possível afogamento e lança-a na direção do banhista, salvando-lhe a vida.

Admitindo que se trata de omissão pura – porque nenhum dos três espectadores tem, por si só, domínio fáctico absoluto em relação à vida do banhista –, é verdade que a omissão pura não responsabiliza o sujeito pelo resultado não evitado. O que leva parte da doutrina alemã a entender que a omissão pura não constitui agressão a bem jurídico[233]. Não se nos afigura, todavia, esta a melhor argumentação, até porque, a ser assim, não haveria, talqualmente, agressão nos crimes de mera atividade (por ação). A não adoção da ação esperada que coloca, desde logo, em perigo bens juridicamente tutelados é suficiente para se traduzir em comportamento omissivo atentatório dos bens jurídicos tutelados (pelo tipo legal omissivo puro)[234].

(b) *Atual*: significa que a agressão já se iniciou, mas ainda não terminou. O bem jurídico tutelado encontra-se, assim, imediatamente ameaçado. Em nosso modo de ver, os atos de execução previstos no artigo 22.º, n.º 2, do CP constituem referência para o intérprete definir, na valoração do caso concreto, o *início da atualidade da agressão*. Nem sempre por aplicação direta do critério do início da tentativa, nos termos do artigo 22.º, n.º 2, alínea *c)*, do CP – até porque a agressão não tem de ser tipicamente ilícita, bastando ser ilícita[235] (*v.g.*, a defesa face ao furto de uso de um relógio, livro ou joia) –, mas em raciocínio lógico análogo, em vista do preenchimento do halo conceitual da expressão "[início da agressão] *atual*". O artigo 22.º, n.º 2, alínea *c)*, do CP, afigura-se-nos estabelecer, com efeito, o critério mais apto a definir o sentido lógico implicado na delimitação do início da atualidade da agressão[236].

[233] Por exemplo, Roxin / Greco, *Strafrecht. Allgemeiner Teil*, I, 2020, p. 776, e Stratenwerth / Kuhlen, *Strafrecht. Allgemeiner Teil*, 2011, p. 130.

[234] Neste sentido de admitir a omissão pura enquanto agressão suscetível de preencher o respetivo pressuposto de legítima defesa, veja-se, por exemplo, Jescheck / Weigend, *Tratado de Derecho Penal*, 2002, p. 363, e, dando o exemplo da legitimidade de forçar um automobilista a transportar ao hospital a vítima de um acidente, Dias, Jorge de Figueiredo, *Direito Penal. Parte Geral*, I, 2019, p. 479.

[235] Como referem, por exemplo, Stratenwerth e Kuhlen, é necessário que o bem ameaçado seja juridicamente protegido, mas não que seja de índole jurídico-penal (cf. Stratenwerth / Kuhlen, *Strafrecht. Allgemeiner Teil*, 2011, p. 130).

[236] Basicamente assim, Carvalho, Américo Taipa de, *Direito Penal. Parte Geral*, 2016, p. 371. Roxin e Greco – partindo do argumento de que a equiparação ao início da tentativa é demasiado próxima (temporalmente) da consumação da agressão – antecipam o critério do início da agressão à fase final dos atos preparatórios, imediatamente anterior ao início da tentativa (cf. Roxin / Greco, *Strafrecht.*

Ainda que, em crimes que admitam a punibilidade de atos preparatórios (*v.g.*, crimes de incêndio ou de libertação de energia nuclear, nos termos dos artigos 272.º a 274.º, com referência ao artigo 275.º, todos do CP) se deva considerar, excecionalmente (tal como excecional é a punibilidade dos atos preparatórios, nos termos do artigo 21.º do CP), que a agressão se inicia com tais atos preparatórios, uma vez que no momento em que, nestes crimes, se inicia a execução já a defesa não é, normalmente, possível[237].

Quanto ao *término da agressão*, o seu significado escora-se, não tanto na consumação formal da agressão, mas na *inutilidade da defesa* para evitar a agressão que, tendo ocorrido, já não persiste. Isto, porque, considerando hipóteses, tais como as dos crimes permanentes (*v.g.*, sequestro), facilmente nos apercebemos de que a correspondente consumação sucessiva implica a não coincidência necessária entre consumação formal e término da agressão. Ou situações como as que implicam um facto histórico unitário em que consumada uma agressão se torne ainda possível repelir a agressão seguinte.

> *Exemplo*: *A* agride *B* com três murros, conseguindo *B* defender-se de um iminente quarto murro.

Existe legítima defesa por parte de *B*, ainda que *A* se não fique pela mera tentativa de ofensa à integridade física, antes realizando o crime na forma consumada. Assim, a legítima defesa face a uma agressão criminosa não resulta,

Allgemeiner Teil, I, 2020, p. 780). Todavia, os exemplos adiantados para ilustrar o momento do início da agressão de acordo com o critério defendido – o de um sujeito que se aproxima de outro com vontade de o lesionar, brandindo uma arma na mão de modo ameaçador, ou o caso, julgado pelo *BGH*, do agressor que leva a mão ao bolso para puxar de uma arma e, em seguida, disparar sobre uma pessoa (*idem*, *ibidem*, pp. 781-782) –, afiguram-se-nos configurar, face à nossa lei, situações de início da tentativa, nos termos do artigo 22.º, n.º2, alínea *c)*, do CP. Também em sentido similar ao de Roxin, veja-se, Dias, Jorge de Figueiredo, *Direito Penal. Parte Geral*, I, 2019, pp. 481-482. De todo o modo, impõe-se realçar que a não equiparação do momento do início da tentativa (*infra*, 4.º Capítulo, I.1.2.) ao momento do início da agressão retira certeza jurídica à definição deste momento (do início da agressão). Ademais, os critérios de início da tentativa e de início dos atos preparatórios excecionalmente puníveis sufragados pelo nosso Código Penal (*infra*, exemplo da nota seguinte) revelam que o início da tentativa não é assim tão próximo (temporalmente) da consumação da agressão. Já no que se refere ao não acolhimento da chamada *legítima defesa preventiva*, mas à admissibilidade da *preparação antecipada de defesa*, merecendo a nossa concordância, veja-se Dias, Jorge de Figueiredo, *Direito Penal. Parte Geral*, I, 2019, pp. 482-483.

[237] Se, por exemplo, *A* preparar um incêndio à casa de *B*, espalhando gasolina pela casa, não tem *B* de esperar que *A* acenda o isqueiro para atuar em legítima defesa, pois, nesse momento, já a atuação contra o agressor dificilmente evitaria o incêndio.

necessariamente, de crime tentado pelo agressor, sendo admitida mesmo em caso de agressão criminosa formalmente consumada. Só no momento em que a defesa se torna *inútil*, por se ter já consumado a agressão e por se não seguir a possibilidade de consumação sucessiva, é que se verifica o *término da atualidade da agressão*. Se assim suceder, já não haverá logicamente defesa, podendo haver, quanto muito, retaliação. Não existe, pois, em caso de agressão criminosa, uma clara e rigorosa coincidência entre crime formalmente consumado e término da agressão. Como refere Figueiredo Dias, relevante é o «momento até ao qual a defesa é suscetível de pôr fima à agressão»[238].

(c) *Ilícita*: a agressão (atual e) *ilícita*, ao dirigir-se a «interesses juridicamente protegidos do agente ou de terceiro», nos termos do artigo 32.º do CP, expressa um comportamento contrário à ordem jurídica considerada no seu todo, não se esgotando na mera ilicitude penal. Já se referiram exemplos de agressões ilícitas, mas não tipicamente (vale por dizer: penalmente) ilícitas (o furto de uso de um relógio, livro ou joia). Também estas se enquadram no contexto da agressão, atual e *ilícita*, sufragada pelo mencionado artigo 32.º do CP.

Já não assim quanto às agressões *justificadas*, uma vez que estas são, logicamente, *lícitas*, conformes á ordem jurídica. Daí ser comum afirmar-se que não pode haver "legítima defesa de legítima defesa". Como não pode haver, também, legítima defesa de direito de necessidade, de conflito de deveres ou de qualquer outra ação justificada.

2.3. Requisito de atuação

Necessidade do meio. Este requisito de atuação implica, desde logo, a subsidiariedade da legítima defesa, enquanto modo de justiça privada, face ao recurso à força pública, em sintonia com o disposto no artigo 21.º da CRP, pois a necessidade de repelir a agressão atual e ilícita só existe, antes de mais, se não for possível afastá-la recorrendo à autoridade pública[239].

[238] DIAS, Jorge de Figueiredo, *Direito Penal. Parte Geral*, I, 2019, p. 484. Em sentido basicamente idêntico, distinguindo entre consumação formal e material, ROXIN / GRECO, *Strafrecht. Allgemeiner Teil*, I, 2020, pp. 782-783.

[239] Assim, referindo que «aquele que se defende não pode ter a possibilidade de recurso às forças policiais, sob pena de ser desrespeitado este requisito» [«necessidade do meio»], COSTA, José de Faria, *Direito Penal*, 2017, p. 315.

Meio necessário é aquele que, de entre os meios idóneos (adequados, eficazes) a afastar uma agressão (atual e ilícita), se revelar menos gravoso para os interesses jurídicos do agressor[240]. A opção pelo critério da necessidade do meio, em detrimento do critério da ponderação de valores ou de interesses (critério comum nas causas de justificação) fundamenta-se na natureza defensiva do instituto. Ainda que a necessidade do meio importe ofensa de interesse superior ao salvaguardado, o interesse prevalente continua a ser o do agredido, atento o *princípio da autoproteção individual*, a defesa da ordem jurídica e consequente paz social (*prevenção geral positiva*)[241].

Nas situações em que a ação de defesa é executada através do uso de arma de fogo, o requisito da necessidade do meio, prevista no artigo 32.º do CP, deve ser articulado com o disposto na Lei n.º 5/2006, de 23 de fevereiro ("Regime jurídico das armas e munições"), que restringe, sobremaneira, o âmbito da necessidade do meio. Neste contexto e nos termos do artigo 42.º, n.º 1, alínea *a)*, da Lei n.º 5/2006, de 23 de fevereiro, a arma de fogo só pode ser usada enquanto «último meio de defesa» para repelir agressão (atual e ilícita, dirigida ao próprio ou a terceiros) que corresponda a «perigo iminente de morte ou ofensa grave à integridade física [...], devendo o disparo ser precedido de advertência verbal ou de disparo de advertência e em caso algum podendo visar zona letal do corpo humano». Caso a agressão seja dirigida ao património só são admitidos, nos termos da alínea *b)* do mesmo preceito, disparos «exclusivamente de advertência».

Assim, o uso de armas de fogo em legítima defesa é restringido aos casos de agressão à vida, integridade física essencial e património e a atuação de defesa encontra-se limitada a uma ponderação de valores. Não sendo o recurso a tal ponderação característico da legítima defesa, ele opera, no entanto, neste contexto, denotando-se uma clara política de limitação ao uso de arma de fogo.

Se, por exemplo, uma pessoa estiver na iminência de ser atingida por um tiro na cabeça, só poderá, utilizando a sua arma de fogo, defender-se se visar zona não letal do corpo humano do agressor e desde que, em momento anterior, o advirta por disparo ou verbalmente. Refere Paulo Pinto de Albuquerque que esta norma «impõe um dever desproporcional e irrazoável», porque obriga o ofendido a correr o risco iminente de morte ao proibir que o agressor corra risco de morte pela ação de defesa. Considera o Autor que,

240 Assim, CARVALHO, Américo Taipa de, *Direito Penal. Parte Geral*, 2016, p. 377.

241 Cf. *supra*, 2.1.

sendo o dever imposto «desproporcional e irrazoável», este artigo 42.º, n.º 1, alínea *a)*, na parte enunciada, «é inconstitucional por violar o artigo 24.º, n.º 1, da CRP, conjugado com o artigo 18.º, n.º 2», do mesmo diploma. Como defende, ainda, a inconstitucionalidade do mesmo preceito, por desconformidade com os artigos 25.º e 26.º da CRP, ao não permitir, em caso algum, à mulher, prestes a ser violada, que utilize arma de fogo em defesa da liberdade sexual[242].

2.4. Limites ético-sociais

No contexto da necessidade de defesa a que se refere, por exemplo, Figueiredo Dias, na linha de Claus Roxin, enquanto fundamento da legítima defesa concretizado no sentido de que a defesa deixa de ser necessária quando não representa uma ofensa socialmente intolerável dos direitos do agredido, erige-se a doutrina dos "limites ético-sociais da legítima defesa". Esta terminologia – "limites ético-sociais da legítima defesa" – é, em nosso entendimento, preferível à de "necessidade de defesa"[243] por dar maior expressão à ideia de valoração ético-social dos factos a enquadrar na norma da legítima defesa, ainda que ambas as terminologias se afigurem adequadas. Destacam-se três géneros de situações:

(a) *Agressões não culposas (ou de culpa diminuída) ou sob erro*: em casos de agressões ilícitas, mas não culposas, ou de sujeitos que atuem, por exemplo, em erro[244] (excludente do dolo[245]), a legítima defesa, tal como está literalmente prevista (como defesa, mas ofensiva), deixa de cumprir a sua função de prevenção geral. Trata-se de casos em que se deve preservar o "agressor" tanto quanto possível, colocando-se restrições à defesa. Não implica que se deva suportar a agressão ilícita não culposa, mas que a defesa ofensiva (que lesiona

[242] Cf. Albuquerque, Paulo Pinto de, *Comentário do Código Penal*, 2021, pp. 263 a 265.

[243] Terminologia – "necessidade de defesa" – utilizada por Dias, Jorge de Figueiredo, *Direito Penal. Parte Geral*, I, 2019, p. 495. Já Costa Andrade refere-se aos "limites imanentes" do direito de legítima defesa (Andrade, Manuel da Costa, «O princípio constitucional "*nullum crimen sine lege*" e a analogia no campo das causas de justificação», *RLJ*, 134, 2001, pp. 135 ss).

[244] Especificamente referindo-se ao erro, Stratenwerth / Kuhlen, *Strafrecht. Allgemeiner Teil*, 2011, p. 135.

[245] Excludente do dolo (tratando-se, por conseguinte, de agressão possivelmente negligente), atendendo a que a agressão sob erro excludente da culpa (nomeadamente, erro sobre a ilicitude não censurável), já se inclui na agressão não culposa.

bens jurídicos) seja apenas subsidariamente admissível, que apenas possa ocorrer quando não exista outra saída (*v.g.*, fugir da agressão ou requerer o auxílio de terceiros) e que, mesmo não havendo essoutra saída, se limite a critérios de proporcionalidade[246]. Assim, se existirem meios não ofensivos de evitá-la, deve por estes optar-se, ainda que, à partida, pareçam desonrosos, porque o são em caso de agressão ilícita e culposa.

> *Exemplo*: *A*, inimputável em razão da idade (13 anos), apodera-se de uma arma de fogo carregada (pertencente a seu pai) que encontrara em casa. Deparando-se com *B*, aponta-lhe a arma. Mediante o iminente disparo, *B*, não obstante ter em suas mãos uma faca e ser exímio atirador, opta por rapidamente fugir e chamar as autoridades, poupando a vida de *A*.

É verdade que, em termos gerais, existe o direito de repelir a agressão (atual e ilícita), através de meio necessário, mesmo que subsista, em concreto, hipótese de fuga, uma vez que esta é culturalmente considerada desonrosa e, portanto, não exigível ao sujeito. Não sendo, todavia, culposa a agressão, por, *v.g.*, se tratar de agressor inimputável, já o afastamento do local, comportamento considerado, à partida, *desonroso* ou *covarde*, se configura, afinal e ao contrário, em meio *honroso* e *nobre*, uma vez que evita a agressão, poupando, igualmente, (os interesses jurídicos d)o inimputável.

(b) *Agressões provocadas*: estando em causa agressão *pré-ordenadamente provocada*, ninguém duvidará que os limites ético-sociais se encontram ultrapassados, uma vez que a legítima defesa, em tais casos, deixa de cumprir a sua função (de *autoproteção individual* e de *defesa da ordem jurídica*).

> *Exemplo 1* [adiantado por Figueiredo Dias[247]]: *A*, querendo matar *B*, dirige-lhe insultos aos quais este é bastante sensível, com o propósito de lhe provocar uma reação agressiva para, ao abrigo de aparente legítima defesa, poder esfaqueá-lo com uma navalha que trazia escondida (adquirindo, assim, ardilosamente, uma espécie de "direito a esfaquear" *B*).

[246] Cf. Stratenwerth / Kuhlen, *Strafrecht. Allgemeiner Teil*, 2011, p. 134. Não discordando desta limitação de proporcionalidade relativamente a agressões não culposas, Dias, Jorge de Figueiredo, *Direito Penal. Parte Geral*, I, 2019, p. 497.

[247] Cf. Dias, Jorge de Figueiredo, *Direito Penal. Parte Geral*, I, 2019, p. 498.

Mal se compreenderia que *A* invocasse qualquer tipo de *defesa*, muito menos *legítima*. Não se verifica nele «qualquer necessidade de afirmação da ordem jurídica [...]: quem criou pré-ordenadamente a situação de legítima defesa não defende mais o "lícito" perante o ilícito»[248].

Mas ainda que a agressão *não tenha sido pré-ordenadamente provocada*, não deve deixar de se considerar a provocação (meramente) objetiva, até porque a intenção última de (o agente) provocar o contexto de legítima defesa é de difícil prova. Assim entende a maioria da doutrina, impondo, não obstante, fortes limitações, traduzidas, no essencial em: (1) provocação *ofensiva de um bem jurídico* do provocado (vale por dizer: a *provocação* tem de consistir em facto *ilícito*), (2) estreita *conexão temporal* e (3) *adequada proporção* entre a provocação e a reação do provocado[249].

> *Exemplo 2*: *C*, numa segunda-feira, exalta, perante *D*, o grande jogo de futebol do dia anterior. Sendo *D* aficionado da equipa derrotada nesse jogo, reage violentamente, apontando um murro a *C*.

A *provocação* de *C* não é *ilícita*, pelo que se pode defender de *D* legitimamente.

> *Exemplo 3*: *E* injuria *F* e, um mês depois, *F* agride *E*.

Agressão de *F* não se considera provocada (por inexistência de estreita *conexão temporal*), podendo *E* defender-se legitimamente.

> *Exemplo 4*: porque *H*, sua namorada, lhe desfere uma estalada por se ter esquecido do seu (de *H*) aniversário, *G* puxa de uma faca para golpeá-la.

Agressão de *G* não se considera provocada (falha *adequada proporção*), donde pode *H* defender-se legitimamente.

> *Exemplo 5*: *I*, perante os amigos de *J*, acaba de inventar factos ofensivos da sua honra. *J*, indignado, desfere um murro em *I*.

[248] DIAS, Jorge de Figueiredo, *Direito Penal. Parte Geral*, I, 2019, p. 498.

[249] Assim, com referência à doutrina alemã, DIAS, Jorge de Figueiredo, *Direito Penal. Parte Geral*, I, 2019, p. 499. Nestes casos de provocação não intencional, Stratenwerth e Kuhlen entendem tratar-se de questão essencialmente valorativa que dificilmente se pode enquadrar em puros critérios de construção dogmática (cf. STRATENWERTH / KUHLEN, *Strafrecht. Allgemeiner Teil*, 2011, pp. 135-136).

Agressão de *J* é provocada (a provocação é *ilícita*, a reação foi *imediata* e proporcional), não tendo *I* direito de se defender.

(c) *Crassa desproporção entre agressão e defesa*: a legítima defesa abusiva.

> *Exemplo* [adaptação do caso de escola do "paralítico"]: *A*, ex-artista de circo, com prodigiosas qualidades no manuseamento de facas, encontra-se, após grave acidente, confinado a uma cadeira de rodas. Na varanda de sua casa, contempla o pessegueiro da sua propriedade. Entretanto, surge *B*, de 16 anos, que, invadindo a propriedade de *A*, se prepara para colher um pêssego. Ouvindo as advertências de *A*, no sentido de em nada tocar e se retirar imediatamente do local, *B*, ainda assim, subtrai um pêssego e coloca-se em fuga. Como último recurso para evitar a agressão ao seu património, *A*, com assombrosa pontaria, projeta uma faca na direção de *B*, atingindo-o letalmente nas costas no preciso momento em que saltava o muro da propriedade.

A repeliu uma *agressão atual* e *ilícita* ao seu património, utilizando o *meio necessário* (o único possível) para evitar tal agressão.

Não constituindo pressuposto da legítima defesa, como se viu já, a proporcionalidade entre bens agredidos e bens atingidos pela ação de defesa, a verdade é que existe concordância generalizada quanto ao entendimento de que, em situações de manifesta desproporcionalidade, «não pode de modo algum [a ação de defesa] representar-se como como uma *defesa do Direito* contra o ilícito na pessoa do agredido»[250]. Ultrapassa os limites ético-sociais (ou a necessidade) da defesa por se enquadrar nos termos gerais do abuso do direito (artigo 334.º do CC), configurando-se, pois, como legítima defesa abusiva.

2.5. Legítima defesa jurídico-civil (artigo 337.º do CC)

Considerando o princípio da unidade da ordem jurídica, se um comportamento se não considera justificado no contexto jurídico-civil, não deve ser justificado no âmbito jurídico-penal (sendo igualmente verdadeira a inversa). Assim, a legítima defesa jurídico-penal (artigo 32.º do CP) deve ser interpretada em sintonia com a legítima defesa jurídico-civil (artigo 337.º do CC).

250 DIAS, Jorge de Figueiredo, *Direito Penal. Parte Geral*, I, 2019, p. 502.

Ou melhor: ambos os preceitos devem harmonizar-se nos correspondentes resultados interpretativos, em mútua complementaridade, de modo a densificar o sentido lógico das normas. Sob pena de intoleráveis assimetrias que colocariam em causa, por exemplo, o princípio de que "contra legítima defesa não vale legítima defesa". Eis os limites ético-sociais da legítima defesa em termos de desproporcionalidade de bens ou interesses: que «o prejuízo [dano] causado pelo ato de defesa não seja *manifestamente* [crassamente, desproporcionalmente] superior ao que pode resultar da agressão», tal como prescreve o artigo 337.º, n.º 1, do CC. E se – como refere Figueiredo Dias a propósito da densificação do conceito "crassa desproporção do significado entre agressão e defesa" – «decisiva não será a ponderação de bens conflituantes em si mesmo considerados, mas a imagem global do facto complexivo constituído pela agressão atual e ilícita de um lado, e da defesa através do meio necessário do outro lado»[251], também o preceituado no artigo 337.º do CC se não deve centrar exclusivamente nos bens conflituantes em si mesmo considerados. Em mútua complementaridade na definição do sentido lógico do instituto.

Em busca da unidade da ordem jurídica, não se nos afigura curial o entendimento de que após a entrada em vigor do artigo 32.º do CP se tenha dado «a revogação» do artigo 337.º do CC «na parte em que exige que o prejuízo causado pelo ato de defesa não seja manifestamente superior ao que pode resultar da agressão», como refere Figueiredo Dias na linha de Conceição Valdágua[252]. As regras da legítima defesa para um e para o outro ramo do Direito dependeriam das alterações ao instituto de um e outro ramo do Direito, que se revogariam mútua e sucessivamente.

3. Direito de necessidade

3.1. Fundamento

Escora-se, por razões de utilidade social, na máxima proteção de bens jurídicos e na solidariedade intracomunitária. No essencial e na impossibilidade de recurso à força pública, permite-se, em contexto de justiça privada e por se encontrarem em perigo interesses juridicamente protegidos, a atuação que preserva estes interesses juridicamente protegidos, ainda que, para o efeito,

[251] Dias, Jorge de Figueiredo, *Direito Penal. Parte Geral*, I, 2019, p. 503.
[252] Dias, Jorge de Figueiredo, *Direito Penal. Parte Geral*, I, 2019, p. 514.

essa atuação implique, necessariamente, o sacrifício de interesses jurídicos de outrem. A máxima proteção de bens jurídicos perseguida por este instituto concretiza-se, no essencial, na imposição de sensível superioridade dos bens jurídicos salvaguardados relativamente aos sacrificados e na impossibilidade de sacrifício de bens jurídicos correspondentes ao núcleo essencial da dignidade da pessoa humana. Diferentemente da legítima defesa, o direito de necessidade não se dirige a um agressor, mas a interesses de alguém normalmente alheio à situação de perigo criada, tratando-se, por isso, de causa de justificação *interventiva*[253]. Daí a necessidade de estabelecer uma ponderação de interesses, limitadora da ação do agente e protetora do terceiro (normalmente alheio ao perigo). Como referem Jescheck e Weigend, o direito de necessidade corresponde a uma situação de perigo atual para legítimos interesses de alguém que só pode ser evitada mediante o sacrifício de interesses (também legítimos, acrescenta-se) de outrem[254]. Sobre o afetado pela ingerência da atuação em direito de necessidade impende, assim – como destacam Stratenwerth e Kuhlen –, um dever de tolerância[255].

3.2. Pressupostos

O direito de necessidade contém, nos termos do artigo 34.º do CP, um complexo fáctico consubstanciado em dois pressupostos cumulativos: situação de (mero) *perigo* e *atualidade* do mesmo. A atualidade do perigo significa a iminência de se concretizar em lesão de bens jurídicos. A delimitação e consequente autonomia do direito de necessidade face à legítima defesa corresponde à necessidade de proteção de interesses que *não* provém de uma *agressão*, mas de um *perigo*. Ou melhor: que *não* provém de *agressão atual*, mas de (mero) *perigo atual*, uma vez que o perigo pode advir de agressão, mas não atual, já terminada. Persistindo, todavia, o iminente perigo de lesão de bens jurídicos.

> *Exemplo 1*: *A* espalha gasolina à volta da casa de *B*, puxa do seu isqueiro e ateia fogo. Momentos depois, surge *B*, vendo já parte da casa consumida pelo fogo.

[253] Expressão usada, *v.g.*, por Carvalho, Américo Taipa de, *Direito Penal. Parte Geral*, 2016, p. 404.
[254] Cf. Jescheck / Weigend, *Tratado de Derecho Penal*, 2002, p. 379.
[255] Cf. Stratenwerth / Kuhlen, *Strafrecht. Allgemeiner Teil*, 2011, p. 141.

No preciso momento em que *A* ateou fogo à casa terminou a agressão à propriedade de *B*. E, todavia, no momento em que surge *B*, persiste o perigo de as chamas consumirem toda a casa. O mesmo é dizer: consumada a agressão, persiste o perigo de destruição total da propriedade. Encontra-se *B* no contexto fáctico que é pressuposto do direito de necessidade (perigo atual para interesses juridicamente protegidos), não da legítima defesa (agressão atual e ilícita de interesses juridicamente protegidos), uma vez que a agressão já terminara.

> *Exemplo 2*: *C* espalha gasolina à volta da casa de *D*. No momento em que mete a mão no bolso do seu casaco para puxar do isqueiro e atear fogo, é surpreendido por *D* que acabara de chegar ao local.

No momento em que surge o proprietário da casa existe agressão (ainda) atual (e perigo atual). *D* encontra-se em contexto fáctico de legítima defesa, podendo, assim, atuar ao abrigo deste instituto jurídico.

É verdade que uma agressão atual é, concomitantemente, perigo atual. Mas a necessidade de autonomização do direito de necessidade, enquanto causa de justificação, não deriva deste género de constelações de casos, mas daqueloutro em que o perigo atual não corresponde a agressão atual. Só nesta última possibilidade (de *mero* perigo atual) se verificam os pressupostos do direito de necessidade. Por isso, não se dirige o direito de necessidade a agressores, ainda que o perigo possa provir de agressão (já terminada, persistindo, todavia, o perigo).

3.3. Requisitos de atuação

O artigo 34.º do CP estabelece o critério do "meio adequado" enquanto requisito de atuação. Este é um critério, à partida, abrangente. Admite uma generalidade de comportamentos. Desde que adequados (idóneos, eficazes) a afastar o perigo.

Impõe-se considerar, todavia, que a atuação em direito de necessidade não se dirige, como acabamos de constatar, a um agressor, mas a interesses de alguém normalmente alheio à situação de perigo criada, que deve tolerar a intervenção em direito de necessidade, tratando-se, por isso – conforme já se aludiu –, de causa de justificação *interventiva*. Por isso, o conceito de "meio adequado" (para afastar o perigo atual) sofre restrições (limitações). Restrições que, previstas nas alíneas do artigo 34.º do CP, tutelam os interesses jurídicos intervencionados. Senão vejamos:

(a) *Não provocação voluntária da situação de perigo para bens jurídicos próprios*: o direito de necessidade apenas justifica comportamentos em que não é o próprio agente a provocar voluntariamente o perigo.

> *Exemplo 3*: *E* quer destruir a porta da garagem de *F*, seu vizinho. Para o fazer "legitimamente" provoca um pequeno incêndio no seu próprio jardim como pretexto para recorrer ao extintor de *F*, arrombando e danificando, para o conseguir, a porta da garagem do vizinho.

> *Exemplo 4*: *G* provoca *Rex*, cão de *H*, bem sabendo da alta probabilidade de reação do saudável e feroz Lobo d'Alsácia em atacá-lo e de que, nesse caso, teria de puxar do seu revólver e matá-lo.

> *Exemplo 5*: Aceitando o perigo de adormecer a fumar na cama, mas com esperança de que se manteria acordado, *I* acende um cigarro enquanto lia um livro. Acabando mesmo por adormecer, com o cigarro aceso, provoca um incêndio na sua própria casa. Ao acordar com as primeiras chamas, consegue deslocar-se à garagem do seu vizinho, *J*, e partir o vidro da janela da garagem para aceder a um extintor.

A abrangência deste requisito depende da densificação interpretativa a atribuir à "voluntariedade da criação do perigo". Em nossa perspetiva, deve ser avaliada uma "dupla vontade": (1) de criar o *perigo* e (2) de *danificar* bens jurídicos alheio para afastá-lo. Discorrendo por analogia relativamente à figura do dolo: (1) dolo do *perigo* para bens jurídicos próprios e (2) dolo de *dano* relativamente a bens jurídicos alheios para afastar o perigo (tal como acontece no *exemplo 3*), incluindo dolo *eventual* (como sucede no *exemplo 4*). Afastadas ficam, assim, do disposto desta alínea *a)* do artigo 34.º do CP, possíveis interpretações que admitissem voluntariedade relativamente ao *perigo* (dolo de perigo) e (mera) *negligência* quanto à futura necessidade de *danificar* bens jurídicos alheios (como acontece no *exemplo 5*).

Só com a verificação da *dupla intenção* enunciada se deve considerar existir voluntária criação de perigo.

Trata-se de interpretação restritiva da proposição jurídica em causa (cujo elemento literal se basta com a voluntariedade de criação do perigo), uma vez que engloba menor espectro de situações de perigo provocado, aumentando, consequentemente, as possibilidades de (não provocação voluntária de situações de perigo para bens jurídicos próprios e, portanto, de) atuação conforme ao direito de necessidade. Esta interpretação restritiva coincide com os fundamentos teleológico-funcionais (político-criminais) invocados, genericamente, por Figueiredo Dias e Taipa de Carvalho[256]. Não é, todavia, a nossa interpretação tão restritiva quanto a destes Autores, uma vez que se não restringe a provocação necessariamente *preordenada*[257]. Sobretudo por razões práticas, dadas as sérias dificuldades de prova de provocação preordenada, suscetíveis de transformar a alínea *a)* do artigo 34.º do CP em pouco mais do que letra morta. Ao admitir-se a (mera) conformação, *ab initio*, com a lesão dos bens jurídicos alheios, já a prova se desloca para a consciência do *sério risco* de futura necessidade dessa lesão bens jurídicos alheios, parecendo-nos curial que quem provoca o perigo nestas circunstâncias se coloca fora do sentido lógico que subjaz à alínea *a)* do artigo 34.º do CP e, consequentemente, fora da situação justificante.

Assim e quanto aos exemplos adiantados, apenas o *exemplo 5* contempla a possibilidade de atuação em direito de necessidade, devendo o comportamento de *I* considerar-se justificado, uma vez que, aceitando o perigo de incêndio em sua casa, não teve, *ab initio*, intenção de provocar danos na propriedade do vizinho. A solidariedade devida a quem se encontra em situação de necessidade abrange, claramente, este género de contextos. Isto, sem prejuízo, ainda considerando o exemplo apontado, de incorrer *I* na obrigação de indemnizar *F*, *in toto*, pelo prejuízo causado. Assim o prescreve o artigo 339.º, n.º 2, 1.ª parte, do CC, no âmbito da responsabilidade civil por factos lícitos, com base na "culpa exclusiva" do agente relativamente à criação do perigo.

[256] Fundamentos que se resumem, essencialmente, à *solidariedade* (e, consequentemente, à *tolerância*) «devida a quem se encontra em uma situação de necessidade» (Dias, Jorge de Figueiredo, *Direito Penal. Parte Geral*, I, 2019, p. 522), que constitui a *ratio essendi* do instituto e que se ilustra neste exemplo: «[b]asta pensar como seria absurdo recusar o direito de necessidade (e, em consequência, conferir ao titular do bem sacrificado um direito de legítima defesa) àquele que está em perigo de vida, só porque ele tentou suicidar-se [tendo-se, posteriormente, arrependido]» (cf. Carvalho, Américo Taipa de, *Direito Penal. Parte Geral*, 2016, p. 418).

[257] Cf. Dias, Jorge de Figueiredo, *Direito Penal. Parte Geral*, I, 2019, pp. 521-522; Carvalho, Américo Taipa de, *Direito Penal. Parte Geral*, 2016, p. 418.

Já quando se trata de salvaguardar interesse de terceiro, a criação voluntária do perigo não retira a conduta do agente do âmbito do direito de necessidade, conforme decorre da ressalva final da alínea *a)* do artigo 34.º do CP.

(b) *Sensível superioridade do interesse salvaguardado*: sabe-se que o direito de necessidade permite a salvaguarda de interesses jurídicos legítimos, em perigo, de uma pessoa à custa do sacrifício de interesses jurídicos, identicamente legítimos, de outra. Sabe-se, também, que a pessoa que vê os seus interesses sacrificados é, normalmente, alheia à situação de perigo e, portanto, que o direito de necessidade justifica atos interventivos, agressivos. Sabe-se, ainda, que daqui decorre a necessidade de estabelecer uma ponderação de interesses jurídicos, limitadora da ação do agente e protetora do titular dos interesses intervencionados[258]. Percebe-se, assim, a limitação colocada pela alínea *b)* do artigo 34.º do CP. A sensível diferença valorativa imposta fundamenta-se na circunstância de a ação justificante afetar interesses de sujeitos não implicados na criação do perigo[259]. O que significa que não pode a vida da pessoa humana, fundada no mais importante direito fundamental do nosso sistema jurídico, ser negada em direito de necessidade. Até porque não é mensurável.

> *Exemplo 6*: *K*, agulheiro de uma estação de comboios, para salvar a vida de *L*, seu amigo que se encontrava amarrado à linha férrea, tem de desviar uma locomotiva conduzida por *M* para uma outra linha férrea, cuja ponte, situada 500 metros à frente, desabara. Com tal desvio, a morte de *M* torna-se iminente pela queda da locomotiva. Para evitar que tal sucedesse, *N*, pai de *M*, desfere um soco em *K*.

> *Exemplo 7*: *O*, agulheiro de uma estação de comboios, sabendo que ocorrera uma avalanche de pedras sobre a linha férrea, pretende desviar um comboio com 100 passageiros para uma outra linha férrea em que se encontra caído *P*, completamente embriagado. Para obstar a que o desvio se concretizasse, *Q*, irmão de *P*, agarra *O* durante alguns minutos.

K e *O* não atuaram justificadamente, podendo, no limite, ser desculpados[260]. Os respetivos comportamentos visavam afastar um perigo atual para interesses

[258] Cf. *supra*, 3.1.

[259] Cf. Stratenwerth / Kuhlen, *Strafrecht. Allgemeiner Teil*, 2011, p. 143.

[260] Quanto ao "estado de necessidade desculpante" (artigo 35.º, n.º 1, do CP), veja-se *infra*, V.5.3.

juridicamente protegidos de terceiros – as vidas, respetivamente, de *L* e dos 100 passageiros –, mas à custa de interesses de igual valia, quais sejam, as vidas de *M* e *de P*, não se verificando, em ambos os casos, sensível superioridade dos interesses a salvaguardar face aos sacrificados, exigida pela alínea *b)* do artigo 34.º do CP. Se o facto de se pretender salvar a vida de uma pessoa não justifica a morte de outra, também o facto de se pretender salvar as vidas de 100 pessoas não justificam a morte de uma pessoa (a vida humana não é mensurável). Sendo, consequentemente, atuais e ilícitas as agressões de *K* e *O*, agem *N* e *Q* em legítima defesa.

(c) *Razoabilidade ético-jurídica do sacrifício do bem jurídico de terceiro*: a ponderação quantitativa de interesses revela-se insuficiente para a justificação do facto em direito de necessidade. A aludida máxima proteção de bens jurídicos que fundamenta o instituto não é suficiente para legitimar a imposição de um dever de tolerância que interfira em bens jurídicos imanentes ao *núcleo essencial* da *dignidade humana* (vida, integridade física essencial e integridade moral[261]), mesmo que em causa esteja a salvaguarda de interesse superior.

> *Exemplo*: *R* necessitava urgentemente de um transplante de um rim para conseguir sobreviver. *S*, médico e pai de *R*, desesperado, com a ajuda de um anestesista e um outro médico, durante a noite, conseguem extrair um rim a *T*, jovem paciente do hospital em que *S* trabalhava.

Não se encontra justificada a conduta de *S*, uma vez que é ofendida a integridade física essencial de *T*, de modo interventivo, ainda que para salvar

[261] Se, de acordo com o texto constitucional, «Portugal é uma República soberana baseada na dignidade da pessoa humana» (artigo 1.º da CRP), é, também, no próprio texto constitucional que se conforma o conteúdo dessa dignidade através dos direitos fundamentais. Não se sistematizando a ordem da respetiva tutela de modo axiologicamente neutro, é nos direitos dos direitos, liberdades e garantias pessoais, nomeadamente nos sufragados pelos respetivos artigos 24.º e 25.º, previstos no Capítulo I, do Título II da Lei Fundamental, que se encontra o núcleo essencial dos direitos fundamentais e, por conseguinte, da dignidade humana. Como referem Gomes Canotilho e Vital Moreira relativamente ao direito à vida – o primeiro dos direitos fundamentais tutelados no mencionado Capítulo – «[é] logicamente um direito prioritário, pois é a condição de todos os outros direitos fundamentais» (Canotilho, Gomes / Moreira, Vital, *CRP - Constituição da República Portuguesa Anotada*, I, 2007, p. 446). Vida, integridade física e moral das pessoas, constituem, assim (com outros direitos já neles implicados, como o direito à liberdade e ao desenvolvimento da personalidade), nas palavras de Taipa de Carvalho, «o *núcleo irredutível da dignidade e autonomia pessoal individual*» (Carvalho, Américo Taipa de, *Direito Penal. Parte Geral*, 2016, p. 422) e, portanto, da dignidade da pessoa humana.

a vida de *R*. Não só pelo sacrífico da integridade física essencial em si, mas também porque, neste género de casos, em que se instrumentaliza a integridade física essencial de uma pessoa, afetada fica, também, a sua integridade moral, no contexto de uma ética de respeito mútuo e de salvaguarda da dignidade humana. Não pode ser vista a pessoa como mero conjunto de órgãos à disposição de outros. No exemplo, a equipa médica trata a pessoa intervencionada como "menos pessoa" ou "menos humana"[262].

Em caso de ofensa ao núcleo essencial da dignidade humana (vida, integridade física e moral), ultrapassados ficam os limites da razoabilidade ético-jurídica da intervenção sobre bens jurídicos de outrem[263]. Não se compreenderia, na verdade, que se pudesse legitimamente atribuir a alguém o direito de extrair um órgão de uma pessoa, sem o respetivo consentimento, (ainda que tal ocorresse) para salvar a vida de outra pessoa[264]. Se o entendimento fosse de que tal facto estaria justificado, impedida ficaria a legítima defesa contra esse facto (suponha-se, no exemplo, que *U*, irmão de *T*, pretendia defendê-lo).

3.4. A questão do direito de necessidade defensivo

Temos vindo a aludir à circunstância de, em princípio, ser alheia à criação do perigo a pessoa que vê o seu interesse sacrificado pela atuação em direito de necessidade. Motivo pelo qual se fala de direito de necessidade *interventivo* enquanto causa de justificação fundada (para além da máxima proteção de bens jurídicos, também) na ideia de *solidariedade* intracomunitária. É este caráter *interventivo* do direito de necessidade que limita a correspondente legitimidade à salvaguarda de interesses sensivelmente superiores aos sacrificados e à não restrição da integridade pessoal do lesado.

262 Assim, Dias, Augusto Silva. *Apontamentos de Direito Penal*, Porto (versão policopiada), n/p, p. 260.

263 Deste modo, Carvalho, Américo Taipa de, *Direito Penal. Parte Geral*, 2016, pp. 421-422.

264 Já no caso de extração forçada de sangue de uma pessoa para evitar a morte de outra que carece de infusão desse tipo de sangue para sobreviver, a situação é duvidosa, gerando alguma controvérsia na doutrina alemã. Parece-nos curial o entendimento (de Autores como Roxin, Figueiredo Dias e Taipa de Carvalho) de que tal comportamento se encontra justificado por direito de necessidade, pois não se trata de intervenção perigosa nem provoca ofensa grave, atendendo a que o sangue extraído é rápida e naturalmente recuperado. Não parece assim encontrar-se ofendida a dignidade humana da pessoa intervencionada (cf. Carvalho, Américo Taipa de, *Direito Penal. Parte Geral*, 2016, pp. 420-421).

Há que considerar, todavia, a hipótese de a atuação em direito de necessidade sacrificar interesses de quem se encontre na origem do perigo. Suponha-se, por exemplo, que é necessário sacrificar interesses de quem ateou fogo que coloca em perigo património doutrem (*v.g.*, que é necessário invadir a sua casa, através de arrombamento, para trazer mangueiras, água, extintores) ou de quem é proprietário de uma cabra que, recorrentemente, causa múltiplos danos em árvores e videiras do vizinho (tornando-se necessário, por exemplo, matar, precisamente, a cabra para afastar o recorrente perigo que ameaça o património).

Nestes casos (e considerando que o artigo 34.º do CP se configura como causa de justificação interventiva), tenta-se superar o problema da justificação do facto com a atribuição de mais ampla liberdade de atuação ao agente, nomeadamente no que se refere ao equilíbrio entres interesses salvaguardados. Seja através de uma adaptação interpretativa do conteúdo da alínea *b)* do artigo 34.º fundada numa «*uma ponderação global e concreta* do conflito de *interesses em jogo*»[265], seja por meio da criação de uma causa de justificação supralegal, a saber, a do direito de necessidade defensivo, que, entre outros aspetos, se destacaria, na suprarreferida ponderação de interesses, por admitir a atuação justificante no limite em que o «*bem lesado pela defesa não seja muito superior ao bem defendido*»[266].

Este género de situações implica que, não obstante provir o perigo da pessoa contra a qual se atua, este se não constitua em agressão atual e ilícita, posto que, se assim fosse, encontrar-se-iam verificados, naturalmente, os pressupostos da legítima defesa. Se considerarmos, todavia, que a agressão atual e ilícita que fundamenta a legítima defesa não tem de ser necessariamente dolosa, podendo ser negligente[267], então muitos dos casos em que se coloca este problema estarão, afinal (o cão que, por violação do dever de cuidado do dono que não usou a trela nem/ou o açaime, ataca um animal pertencente a outra pessoa, ou o exemplo da própria cabra cujo dono não cuida de evitar que invada a propriedade do vizinho, provocando danos no seu património), contextualizados em situações de legítima defesa. Mas se assim não for, se não houver sequer negligência, ou se o entendimento for o de que a agressão, enquanto pressuposto da legítima defesa, deve ser dolosa, este género de situações acaba por se enquadrar, então, no âmbito da *ação direta*, prevista, enquanto causa de justificação, no artigo 336.º do CC.

[265] Dias, Jorge de Figueiredo, *Direito Penal. Parte Geral*, I, 2019, p. 562

[266] Dias, Jorge de Figueiredo, *Direito Penal. Parte Geral*, I, 2019, p. 562.

[267] Cf. *supra*, 2.2.

Na verdade, verificando-se os pressupostos e requisitos desta causa de justificação (jurídico-civil) e considerando o princípio da unidade da ordem jurídica, a ação típica encontra-se justificada[268].

3.5. Estado de necessidade jurídico-civil

O teor do artigo 339.º do CC não implica maior abrangência justificante face ao artigo 34.º do CP, pelo que se não coloca a questão de o estado de necessidade jurídico-civil se estender ao direito de necessidade jurídico-penal. Não deixa, todavia, de relevar – ainda que se trate de consequência meramente jurídico-civil – a situação, já referida, de obrigação de indemnização que impende exclusivamente sobre o agente, a favor do lesado, nas circunstâncias de perigo por "culpa exclusiva"[269].

4. Conflito de deveres

4.1. Fundamento

Considerando que o incumprimento de um dever jurídico de ação pode implicar uma conduta típica por omissão (pura ou impura)[270], o fundamento do conflito de deveres, enquanto causa de justificação (artigo 36.º do CP), encontra-se na *impossibilidade fática* de cumprir dois ou mais deveres de agir. Impossibilidade que se traduz, atentas as circunstâncias de cada caso concreto, na escassez temporal para o cumprimento desses dois ou mais deveres[271]. Assim e apesar das semelhanças (que se possam vislumbrar) com o direito de necessidade, o fundamento já não é tanto o de um princípio de solidariedade, mas o da referida impossibilidade fática.

[268] Quanto à ação direta, veja-se *infra*, 6.

[269] Cf. *supra*, 3.3. Bem como a obrigação de indemnização equitativa que pode caber não só ao agente, mas a todos aqueles que tiraram proveito do ato ou contribuíram para o estado de necessidade (artigo 339.º, n.º 2, do CC).

[270] Cf. *supra*, II. 5.

[271] A impossibilidade pode derivar de circunstâncias como, por exemplo, a escassez de recursos para cumprir ambos os deveres (exemplo do médico que só tem um ventilador disponível para dois pacientes em perigo de vida) ou as qualidades físicas de quem atua (exemplo do nadador salvador que não é dos mais rápidos, conseguindo apenas salvar a vida de uma de duas pessoas em perigo), mas, em última análise, é a escassez temporal que impede o cumprimento de ambos os deveres.

Não seguimos a compreensão de Taipa de Carvalho ao pretender que o não cumprimento do dever igual ou inferior implique a exclusão da própria tipicidade. No exemplo adiantado pelo Autor – «o pai de uma criança que se está a afogar, e que ele não salva porque lhe é absolutamente impossível fazê-lo, visto que não sabe nadar»[272] –, a omissão não é, realmente, típica. Só que o fundamento não se encontra na impossibilidade de cumprir dois deveres, mas na, pura e simples, inexistência dever. Não tendo possibilidade fáctica de salvar o filho, não tem o pai domínio da ação de salvamento, logo não está adstrito ao dever de atuar. Na verdade, não existe dever de atuação cujo cumprimento coloque iminentemente em risco bens jurídicos indisponíveis. Mesmo que o pai soubesse nadar, não estaria jurídico-penalmente adstrito a salvar o filho, caso este se encontrasse numa situação (por exemplo, de mar revolto) da qual o pai dificilmente sairia com vida. Trata-se de casos de impossibilidade fáctica de agir em que a omissão nem sequer existe como comportamento humano (impossibilidade fáctica *absoluta*[273]) ou, existindo, não é, todavia, suscetível de ser típica (impossibilidade fáctica *relativa*[274]).

Já não assim se o pai, perante dois filhos em risco de afogamento, apenas consegue salvar um. O dever de salvar aquele que morreu persistiu até ao fim, implicando um juízo prévio de inadequação social pelo respetivo incumprimento, indiciando a ilicitude. Que, todavia, considerando todo o contexto fáctico em que se encontrava o sujeito, em juízo concreto e definitivo se exclui.

4.2. Pressupostos

Existência de *dois ou mais deveres* (ou ordens legítimas de autoridade) a que se encontra adstrito o sujeito e *impossibilidade fáctica* de cumprir ambos ou todos, restando a necessidade de escolha. São necessariamente deveres de atuação *positiva*, não de omissão. Se alguém atua, violando um *dever* de *não agir*, para cumprir um dever de agir, encontrar-se-á em contexto de direito de necessidade[275].

[272] Carvalho, Américo Taipa de, *Direito Penal. Parte Geral*, 2016, p. 429.

[273] *Supra*, II. 5.2.

[274] *Supra*, II. 5.3.

[275] Assim, Taipa de Carvalho que ilustra com o seguinte exemplo: um médico, com o objetivo de evitar que a mulher de um seu paciente, que tem SIDA, seja por este contaminada, informa-a da doença do marido (que este se recusava a revelar), violando o dever de sigilo profissional

4.3. Requisito de atuação

Deve o sujeito atuar em cumprimento do dever (ou ordem legítima de autoridade) de igual ou maior valor face ao dever não cumprido. Atendendo a que os deveres possam ser de igual valor e que só um possa ser cumprido, necessariamente se justifica o sacrifício de valor idêntico ao sacrificado, pois quer se cumpra um dos deveres, quer se cumpra o outro, sacrificar-se-á sempre um interesse de valor igual. E deve atuar. Diferentemente do que sucede no caso de comportamento ativo em que, mediante perigo atual para determinado interesse jurídico, se sacrifica interesse de valor igual. Neste caso, pela ordem natural das coisas, não deve o sujeito intervir. Compreende-se, deste modo, a diferença de ponderação de interesses juridicamente exigida entre o instituto do conflito de deveres e o do direito de necessidade. A solidariedade que fundamenta este último instituto não deve chegar, já o sabemos, ao ponto de exigir sacrifício de igual valor (exigência de suportar, *v. g.*, destruição de coisa própria para salvaguarda de idêntica coisa doutrem, ou violação da própria vida para salvaguarda da vida de outra pessoa)[276].

A circunstância de o sujeito se encontrar em contexto fático de conflito de deveres de igual valor, impele-o, necessariamente, a uma decisão cujo critério não releva em termos jurídico-penais, sendo essa uma decisão que cabe ao seu arbítrio. É o que sucede no caso do médico que, para salvar a vida de dois pacientes, necessita de dois ventiladores, mas só tem um. Ou da mãe (ou pai) que, perante dois filhos, em situação de afogamento, percebe que só tem tempo de salvar um.

(dever de omissão), preenchendo, com tal conduta, o tipo legal de violação de segredo (artigo 195.º do CP), mas afastando o perigo de contaminação (cf. Carvalho, Américo Taipa de, *Direito Penal. Parte Geral*, 2016, p. 427).

[276] Tomando de empréstimo um exemplo (de Jescheck / Weigend, *Tratado de Derecho Penal*, 2002, p. 393) em que conflituam dever de ação e dever de omissão: num pequeno hospital existe apenas um ventilador de respiração assistida. Se o paciente *A* respira através deste aparelho e o paciente *B* fica, repentinamente, numa situação de asfixia perigosa para a sua vida, o médico responsável não pode matar o paciente *A*, retirando-lhe o ventilador, nem desatender o seu dever de salvar o paciente *B*, privando-o do aparelho em questão. Nesta situação, deve o médico manter o paciente *A* ligado ao ventilador, infringindo o dever de salvar o paciente *B*. Assim, tem o seu comportamento justificado por conflito de deveres. Se retirasse o ventilador ao paciente *A* para liga-lo ao paciente *B*, atuaria no âmbito de um contexto fáctico de direito de necessidade, mas não atuaria justificadamente, uma vez que o interesse sacrificado seria idêntico ao salvaguardado. O conflito de deveres contempla apenas incumprimento de dever de atuação, pelo que justifica apenas comportamentos por omissão.

5. Consentimento

5.1. Fundamento

Em causa está a autonomia e liberdade individual, a autorrealização pessoal do portador do bem jurídico[277]. Perante um facto típico socialmente inadequado (e, nesse sentido, provisoriamente ilícito), pode o titular do interesse (à partida) afetado consentir na atuação. Ainda que o ato seja moralmente reprovável (numa certa perspetiva moral) ou socialmente inadequado, o consentimento do ofendido justifica o facto, desde que se trate de bem jurídico disponível.

A questão da disponibilização do bem jurídico configura-se, não obstante, em modelo dualista, abrangendo situações tanto de atipicidade, como de justificação do facto.

Na verdade, o dissentimento surge, por vezes, na lei penal como pressuposto da tipicidade (*v.g.*, intervenções e tratamentos médico-cirúrgicos arbitrários, violação de domicílio ou perturbação da vida privada, introdução em lugar vedado ao público, devassa da vida privada, violação de correspondência ou de telecomunicações, violação de segredo, nos termos respetivos dos artigos 156.º, 190.º, 191.º, 192.º 194.º e 195.º, todos do CP). Perante estas normas, a verificação de consentimento implica atipicidade (exclusão da tipicidade) – sendo, portanto, questão prévia à da justificação do facto ou exclusão da ilicitude, que já se não coloca –, acabando por redundar em comportamentos socialmente adequados por não serem, *in se*, desvaliosos; só o seriam se praticados contra a vontade do titular do bem jurídico.

Mas este género de atipicidade não é exclusivo de tipos legais que expressamente pressupõem o dissentimento. A ação, por exemplo, do cabeleireiro que (em cumprimento contratual) presta serviço de corte de cabelo ao cliente ou a de contacto físico num jogo de futebol são atípicas, ainda que, em subsunção axiologicamente neutra (o mesmo é dizer: em subsunção que desconsiderasse a cláusula de "inadequação social"), implicassem preenchimento do tipo legal previsto no artigo 143.º do CP.

Já o consentimento, enquanto causa de exclusão da ilicitude, supõe uma ação típica, *in se* (em pré-juízo), desvaliosa, mas justificada, considerando a disponibilidade do bem jurídico tutelado.

[277] Cf. ALBUQUERQUE, Paulo Pinto de, *Comentário do Código Penal*, 2021, p. 289.

Neste paradigma dualista (traduzido em exclusão da tipicidade e em exclusão da ilicitude) e na linha do pensamento jurídico-penal alemão, a disponibilização (do bem jurídico) excludente da tipicidade designa-se "acordo" (*Einverstädnis*) e a excludente da ilicitude "consentimento" (*Einwilligung*)[278].

5.2. Pressuposto

Disponibilidade do bem jurídico. Não existe um critério seguro, definido taxativamente na ordem jurídica, que permita a clara distinção entre bens jurídicos disponíveis e indisponíveis. Num Estado de Direito de matriz liberal devemos, não obstante, partir de um princípio de disponibilidade dos bens jurídicos. Princípio que, todavia, se exceciona, nas situações em que a ordem jurídica assim o determine.

Tendo por referência o núcleo essencial da dignidade da pessoa humana, traduzido nos direitos sufragados nos artigos 24.º e 25.º da CRP, «o direito à vida é material e valorativamente o *bem* (...) mais importante do catálogo dos direitos fundamentais»[279], não restando dúvidas de que se trata de bem jurídico indisponível face a terceiros, considerando, desde logo, os artigos 134.º e 135.º do CP, que incriminam, respetivamente, "homicídio a pedido" e "incitamento ou ajuda ao suicídio". Já a disponibilidade da integridade física ou moral dependerá da sua conformidade à cláusula geral dos "bons costumes", prevista no artigo 38.º, n.º 1, do CP. Aliás, quanto à integridade física, o artigo 149.º do CP demarca expressamente a separação entre a integridade física disponível e a integridade física indisponível, com referência à sobredita cláusula dos "bons costumes". Tal demarcação é tendencialmente desenhada, com ganhos em certeza jurídica, tendo como referência a integridade física tutelada no artigo 144.º do CP – a que se poderá chamar "integridade física essencial"[280] –, uma vez que a correspondente disponibilidade ultrapassa, em princípio, os limites dos "bons costumes". Mas não se pode deixar de considerar, como ressalta Taipa de Carvalho, que também no domínio da previsão normativa do artigo 143.º do CP possam

[278] Sobre o tema, ver, por todos, ANDRADE, Manuel da Costa, *Consentimento e Acordo em Direito Penal (contributo para a fundamentação de um paradigma dualista)*, 2004. Sobre a cláusula de inadequação social enquanto pressuposto da tipicidade, veja-se *supra*, II.1.

[279] CANOTILHO, Gomes / MOREIRA, Vital, *CRP - Constituição da República Portuguesa Anotada*, I, 2007, p. 447 (já assim, *supra*, 3.3).

[280] Assim, CARVALHO, Américo Taipa de, *Direito Penal. Parte Geral*, 2016, p. 453.

surgir casos de ofensa, ainda que catalogada como "simples", suscetível de provocar lesões irreversíveis. Se tais lesões ocorrerem – defende o Autor com fundamento na cláusula dos "bons costumes" –, o respetivo consentimento «deve ser considerado *ineficaz* ou *irrelevante*», mesmo que não configurem crime de ofensa à integridade física grave (artigo 144.º do CP). Assim, como exemplifica Taipa de Carvalho, «deve ter-se por irrelevante o consentimento numa facada no braço ou, a *fortiori*, no corte de um dedo. E também, com base na irreversibilidade, o consentimento em lesões corporais cujos efeitos permaneçam por um tempo muito longo (p. ex., por vários anos) ou que só possam ser corrigidos por uma intervenção cirúrgico-estética»[281]. No que se refere à integridade moral, esta é, em muitas situações e no contexto da integridade pessoal, dificilmente separável da própria integridade física (considerem-se, por exemplo, casos de humilhação racial com violência física, ou outros géneros de humilhação, de escravatura, em que se renuncia à qualidade de pessoa, de tortura e de tratos cruéis, degradantes e desumanos) [282]. De todo o modo, também aqui prevalece a (vaga) cláusula dos "bons costumes".

5.3. Requisito de atuação

Uma vez considerado disponível certo bem jurídico, a eficácia da justificação do facto impõe que a ação de consentir seja expressão de vontade séria, livre (não viciada por medo), esclarecida (não viciada por erro) e prestada por imputável em razão da idade (maior de 16 anos), nos termos do artigo 38.º, n.º 2 e n.º 3, do CP. Naturalmente que a anomalia psíquica poderá, igualmente, implicar ineficácia da justificação do facto por não ser o consentimento emanado de vontade séria e livre. Nestes casos de incapacidade em razão da idade, de anomalia psíquica ou de outra causa relevante, compete ao representante legal consentir em nome do incapaz, nos limites dos poderes de representação. O que significa que se não deverá fundar na vontade do incapaz, nem, muito menos, na vontade do próprio representante. Mas isto não será mais do que fazer prevalecer o interesse do representado sobre a vontade do próprio ou do representante, como impõe o sentido teleológico da figura da representação, enquanto poder de atuar em nome do

[281] CARVALHO, Américo Taipa de, *Direito Penal. Parte Geral*, 2016, pp. 454-455.

[282] Basicamente assim, CANOTILHO, Gomes / MOREIRA, Vital, *CRP - Constituição da República Portuguesa Anotada*, I, 2007, p. 454.

representado com o dever de prosseguir o seu (do representado) interesse. Sob pena de se resvalar para o horizonte compreensivo do "abuso de representação" (artigo 269.º do CC). Assim se compreendem os "procedimentos urgentes", previstos nos artigos 91.º e 92.º da Lei n.º 147/99, de 1 de setembro (atualizada, por último, pela Lei n.º 26/2018, de 5 de julho), "Lei de proteção de crianças e jovens em perigo", que conferem o poder de suprimento judicial à falta de consentimento do representante legal, quando «exista perigo atual ou iminente para a vida ou de grave comprometimento da integridade física ou psíquica da criança ou jovem» (artigo 91,º. n.º 1, da Lei n.º 147/99). Regime legal que, como sublinha Taipa de Carvalho, tem grande importância no âmbito das intervenções médico-cirúrgicas consideradas medicamente necessárias para a vida ou saúde do incapaz. Isto, porque a exigência de consentimento para intervenções médico-cirúrgicas, nos termos do artigo 156.º do CP, suscitava graves problemas aos médicos antes da mencionada lei, nas situações em que eram medicamente necessárias transfusões de sangue ou intervenções médico-cirúrgicas a realizar no incapaz, havendo, todavia, oposição dos representantes legais[283].

Note-se que a eficácia do consentimento não depende de qualquer requisito de forma – «pode ser expresso por qualquer meio» – e só opera definitivamente com a execução do facto, podendo, até esse momento, «ser livremente revogado», nos termos do artigo 38.º, n.º 2, do CP.

5.4. O elemento subjetivo

Na realização de um facto típico se o consentimento eficaz não for conhecido do agente, este *atua desvaliosamente.* Considerando, todavia, a disponibilidade do bem jurídico (pelo seu titular), já o *resultado* se encontra *justificado.* Compreende-se, assim, o regime do artigo 38.º, n.º 4, do CP que determina a punibilidade «com a pena aplicável à tentativa». Como se compreende também que, por analogia, este regime jurídico seja aplicável às outras causas de justificação[284].

[283] Cf. Carvalho, Américo Taipa de, *Direito Penal. Parte Geral,* 2016, pp. 456-457.

[284] Veja-se *infra,* 8.2.

5.5. Consentimento presumido

O facto típico pode também ser justificado por consentimento presumido, dada a sua equiparação ao consentimento efetivo estabelecida no artigo 39.º, n.º 1, do CP. A presunção de consentimento baseia-se na previsibilidade[285], dadas as circunstâncias concretas de cada caso, de que o titular do bem jurídico teria eficazmente consentido se para tanto tivesse oportunidade.

Em termos práticos, trata-se de figura especialmente relevante no domínio das intervenções médico-cirúrgicas, nas situações em que «o paciente não se encontra em condições de prestar eficazmente o seu consentimento (máxime, porque se encontra inconsciente) mas a necessidade de intervenção se não compadece com demoras»[286].

Mas é também comum suceder em casos da vida diária, como, por exemplo, alguém se introduzir no jardim do vizinho ausente para apanhar a bola de futebol do filho menor que, inadvertidamente, a chutou para aquele local (relevando aqui, para a eficácia do consentimento presumido, a boa relação entre vizinhos), ou utilizar a bicicleta do colega de trabalho, também ausente (mas que deixara a bicicleta na garagem do local de trabalho), para uma entrega urgente.

Pode também suceder – como realmente sucede em grande parte das situações práticas –, estar em causa o "não consentimento" enquanto elemento típico. Se assim for, mantém-se a equiparação do "consentimento presumido" (*rectius*, de "acordo presumido") ao consentimento (acordo) efetivo, conduzindo à atipicidade do comportamento por se configurar, afinal, como socialmente adequado (ou, no limite, tolerado), não existindo sequer juízo prévio de ilicitude[287].

[285] Concorda-se com Paulo Pinto de Albuquerque: a «verificação do consentimento presumido opera-se por um juízo *ex ante*, de prognose póstuma, de acordo com o juízo do homem médio colocado na posição do agente e munido dos especiais conhecimentos do agente (cf. Albuquerque, Paulo Pinto de, *Comentário do Código Penal*, 2021, p. 296). Trata-se da cláusula de razoabilidade que se prende com um juízo de normalidade atendendo, sobretudo, à pessoa concreta (pode não se considerar, por exemplo, razoável, porque imprevisível, que uma testemunha de jeová consinta numa transfusão de sangue).

[286] Dias, Jorge de Figueiredo, *Direito Penal. Parte Geral*, I, 2019, p. 576, denotando, este exemplo, o caráter subsidiário do consentimento presumido a que se refere o Autor (*idem, ibidem*).

[287] No sentido de que o artigo 39.º do CP vale também para o "acordo presumido", veja-se, por exemplo, Andrade, Manuel da Costa, «Consentimento em Direito Penal Médico. O consentimento presumido», *RPCC*, ano 14 (2004), p. 131; Dias, Jorge de Figueiredo, *Direito Penal. Parte Geral*, I, 2019, pp. 577-578; Albuquerque, Paulo Pinto de, *Comentário do Código Penal*, 2021, p. 296.

6. Ação direta (artigo 336.º do CC)

Estabelece o artigo 336.º do CC: «[1] [é] lícito o recurso à força com o fim de realizar ou assegurar o próprio direito, quando a ação direta for indispensável, pela impossibilidade de recorrer em tempo útil aos meios coercivos normais, para evitar a inutilização prática desse direito, contanto que o agente não exceda o que for necessário para evitar o prejuízo. [2] A ação direta pode consistir na apropriação, destruição ou deterioração de uma coisa, na eliminação da resistência irregularmente oposta ao exercício do direito, ou noutro ato análogo. [3] A ação direta não é lícita, quando sacrifique interesses superiores aos que o agente visa realizar ou assegurar».

A figura da ação direta, consistindo num dos modos de tutela da justiça privada (expressa e excecionalmente previstos na lei), caracteriza-se, no essencial, por permitir o recurso à força com o fim de realizar ou assegurar direito próprio, apresentando características que, num certo modo de ver, a aproximam, por um lado, da legítima defesa e, por outro, do direito de necessidade. Aproxima-se da legítima defesa por se dirigir aos interesses de alguém que, não sendo propriamente agressor, se encontra implicado na dificuldade de o agente realizar ou assegurar o seu próprio direito. Avizinha-se do direito de necessidade por pressupor perigo (atual) de perda do efeito prático do direito de que o agente é titular[288].

> *Exemplo 1*: *A*, dois dias após ser vítima de furto, depara-se, em lugar ermo, com *B*, ladrão, a circular na bicicleta que lhe fora subtraída. Resistindo *B* a entregar a bicicleta, *A*, na impossibilidade de recurso à força pública, empurra-o e recupera a bicicleta.

O critério comummente considerado mais adequado à consumação do furto, pelo menos em contexto de legítima defesa (de término da agressão), corresponde à teoria da *ilatio*, que traduz o momento em que a coisa subtraída entra «pacificamente [...] na esfera de disponibilidade do ladrão»[289] (momento

[288] Os pontos comuns referem-se sobretudo à legitimidade de recurso à força física para a defesa de direitos. Como refere Teresa Beleza, na ação direta «não se trata tanto de responder imediatamente a uma agressão que ainda está em curso, ou que está iminente, trata-se de tentar assegurar um direito que está em tal situação que, se a pessoa não fizer qualquer coisa, fica sem efeito prático» (cf. Beleza, Teresa, *Direito Penal*, II, 1980, p. 282).

[289] Correia, Eduardo, *Direito Criminal*, II, 1993, p. 44. Também assim, referindo-se ao momento em que o objeto furtado se encontra «na "posse [detenção] pacífica e segura" do ladrão» Carvalho,

em que a posse adquire uma certa paz na sua esfera de proteção, correspondendo a posse pacífica[290]). Neste exemplo não é já atual, por consumada, a agressão do ladrão ao património de *A*. Todavia, o comportamento de *A* foi o último recurso utilizado para assegurar o direito de propriedade sobre a bicicleta, eliminando a resistência irregularmente oposta e apropriando-se do bem (artigo 336.º, n.º 1 e 2, do CC). E o direito à integridade física não essencial (superficial) não se afigura superior ao direito de propriedade (artigo 336.º, n.º 3, do CC).

> *Exemplo 2:* *C* encontrava-se na janela de sua casa, apreciando as brincadeiras do seu gato, quando surge o cão, propriedade de *D*, seu vizinho, que ataca o gato. Para evitar a provável morte do gato, *C* dispara e mata o cão.

Se o ataque do cão se não dever a negligência do proprietário (situação que, a existir, enquadraria a atuação de *C* em contexto de legítima defesa[291]), a conduta de *C* é (também) legítima por consistir em destruição de propriedade alheia como meio necessário para impedir a inutilização do seu próprio direito de propriedade (artigo 336.º, n.º 1, do CC).

> *Exemplo 3:* No preciso momento em que *E*, ateia fogo à casa de *F*, seu vizinho, este surge no local. Sabendo que *E* possui um potente extintor na garagem, *F* arromba a porta e, mediante a resistência de *E*, desfere-lhe dois violentos socos, conseguindo apoderar-se do extintor e apagar o fogo.

Américo Taipa, *A Legítima Defesa*, 1995, p. 304 (ainda que se não deva, em rigor, equiparar posse a detenção, uma vez que a "ilegítima intenção de apropriação", exigida pelo elemento subjetivo específico do tipo legal de furto, implica que seja possuidor o ladrão, não mero detentor).

[290] Não deixa de envolver alguma controvérsia a temática do momento da consumação do furto, dividindo-se, no essencial, em três teorias: (1) teoria da *apprehensio*, que se basta com a mera apreensão da coisa alheia por parte do agente; (2) teoria da *ablatio*, segundo a qual a consumação do furto se dá após a apreensão da coisa, isto é, quando transportada, pelo agente, para outro local; (3) teoria da *ilatio*, em que a consumação implica que a coisa subtraída seja transportada para o local pretendido pelo agente, de modo a consolidar a sua posse, tanto quanto possível, pacífica. Afigura-se-nos mais adequada, quer em contexto de legítima defesa, quer da consumação do crime (critérios que, em nossa ótica, devem coincidir), a teoria da *ilatio*, porque, na verdade, se trata de crime de dano ao bem jurídico (propriedade) que, efetivamente, apenas ocorre no momento em que a coisa subtraída é retirada da esfera de proteção do proprietário, dada a impossibilidade física, a partir desse momento, de uso, fruição e disposição da coisa.

[291] Cf. *supra*, 2.2.

Em qualquer destes exemplos, não se nos depara agressão atual e ilícita (pressupondo que, no *exemplo 2*, não existe negligência de *D* e considerando que, no *exemplo 3*, a agressão terminou no momento em que *E* ateou o fogo). Nem ação de remover um perigo atual contra interesses de alguém alheio ao perigo. O comportamento legitimado por ação direta, não se enquadrando, em causa de justificação penal, encontra-se, no entanto, jurídico-civilmente justificado e, portanto, justificado no contexto de todo o ordenamento jurídico. Sem recurso a causa supralegal de exclusão da ilicitude, com toda a incerteza jurídica, nomeadamente quanto a pressupostos e requisitos, que tanto implicaria.

7. Outras situações justificantes

Referimo-nos apenas, nos pontos anteriores, às causas de justificação inclusas na Parte Geral do Código Penal (e ao seu ajustamento mútuo, em alguns casos, a causas de justificação sufragadas pelo Código Civil) e à ação direta (sufragada pelo Código Civil). Outras causas de justificação, esparsamente previstas na lei, podem, todavia, encontrar-se, tais como a atuação oficial, as ordens oficiais de serviço, a detenção em flagrante delito ou o direito de correção[292]. Algumas destas situações podem também implicar exclusão da tipicidade. Não está excluída, por outro lado, a possibilidade de aplicação de causas de justificação (previstas na lei) por analogia (*in bonam parte*) ou mesmo, *in extremis*, de causas de justificação supralegais[293].

8. Os elementos subjetivos das causas de justificação

8.1. Fundamento

Existe hoje consenso doutrinariamente generalizado quanto à ideia de não operarem as causas de justificação em modelo de pura objetividade. Isto, porque *dolo* e *negligência* integram, desde os tempos do finalismo, a categoria da *tipicidade* – que, assim, se divide em *objetiva* (descrição do agente e da

[292] Desenvolvidamente, por todos, DIAS, Jorge de Figueiredo, *Direito Penal. Parte Geral*, I, 2019, pp. 580-597.
[293] Cf. *supra*, 1.1.

conduta)[294] e *subjetiva* (dolo ou negligência)[295] –, levando a que o juízo de *ilicitude* (contrariedade à ordem jurídica) assuma esta dupla dimensão, no contexto de uma «*conceção pessoal-final*»[296] (de ilicitude). Neste conspecto, os elementos *objetivos* das causas de justificação só apresentam virtualidades para justificar *objetivamente* o facto típico (para excluir o *desvalor do resultado*), tornando-se necessários os elementos *subjetivos* para justificar *subjetivamente* o facto (excluir o *desvalor da ação*). Ou seja: (além do pressuposto da tipicidade objetiva) o pressuposto de tipicidade subjetiva conduz a que (também) a *justificação* do facto típico deva abranger tanto o comportamento *objetivamente* considerado (o *resultado* exterior do comportamento), quanto a respetiva *subjetividade* (elementos psicológicos e emocionais da *ação*), por motivo (do legado finalista) da *conceção do ilícito pessoal*.

Assim, não só a verificação dos elementos objetivos (pressupostos e requisitos da causa de justificação), mas também a dos elementos subjetivos (consciência e vontade de atuar em sintonia com o descrito na causa de justificação), é essencial à exclusão, *in toto*, da ilicitude[297], *justificando*, respetivamente, o facto *objetivamente típico* e o facto *subjetivamente típico*. Para que se verifique, por exemplo, uma situação de legítima defesa é necessário que o agente se depare com uma agressão atual e ilícita aos seus interesses jurídicos, ou aos de terceiro, e que a afaste através do meio necessário (elementos objetivos da causa de justificação); mas é também indispensável a *consciência* (a representação mental) dessa agressão atual e ilícita e a *vontade* de a repelir (*animus defendendi*) através do meio necessário (elementos subjetivos).

8.2. A factualidade (meramente) objetiva justificante

Sucede, assim, que se determinado agente adota um comportamento típico, enquadrado numa situação justificante, mas se, por *erro*, não representa (*ignora*) a correspondente factualidade (*erro-ignorância* da factualidade justificante), então a sua ação será *ilícita*, ainda que o efeito (resultado) dessa ação se *justifique*. Haverá, neste género de situações, *desvalor da ação*, mas não *desvalor do resultado*.

294 WELZEL, Hans, *Derecho Penal Alemán*, 1993, pp. 75-77 (*ut supra*, 1.º Capítulo, II.3.).
295 WELZEL, Hans, *Derecho Penal Alemán*, 1993, pp. 77-95 e 153-165 (*ut supra*, 1.º Capítulo, II.3.).
296 DIAS, Jorge de Figueiredo, *Direito Penal. Parte Geral*, I, 2019, p. 287 (*ut supra*, 1.º Capítulo, II.3.).
297 Assim, DIAS, Jorge de Figueiredo, *Direito Penal. Parte Geral*, I, 2019, p. 459.

Exemplo 1: Durante a noite, *A*, condutor, ao ver *B*, seu inimigo, atravessar a estrada, bruscamente acelera com intenção de o atropelar e lhe provocar ofensa grave. E assim acontece. Não se apercebeu, todavia, que o seu inimigo empunhava, disfarçadamente, uma pistola munida com silenciador e que estava na iminência de disparar na direção da sua cabeça. *A* só não morreu por ter (acelerado e) atropelado *B*.

Exemplo 2: Não conseguindo conter a sua irritação, *C* atira uma pedra na direção da janela da garagem de *D*, partindo o vidro, por este se ter recusado, alguns dias antes, a vender-lhe um automóvel que tanto almejava. *D* tinha, entretanto, adormecido no interior do seu automóvel com o motor ligado. A entrada de ar na garagem, provocada pelo vidro quebrado, evitou que *D* morresse asfixiado.

Exemplo 3: Durante a noite, ao banco de urgências de um hospital de província chegam *E* e *F*, feridos, após acidente de viação. *G*, único médico de serviço, por equívoco no diagnóstico, convence-se de que apenas *E* corria perigo de vida. Todavia e porque não estimava *E*, por litígio em questão de terras que corria os respetivos trâmites em tribunal, decide prestar cuidados médicos a *F*. Após alguns minutos, apercebe-se de que, afinal, a situação médica de *F* era bem mais grave do que a inicialmente diagnosticada, acabando a sua intervenção por lhe salvar a vida. Entretanto *E* morrera. Ficou provado que *G*, nas circunstâncias em que tudo se passou, só teria tempo para salvar a vida de um dos pacientes.

Exemplo 4: *J* subtrai a bicicleta de *I*, seu vizinho, para um passeio de várias horas. O que *J* não sabia, porque se não tinha apercebido, é que *I*, no dia anterior, lhe havia dito que a bicicleta estava à disposição, caso entendesse utilizá-la para passear.

Apenas o contexto fáctico deste último *exemplo 4*, de entre os acabados de enunciar, se encontra previsto na lei, mais precisamente no artigo 38.º, n.º 4, do CP, que sufraga a figura do consentimento (causa de justificação) *meramente objetivo* (isto é, do consentimento que existe, mas que não é do agente conhecido). E, todavia, os comportamentos dos restantes *exemplos* (*1*, *2* e *3*) encontram-se em contexto jurídico similar ao do *exemplo 4*. Se, neste exemplo, o efeito (o resultado) da ação se encontra justificado (*J* usou a bicicleta de *I* que nesse uso consentiu), já assim não acontece com a ação em si

(*J* não sabia do consentimento e, por isso, atuou com desrespeito pelo bem jurídico em causa), também nos restantes exemplos sucede o mesmo relativamente a outras causas de justificação: no *exemplo 1*, o atropelamento de *B* (efeito da ação de *A*) justifica-se (*A* repeliu, com o atropelamento, agressão atual e ilícita dirigida à sua vida), mas não se justifica a ação em si (*A* não sabia da agressão); no *exemplo 2*, a quebra do vidro da janela (efeito da ação de *C*) está justificado (*C* afastou um perigo atual para a vida de *D*), não estando contudo justificada a própria ação (*C* não sabia do perigo); também no *exemplo 3*, a omissão de cuidados médicos a *E*, protagonizada por *G*, se encontra justificada, mas não o desvalor da omissão em si (*G* não sabia que, também, *F*, a quem prestou cuidados médicos, estava em perigo de vida). Comportam, na verdade, todas estas hipóteses, situações fácticas em que existe *desvalor da ação* (por falta de elementos subjetivos justificantes) dos correspondentes sujeitos, mas *não* do *resultado*, que se encontra justificado. Por consentimento (meramente) *objetivo*, no *exemplo 4*, por legítima defesa *objetiva*, no *exemplo 1*, por direito de necessidade *objetivo*, no *exemplo 2*, por conflito de deveres *objetivo*, no *exemplo 3*.

A diferença, como se referiu, é a de que, diferentemente do que sucede nos outros exemplos, a situação do *exemplo 4* encontra-se prevista na lei (no artigo 38.º, n.º 4, do CP). O que significa que relativamente aos outros exemplos (*1*, *2* e *3*) nos deparamos com casos legalmente omissos, mas carentes de disciplina jurídica. Configurando-se como situações similares à do *exemplo 4* – na medida em que nelas se verificam, tal como no *exemplo 4*, causas de justificação objetivas –, deve então aplicar-se-lhes, por analogia, a norma em que se enquadram os factos deste *exemplo 4*, isto é, o comando jurídico previsto no artigo 38.º, n.º 4, do CP: punibilidade «com a pena aplicável à tentativa». Assim se pune o *desvalor da ação* – a *energia criminosa* com que o agente atuou –, mas não o resultado, que, através da analogia *in bonam partem*, se considera, dentro do sentido lógico do artigo 38.º, n.º 4, justificado.

8.3. A situação (meramente) subjetiva justificante (ou as causas de justificação putativas)

Trata-se agora de situações de (*erro*) *suposição* da factualidade justificante, isto é, de suposição de factos (justificantes) que (objetivamente) não existem. Enquadram-se nas chamadas causas de justificação *putativas*.

Exemplo 5: *K*, durante a noite, ouve barulhos. Supondo tratar-se de um assaltante dirige-se à cozinha, local de onde provinham os barulhos, e, com uma raquete de ténis, inflige um golpe na cabeça do suposto assaltante. Afinal, tratava-se de *L*, sua namorada, tendo-se esquecido *K* que pernoitava em sua casa.

Exemplo 6: *M* parte um vidro da janela da casa de *N*, supondo uma fuga de gás que mataria o seu amigo, mas que, afinal, não existia.

Exemplo 7: Supondo que *P* e *Q* necessitavam de ser ligados a um ventilador para sobreviverem, *O*, médico, utilizou o único ventilador disponível para salvar a vida de *P*, deixando *Q* morrer. Afinal, só *Q* necessitava de ventilador.

Exemplo 8: *R* utiliza a mota aquática de *S* num passeio pelo Rio Cávado, supondo o seu consentimento, que, na realidade, não existia.

Em todas estas situações não opera qualquer causa de exclusão da ilicitude do facto, ainda que os respetivos agentes *suponham* uma realidade justificante. Supõem, falsamente, uma realidade que, a existir, excluiria a ilicitude do facto. Por legítima defesa no *exemplo 5*, por direito de necessidade no *exemplo 6*, por conflito de deveres no *exemplo 7* e por consentimento no *exemplo 8*. São as chamadas *causas de justificação* aparentes ou *putativas*.

Apesar de realizarem os factos típicos com dolo(-do-tipo) (*K* atuou com dolo de ofensa à integridade física, *M* com dolo de dano, *O* com dolo de homicídio, *R* com dolo de furto de uso), os agentes *não exteriorizam atitude interior de contrariedade, ou desprezo*, pelos bens jurídicos ofendidos, não revelaram, através dos seus comportamentos, *energia criminosa*, uma vez que os seus comportamentos estariam justificados (por legítima defesa, direito de necessidade, conflito de deveres e consentimento) se os contextos fácticos fossem os representados. Justificam-se, desta feita e inversamente, ações, mas não os correspondentes efeitos. A realização do facto com dolo do tipo, que se indicia emocionalmente criminoso, revela-se, afinal (em sede de culpa), conforme ao Direito. Os sujeitos revelaram, em todos os exemplos, atitude pessoal conforme ao dever ser jurídico-penal. Considerando a já mencionada estrutura de "bipartição do dolo", a punibilidade pelo tipo legal de crime doloso implica dolo-do-tipo (de razão calculadora) e dolo-da-culpa (emoção criminosa enquanto atitude contraria aos bens jurídicos) [298]. Nos exemplos agora apontados inexiste o elemento emocional do dolo (o desprezo pelo bem jurídico-penalmente tutelado) e, por isso, o comportamento típico não é, afinal, doloso. Assim se compreende o regime jurídico do artigo 16.º, n.º 2, do CP enquanto (erro) excludente do dolo (emocional).

Nestas situações em que operam causas de justificação putativas não se exclui o dolo-do-tipo, porque os respetivos sujeitos têm consciência e vontade de realizar o facto típico, não se exclui a ilicitude do facto, porque este não se encontra *objetivamente* justificado, mas exclui-se o dolo por falta do seu terceiro elemento, o emocional. Não existe, em suma, desvalor da ação dolosa. A haver punibilidade, será apenas por negligência, nos termos gerais (artigo 16.º, n.º 2, por referência aos n. º 1 e 3, do CP). O dolo-do-tipo revelado pelos sujeitos nos *exemplos 5, 6, 7* e *8* encontra-se, afinal, justificado.

9. As causas de justificação nos crimes omissivos

As causas de justificação encontram-se, em geral, configuradas para comportamentos típicos por ação. Isto, porque a exclusão da ilicitude de comportamento omissivo implica a justificação do não cumprimento de um dever de atuação. Daí a necessidade de existir uma causa de exclusão da ilicitude destinada aos crimes de omissão, qual seja, o conflito de deveres (artigo 36.º do CP). Admite-se um juízo prévio de ilicitude por incumprimento de dever de atuação, jurídico-penalmente relevante, a que o omitente se encontra adstrito, mas que se justifica pela necessidade de satisfazer um outro dever, ou ordem, de valor igual ou superior que se encontra em conflito[299].

V. Culpa e negação da culpa

1. Conceito fundamental

Não se basta a responsabilidade penal com a verificação do comportamento típico e ilícito. É, ainda, necessária uma valoração ulterior que comprove a decisão livre, legitimadora do juízo de censura comunitário. No contexto

[298] Cf. *supra*, III.5.2.
[299] Cf. *supra*, 4.

de um Estado de Direito de matriz liberal, baseado na dignidade da pessoa humana, erige-se o princípio da culpa, enquanto expressão do ser-livre, em pedra angular da responsabilidade penal (*nulla poena sine culpa*). Excluída está a possibilidade de responsabilização penal objetiva.

1.1. Culpa pela vontade referida ao facto

Na história dogmática da teoria da infração penal e no contexto da conceção clássica (positivista-naturalista) de finais do século XIX[300], a categoria da culpa surge como conceito agregador dos elementos subjetivos do crime segundo uma compreensão psicológica, traduzida, essencialmente, nas categorias do dolo e da negligência, enquanto duas formas distintas de ligação psicológica entre o agente e o facto[301].

Já no período neoclássico (neokantiano), tendo como referência histórica a filosofia idealista alemã (nomeadamente o pensamento de Kant), a culpa assume natureza ético-normativa. Contrariando o *determinismo* característico da Escola Positiva, a conceção normativa de culpa baseia-se, antes de mais, no *liberum arbitrium indifferentiae*, na plena *liberdade de decisão*, que leva à vontade de escolha entre comportamento (facto) *lícito* ou *ilícito*. E concretiza-se em juízo de *censura* pela opção *livre* de atuação ilícita – isto é, pelo "poder (do sujeito) de se determinar de outro modo no momento da prática do facto, a saber, conforme ao juridicamente devido"[302] –, ou seja, em "culpa pela vontade referida ao facto"[303]. A responsabilização penal enquadra-se, assim, num espectro conceptual mais vasto, de implicação liberal, traduzido na ideia de que toda a vida individual e social assenta no pressuposto da liberdade e consequente responsabilidade. Ergue-se a culpa em princípio fundamental de direito penal ligado à dignidade da pessoa humana.

Face a esta conceção de "culpa pela vontade referida ao facto", a Escola Positiva, orientada pelo determinismo do comportamento humano e preconizando, por isso, a substituição do conceito de *culpa* pelo de *perigosidade* (e, consequentemente, de *pena* pelo de *medida de segurança*), apontou diversas críticas que se condensam em dois aspetos essenciais: (1) o livre-arbítrio é mera convicção filosófica, cientificamente indemonstrável, sendo, enquanto

[300] *Supra*, 1.º Capítulo, II.1.

[301] Cf. Stratenwerth / Kuhlen, *Strafrecht. Allgemeiner Teil*, 2011, p. 159.

[302] Assim, Stratenwerth / Kuhlen, *Strafrecht. Allgemeiner Teil*, 2011, p. 159.

[303] Cf., por exemplo, Carvalho, Américo Taipa de, *Direito Penal. Parte Geral*, 2016, p. 462.

tal, irrazoável fundamentar a aplicação da pena em tal suposição; (2) a constatação da existência (da categoria) dos "imputáveis perigosos", que, sendo detentores de menor liberdade de decisão, seriam beneficiários de penas inferiores às dos imputáveis normais, porquanto a menor liberdade de decisão referida à prática do facto criminoso implicaria menor censurabilidade pela vontade livre do agente. Ora, a menor punibilidade dos infratores mais perigosos para os bens jurídicos que cabe ao direito penal tutelar que daqui necessariamente resulta (atento o princípio da culpa), acabaria por redundar numa verdadeira contradição político-criminal (sobretudo, mas não só, do ponto de vista da socialização)[304].

1.2. Culpa como atuação ilícita apesar da capacidade (concreta) de resposta normativa

Se considerarmos fundada a primeira das críticas enunciadas (impossibilidade de demonstração empírica), a verdade é que ela se não reduz ao livre-arbítrio. Sendo característica da antiga (e, talvez, eterna) querela entre *livre-arbítrio* e *determinismo*, a impossibilidade de demonstração empírica abrange também, o determinismo[305]. A sua superação firma-se, antes de mais – para Roxin e Greco –, na capacidade do ser humano de, segundo o seu concreto estado anímico e psíquico, corresponder, em cada caso, ao apelo normativo. Uma capacidade psíquica de controle que existe, na maioria das situações, no adulto mentalmente são. Não se trata de hipótese indemonstrável, mas de fenómeno científico empírico, uma vez que – referem Roxin e Greco, recorrendo a Albrecht – a psicologia e a psiquiatria, através de métodos empíricos, vão desenvolvendo, em crescente medida, critérios que permitem constatar, através de metodologia empírica, restrições à capacidade de autocontrole e medir a sua gravidade[306]. Possuindo, o sujeito, capacidade concreta para se comportar de acordo com o apelo normativo, ele torna-se culpável pela realização de uma infração penal quando não adota comportamento conforme que, em princípio, lhe é acessível. Existindo "capacidade de controle intacta" (*intakter Steuerungsfähigkeit*) e, com ela, capacidade de atuar em conformidade com a norma, pode e deve o ser humano ser *tratado como*

[304] Cf. Carvalho, Américo Taipa de, *Direito Penal. Parte Geral*, 2016, p. 462.

[305] Assim, Roxin / Greco, *Strafrecht. Allgemeiner Teil*, I, 2020, p. 969.

[306] Cf. Roxin / Greco, *Strafrecht. Allgemeiner Teil*, I, 2020, p. 980.

livre (*als frei behandelt*)[307]. Trata-se, em suma, de uma perspetiva de liberdade que assume contornos de "asserção normativa", uma regra social do jogo, cujo valor (social) é independente do problema da teoria do conhecimento e das ciências da natureza[308].

Neste horizonte compreensivo, situa-se, em nosso modo de ver, o pensamento de Faria Costa que aponta a superação da querela entre *livre-arbítrio* e *determinismo* na visão deslocada do problema: a impossibilidade de demonstração empírica do livre-arbítrio é uma questão que, tal como é colocada, se situa no domínio gnoseológico da *razão teórica*, isto é, «nos moldes e segundo o registo epistemológico de uma disciplina da natureza»[309]. O direito penal constitui, todavia, disciplina da *razão prática*. Ainda que a «liberdade não possa ser provada física, química ou matematicamente – ou seja, ainda a partir de qualquer outro parâmetro das ciências duras – nada altera o facto social e institucionalmente fundado de que a comunidade juridicamente organizada se estrutura e se desenvolve através de uma certa prática linguístico-comunicacional que reside precisamente em mobilizar o juízo de culpa, quando quem realiza um facto ilícito-típico merece ser censurado pelo *mau uso* das suas capacidades individuais à pretensão da observância da norma»[310].

1.3. Culpa pela personalidade

Já no pensamento de Figueiredo Dias, a superação encontra-se numa postura de fisionomia ético-existencialista[311] em que a realidade é considerada (para além da sua essência e, portanto) para além da demonstrabilidade empírica, dimensionando-se a referida querela como *philosophica quaestio*. Este entendimento liga-se à superação da segunda crítica da Escola Positiva – a aplicação de penas inferiores aos imputáveis perigosos em razão da sua menor culpa –, em relação à qual parte da doutrina reagiu (entre nós, Eduardo Correia, na linha de pensamento, sobretudo, de Edmund Mezger) através do modelo de *culpa* referida à *personalidade* do agente do crime. Nesta conceção, o juízo de censura deixa de ter como objeto o facto ilícito praticado, passando a incidir sobre a personalidade do seu autor, o que potencia o aumento da

[307] Cf. Roxin / Greco, *Strafrecht. Allgemeiner Teil*, I, 2020, p. 980.
[308] Cf. Roxin / Greco, *Strafrecht. Allgemeiner Teil*, I, 2020, p. 980.
[309] Costa, José de Faria, *Direito Penal*, 2017, p. 352.
[310] Costa, José de Faria, *Direito Penal*, 2017, p. 353
[311] Cf. Dias, Jorge de Figueiredo, *Direito Penal. Parte Geral*, I, 2019, pp. 617-618.

censurabilidade. Trata-se da chamada "culpa pela (má formação da) personalidade", ou "culpa pelo carácter"[312].

Neste panorama conceptual, entende Figueiredo Dias que a conduta típica e ilícita é também *culposa* nas circunstâncias em que «o facto possa ser pessoalmente censurado ao agente, por aquele se revelar expressão de uma atitude interna juridicamente desaprovada e pela qual ele tem por isso de responder perante as exigências do dever ser sócio-comunitário»[313]. Trata-se, como se referiu, de um modelo (de fundamento) *ético-existencial* em que a culpa material se traduz, no essencial, em «responder pelas qualidades juridicamente desvaliosas da personalidade que fundamentam um facto ilícito típico e nele se exprimem»[314]. A personalidade é culpada, como sintetiza Taipa de Carvalho, «*por não ter cumprido, ao longo da sua existência comunitária, o mandato existencial de conformação-construção do seu ser, da sua pessoa, de acordo com as exigências ético-sociais consideradas fundamentais e indispensáveis à vida em comunidade*»[315].

Prevalece, assim, na conceção atual da teoria da infração penal um modelo de culpa fundado na existência do ser-livre[316]. Um modelo que coloca o fundamento (material) da culpa na *violação do dever de conformação* da personalidade às exigências do Direito que se expressa no facto típico e ilícito realizado e o fundamenta[317]. Que implicando uma livre decisão do homem sobre si mesmo (isto é: sobre a sua personalidade), enquanto "característica do ser-total-que-age"[318], não pode, todavia, deixar de considerar – sob pena de se descair «numa certa ficção de culpa» – que este fundamento envolve múltiplas (e concretas) decisões livres ao longo da vida, contextualizadas, naturalmente, «*nas circunstâncias em que se realiza a "socialização primária" do ser humano*»[319]. O que conduz, em nossa perspetiva, a um modelo de culpa pelo facto que expressa a personalidade, mas que não rejeita a "culpa pela capacidade de resposta normativa", na medida em que ao fundar-se a culpa pela personalidade na decisão (livre) do ser humano sobre si mesmo, ela não pode deixar

[312] Quanto a estes conceitos, veja-se Correia, Eduardo, *Direito Criminal*, I, 1993, pp. 322-330.

[313] Dias, Jorge de Figueiredo, *Direito Penal. Parte Geral*, I, 2019, pp. 318-319.

[314] Dias, Jorge de Figueiredo, *Direito Penal. Parte Geral*, I, 2019, p. 617.

[315] Carvalho, Américo Taipa de, *Direito Penal. Parte Geral*, 2016, p. 467.

[316] Porque «o existir, visto primariamente, é ser-livre, e portanto responsável, e portanto capaz de culpa» (Dias, Jorge de Figueiredo, *Liberdade, Culpa, Direito Penal*, 1995, p. 153).

[317] Cf. Dias, Jorge de Figueiredo, *Direito Penal. Parte Geral*, I, 2019, p. 617.

[318] Cf. Dias, Jorge de Figueiredo, *Direito Penal. Parte Geral*, I, 2019, p. 614.

[319] Carvalho, Américo Taipa de, *Direito Penal. Parte Geral*, 2016, p. 468.

de se exprimir em atos praticados desconformes ao dever ser normativo que constituem, também, a sua materialidade. Ou os diversos comportamentos criminosos anteriores a determinado ilícito típico praticado (os antecedentes criminais) não revelam, também eles, a personalidade contrária ao Direito, a opção do ser-livre sobre si mesmo; não revelam, no limite, o delinquente por tendência e a respetiva culpa pela inclinação para o crime.

Neste conspecto, afigura-se-nos que a *culpa pela personalidade* traz implicada a concreta *culpa pela capacidade de resposta normativa*: se, num certo momento – o da realização do facto típico –, o sujeito é censurado pela atitude interna desconforme ao dever ser sócio-comunitário expressa no facto, isso implica, necessariamente, uma censura que abrange as múltiplas decisões ao longo da vida em que, revelando capacidade de responder ao apelo normativo, não o fez, construindo o seu ser, a sua existência, a sua pessoa, em desconformidade com as exigências ético-sociais indispensáveis à vida em comunidade. Ou seja, a própria "culpa pela personalidade" não pode deixar de partir da "capacidade de resposta normativa" – e da vontade livre (isto é, não viciada) implicada –, pois só esta capacidade de motivação pelas normas pode conduzir a um dever de conformação da personalidade às exigências do Direito e, portanto, à personalidade enquanto expressão do ser livre.

Em suma e em termos de pragmática político-criminal, partindo-se de uma avaliação do facto concreto (da concreta atuação típica e ilícita) em dimensão social, independente da teoria do conhecimento e das ciências da natureza, o que essencialmente interessa – sob inspiração metodológica de Stratenweerth e Kuhlen[320] – é analisar rigorosamente, com arrimo nas ciências do comportamento (psicologia, psiquiatria, sociologia, criminologia), a possível existência de concretos fatores que contextualizam o facto suscetíveis de aumentarem, reduzirem ou excluírem a *culpa* do sujeito *pela capacidade de resposta normativa*, quanto aos seus pressupostos (imputabilidade, consciência da ilicitude) e conteúdo (exigibilidade), e em que medida operam materialmente[321]. Nestes fatores incluem-se, também, causas endó-

[320] Veja-se STRATENWERTH / KUHLEN, *Strafrecht. Allgemeiner Teil*, 2011, nomeadamente p. 162.

[321] A metodologia própria da teoria da infração penal – em que a tipicidade indicia a ilicitude e esta a culpa – não pode obnubilar a clareza do ónus da prova. Em contexto processual (nomeadamente em fase de julgamento), se o arguido invocar restrições à (ou mesmo a exclusão da) sua capacidade de controle – seja pelo contexto exterior do caso que lhe vicia a vontade (situações, *v.g.*, de medo conducente a estado de necessidade desculpante), seja por circunstâncias endógenas ao sujeito, nomeadamente a anomalia psíquica ou a idade (inimputabilidade), seja por fatores sociológicos (ou criminológicos) que reduzam a culpa pela personalidade – bastar-lhe-á, naturalmente, suscitar

genas (psicológicas, psiquiátricas) e exógenas (educacionais, familiares, sociológicas, criminológicas), que conformam a *personalidade do agente* e que são, também elas, suscetíveis de aumentar a censurabilidade pela realização do facto (típico e) ilícito (sobretudo, emoções negativas, tais como ódio, cólera, egoísmo, avidez, irascibilidade, crueldade), de diminuí-la (*v.g.*, estados asténicos compreensíveis, por revelarem diminuta contrariedade ao dever ser sociocomunitário, como, por exemplo, em certas situações, a compaixão, o desespero, a emoção violenta), ou, mesmo, de excluí-la (medo, susto, perturbação).

Significa o que fica dito – e superando a segunda crítica da Escola Positiva – que a hipótese de menor culpa revelada no facto por eventual fraca capacidade de conformação ao apelo normativo (reveladora de perigosidade), se pode atribuir a (é compensada pela) maior culpa pela personalidade, devendo, portanto, o juízo de censura referir-se, em última análise, a "esta" culpa (pela personalidade)[322], com as inerentes vantagens de politica criminal, nomeadamente no plano da prevenção, geral e, sobretudo, especial (ressocialização).

Nesta compreensão, em que o ser humano possui, *a priori*, capacidade de controle e, portanto, capacidade de atuar em conformidade com a norma, e em que a personalidade se perspetiva como fruto da decisão livre do ser humano em relação a si mesmo[323], ergue-se um princípio da culpa que cumpre

a dúvida razoável quanto a essas restrições à (ou quanto à própria exclusão da) culpa, por benefício do princípio *in dubio pro reo*. Já a prova de circunstâncias agravantes da culpa (ódio, egoísmo, crueldade), pelo assistente, pelo Ministério Público e/ou pelo Tribunal devem ascender ao valor de prova bastante, de prova situada em limiar acima da dúvida razoável.

[322] No contexto da determinação da medida concreta da pena, Anabela Rodrigues atribui relevo à doutrina de Figueiredo Dias, referindo que a censurabilidade pelo facto realizado se liga, em última análise, à «atitude pessoal nele manifestada» (cf. RODRIGUES, Anabela Miranda, «O modelo de prevenção na determinação da medida concreta da pena privativa da liberdade», em Maria da Conceição Valdágua (Coord.), *Problemas Fundamentais de Direito Penal. Homenagem a Claus Roxin*, 2002, p. 191, nota 39). Neste contexto, não pode o juízo de censura, com efeito, deixar de considerar a personalidade desconforme ao dever ser jurídico-penal (perigosidade) do agente. Que pode ter origem em múltiplas causas, entre elas, por exemplo, eventuais causas (sociológicas) exógenas que o contextualizaram num dado modo de ser (educação, família, ambientes criminógenos, etc.) – e que (sejam atenuantes, ou agravantes) devem, naturalmente, ser consideradas na censura pela atitude interior expressa no facto típico e ilícito realizado –, mas também causas endógenas, de entre as quais se destacam as anomalias psíquicas (suscitando, estas últimas, a concreta possibilidade político-criminal da inimputabilidade, nos termos, desde logo, do artigo 20.º, n.º 2, do CP).

[323] Como sublinha Figueiredo Dias, o ponto de partida da conceção de culpa pela personalidade «não é determinista (resignado ou não), mas abertamente *crente na liberdade da pessoa*» definindo o

a função político-criminal de limitação da pena preventiva em nome (do *ser livre* e) da dignidade humana, devendo, por isso, ser interpretado – voltando às palavras de Claus Roxin, ao referir-se, desta feita, ao comando da Constituição alemã que sufraga o *Schuldprinzip* – como imposição à lei penal da máxima: «tratai o cidadão como ser *livre* e *responsável*»[324].

1.4. Culpa dolosa e culpa negligente

Na linha de Figueiredo Dias[325], entendemos que dolo-do-tipo e negligência-do-tipo não justificam, por si, a punição por crime doloso ou negligente, antes se concretizando (dolo e negligência) em sede de culpa através de elementos emocionais que, expressando-se no ilícito típico concretizado, revelam atitude interna juridicamente desaprovada. Assumem, deste modo, materialidade própria (autónoma) a *culpa dolosa* e a *culpa negligente.*

A atitude interior (ético-pessoal) do agente, manifestada na prática do facto típico e ilícito, de *contrariedade* ou *indiferença* aos bens jurídicos negados (ou colocados em perigo), revela um elemento (*emocional*) do *dolo*, situado na culpa, que o confirma como emocionalmente negativo (contrário ou indiferente aos valores penalmente tutelados)[326]. O dolo-do-tipo, ainda que indicie atitude contrária ao dever ser jurídico-penal (numa certa linguagem: ainda que se indicie enquanto *dolus malus*), pode vir a revelar, afinal, atitude não dolosamente censurável (*dolus bonus*), nomeadamente em situações justificantes[327], putativamente justificantes[328], desculpantes[329] e aparentemente desculpantes[330].

conteúdo da "culpa" referido à "personalidade" «como fruto de uma decisão *livre* (de uma opção fundamental) da pessoa sobre si mesma»: mais do que o carácter, o conteúdo da culpa refere-se «àquilo que o supera, a saber, *o ser livre*» (Dias, Jorge de Figueiredo, *Direito Penal. Parte Geral*, I, 2019, p. 618).

[324] Roxin, Claus, «Acerca da problemática do direito penal da culpa», *BFD*, LXI (1983), p. 15.

[325] Veja-se *supra*, III.5.2. e 1.º Capítulo, IV.

[326] Um elemento emocional, adicionado ao dolo em sede de culpa, que «traduz a vera essência do tipo de culpa doloso» (Dias, Jorge de Figueiredo, *Direito Penal. Parte Geral*, I, 2019, p. 623). Em termos de estrutura interna, temos, assim, um dolo *tripartido* em *conhecimento* do facto típico, *vontade* de sua realização (dolo-do-tipo) e *atitude interior* contrária ou indiferente à normatividade jurídico-penal (dolo-da-culpa), e, no plano categorial, um dolo de proporção *bidimensional*, integrando *tipicidade* (subjetiva) e *culpa*.

[327] Naturalmente que o facto típico doloso em contexto justificante revela atitude conforme ao Direito, correspondendo, na verdade, ao exercício de um direito (de defesa, de necessidade, etc.).

[328] Situações em que o dolo se encontra justificado (cf. *supra*, IV. 8.3).

[329] Inexistindo culpa, inexiste logicamente culpa dolosa (e negligente).

[330] Casos em que a atuação do sujeito não merece censura a título de dolo (cf. *infra*, 5.7).

Já a atitude interior do agente, manifestada na realização do ilícito típico, de *ligeireza* ou *leviandade* em relação aos bens jurídicos negados (ou colocados em perigo), revela o elemento emocional da negligência[331], próprio de comportamento não correspondente ao critério do ser humano consciente e cuidadoso. Também a verificação da negligência-do-tipo indicia a culpa negligente, impondo-se avaliar, todavia, se o risco de preenchimento do facto típico, proveniente de violação do dever de cuidado, ou consequente de assunção descuidada (por impreparação física ou psíquica) de certa atividade, era do sujeito *conhecido*, ou, pelo menos, *cognoscível*. Pode assim não suceder se, por exemplo, um automobilista provocar um acidente rodoviário (ofendendo a integridade física de outrem), por ligeira diminuição das suas capacidades de visão ou dos seus reflexos, não tendo ainda a possibilidade de se ter apercebido dessa ligeira perda de faculdades, ou se um cirurgião provocar lesões no paciente por ter sido acometido, durante a intervenção cirúrgica, de uma tremura nas mãos, sem que nunca tal tivesse antes acontecido, nem houvesse indícios que permitissem prevê-lo, ou se, durante uma filmagem de tiroteio, um ator disparar na direção de outro, matando-o, não sabendo que a arma era verdadeira, nem muito menos que estaria carregada (sem prejuízo de responsabilidade criminal, a título de dolo ou de negligência, do colaborador que entregou a arma). Em casos tais, não se confirma o comportamento desconforme ao critério da pessoa consciente e cuidadosa, isto é, não se confirma a negligência (do tipo) em atitude *ligeireza* ou *leviandade* face aos bens jurídicos violados (em culpa negligente).

1.5. Integração de culpa e prevenção na categoria da "responsabilidade" (Roxin)?

A partir de uma publicação em 1974 (intitulada *"Schuld" und "Verantwortlichkeit" als strafrechtliche Systemkategorien*, republicada em 2013[332]), tentou Claus

[331] Nas palavras de Figueiredo Dias, a «materialidade do tipo de culpa negligente (o elemento *autónomo* que, com ela, se acrescenta à materialidade do tipo de ilícito respetivo) reside pois na atitude *descuidada* ou *leviana* revelada pelo agente e que fundamenta o seu facto e, por aí, nas qualidades desvaliosas da pessoa que no facto se exprimem» [itálico original] (DIAS, Jorge de Figueiredo, *Direito Penal. Parte Geral*, I, 2019, p. 1045).

[332] ROXIN, Claus, «"Schuld" und "Verantwortlichkeit" als strafrechtliche Systemkategorien», em Claus Roxin e outros (ed.), *Grundfragen der gesamten Strafrechtswissenchaft: Festschrift für Heinrich Henkel zum 70. Geburtstag am 12. September 1973*, 2013, pp. 171-198.

Roxin construir uma categoria jurídico-penal que agregasse *culpabilidade* e *necessidade preventiva*, de modo a emprestar maior funcionalismo político-criminal à dogmática. Criou, neste contexto, a figura da "responsabilidade" (*Verantwortlichkeit*), passando a considerá-la categoria dogmática-sistemática que acresceria à categoria do tipo-de-ilícito[333].

Esta perspetiva compreende-se, desde logo, no contexto de um sistema teleológico-funcional em que se pretendem categorias dogmáticas político-criminalmente intencionadas. Com efeito, ao integrar, nesta categoria da "responsabilidade", *culpabilidade* e *necessidade preventiva*, que, em seu modo de ver, se limitam reciprocamente[334], Roxin coloca-as no mesmo patamar, expressando uma categoria (a *responsabilidade*) que traduz, ao fim e ao cabo, uma "culpa político-criminalmente intencionada", conectando verdadeiramente a teoria da infração penal, em todas as suas categorias, com a teoria dos fins das penas[335].

Compreende-se, também, o pensamento de Roxin, no quadro da mundividência cultural das sociedades livres em que a decisão (*livre*) implica a sequente *responsabilidade*, independentemente da (in)demonstrabilidade empírica do livre-arbítrio[336]. Qualquer pessoa, cuja atuação cumpra os requisitos (onde se inclui, naturalmente, a decisão livre) que a fazem aparecer como "responsável" por ação típica e ilícita – refere Roxin –, incorre, dentro dos parâmetros jurídico-criminais, numa pena[337].

Concordamos, todavia, com Taipa de Carvalho quando refere que esta categoria associa, num plano de igualdade, duas categorias de natureza diferente: «a categoria *ético-normativa* da culpa e a categoria pragmática *político-criminal* da prevenção»[338]. E se é verdade que ambas são essenciais na estrutura da teoria da infração teleológico-funcional, não se vê razão para que se tenham de agregar (misturar) na mesma categoria, correndo o risco de diluição mútua. Não se tratando propriamente de categorias antinómicas (conforme consta no preâmbulo do nosso Código Penal[339]), configuram-se,

[333] A teoria da infração penal passaria, no entendimento de Roxin, a ser constituída por quatro categorias: «*a ação, a tipicidade, a ilicitude* e *a responsabilidade*» (Carvalho, Américo Taipa de, *Direito Penal. Parte Geral*, 2016, p. 465).

[334] Cf. Roxin / Greco, *Strafrecht. Allgemeiner Teil*, I, 2020, p. 298.

[335] Assim, quanto a esta conclusão, Roxin / Greco, *Strafrecht. Allgemeiner Teil*, I, 2020, p. 963.

[336] Sobre este ponto, veja-se supra 1.2.

[337] Cf. Roxin / Greco, *Strafrecht. Allgemeiner Teil*, I, 2020, p. 962.

[338] [Itálicos adicionados] Carvalho, Américo Taipa de, *Direito Penal. Parte Geral*, 2016, p. 466.

[339] Cf. Decreto-Lei n.º 400/82, de 23 de setembro, Preâmbulo do Código Penal, II.2.

no entanto, como categorias de natureza diferente, conforme se referiu, e a que correspondem, sequentemente, funções distintas. À *prevenção*, figura de natureza pragmática (político-criminal), cabe, em perspetiva de utilidade social, atribuir eficácia ao direito penal, traduzida, essencialmente, na reafirmação do bem jurídico violado e na reintegração social do agente. À *culpa*, com a sua natureza ético-normativa, compete, acima de tudo, impedir a *instrumentalização* do sujeito (destinatário das normas penais) às necessidades sociais de prevenção, garantindo um princípio fundamental e irrenunciável de liberdade, autonomia ética e dignidade da pessoa humana, no quadro no Princípio da Humanidade (*das prinzip anderer Menschen*) de Kant, consolidado na segunda formulação do seu imperativo categórico: «*Handle so, daß du die Menschheit sowohl in deiner Person, als in der Person eines jeden andern jederzeit zugleich als Zweck, niemals bloß als Mittel brauchest*»[340].

Não deve assim, quanto a nós, deixar de se perpetivar a *culpa* como categoria autónoma. Enquanto pressuposto e limite da pena (preventiva) – tal como sufraga o artigo 40.º, n.º 2 (na sequência das finalidades preventivas enunciadas no n.º 1), do CP – deve a culpa figurar como epicentro da teoria da infração penal destinada ao ser humano livre e responsável[341].

[340] [Itálico original] KANT, Immanuel, *Grundlegung zur Metaphysik der Sitten*, 1996 [republicação de 1786], p. 79 (*«age de tal maneira que uses a humanidade, tanto na tua pessoa como na pessoa de qualquer outro, sempre e simultaneamente como fim e nunca simplesmente como um meio»*).

[341] Naturalmente que Roxin não prescinde, de todo, do princípio da culpa, enquanto garante do ser humano livre e responsável (veja-se *supra*, 1.2.) com todos os contornos dogmáticos que isso implica. Mas ao "misturar" *culpa* e *necessidade preventiva* na categoria da "responsabilidade" promove a aproximação conceitual e fusão de dois termos de natureza distinta, que correm o risco de diluição recíproca, e, portanto, atreita a críticas como, por exemplo, a de Anabela Rodrigues (na esteira de Luzón Peña) que vê na conceção de prevenção geral de Roxin uma «versão disfarçada de retribuição» (RODRIGUES, Anabela Miranda, *A determinação da medida concreta da pena*, 1995), pp. 335 ss. Já Jakobs – também na linha de uma fundamentação racional-final (teleológica) do conceito de culpa –, no contexto da sua construção da dogmática penal formulada com base nas categorias e conceitos da teoria dos sistemas sociais (sobretudo) de Luhmann, desenvolve um "conceito funcional de culpa" (*funkttionalen Schuldbegriff*) absorvido por finalidades de prevenção geral, em que o fim determinante é a estabilização da confiança no ordenamento jurídico abalado pelo crime. Trata-se de conceito de culpa que não atribui relevância ao livre-arbítrio, que não considera as capacidades individuais do sujeito, apenas se cingindo à finalidade de manter o reconhecimento geral dos padrões normativos (desenvolvidamente, veja-se JAKOBS, Günther, *Strafecht. Allgemeiner Teil*, 1993, nomeadamente pp. 476-499). Esta é uma compreensão rejeitada por Roxin, invocando Kant, por instrumentalização do indivíduo (e sequente desrespeito pela dignidade humana), que apenas serve (enquanto subsistema psíquico-físico) de meio para a prossecução dos interesses sociais de estabilização normativa (cf. ROXIN / GRECO, *Strafrecht. Allgemeiner Teil*, I, 2020, p. 975). Trata-se, em suma, de perspetiva exasperadamente funcional em que o princípio

2. Pressupostos da culpa: imputabilidade e consciência (ou obrigação de consciência) da ilicitude

Implicando a culpa a decisão do ser livre, ela pressupõe, antes de mais, duas condições dessa liberdade de decisão pelo comportamento ilícito: a *imputabilidade* e a *consciência da ilicitude.*

A *imputabilidade* traduz a *maturidade* (idade igual ou superior a 16 anos) e a *sanidade mental* (inexistência de anomalia psíquica) necessárias à decisão livre, conforme se depreende dos artigos 19.º e 20.º do CP.

A *consciência da ilicitude* revela a livre opção por comportamento *conscientemente* valorado como *ilícito*. Se assim não for valorado no quadro da livre conformação de personalidade indiferente à ilicitude material – sendo, nesse caso, o *erro (sobre a ilicitude) censurável* –, situamo-nos, ainda, dentro dos pressupostos da culpa, tal como resulta do artigo 17.º, n.º 2, do CP. O que significa que o pressuposto da consciência da ilicitude abrange, em suma, a efetiva consciência da ilicitude ou a obrigação de consciência da ilicitude.

3. Culpa material (exigibilidade do comportamento lícito)

Entrar no domínio da culpa material significa já considerar o contexto que envolve a realização do facto típico e ilícito. Se o sujeito é imputável e tem consciência (ou obrigação de consciência) da ilicitude do facto, exige-se, à partida, que deva atuar licitamente, que a sua conduta corresponda a decisão ajustada ao apelo normativo, reveladora de personalidade conforme ao dever ser jurídico, tal como seria a decisão de qualquer cidadão médio, comum, ou, na linguagem de Figueiredo Dias, "normalmente fiel ao Direito"[342]. Assim se configura a exigibilidade do comportamento lícito. A não ser que as circunstâncias concretas do caso retirem, nomeadamente por pressão psicológica, aquela capacidade normativa, ao ponto de levarem a própria "pessoa normalmente fiel ao Direito" a realizar (também ela) o ilícito (típico)[343].

da culpa deixaria de estar em condições de proteger o indivíduo face a eventuais manipulações do direito penal por razões arbitrárias de política criminal (assim, Stratenwerth / Kuhlen, *Strafrecht. Allgemeiner Teil,* 2011, p. 161).

342 Cf., por exemplo, Dias, Jorge de Figueiredo, *Direito Penal. Parte Geral,* I, 2019, p. 711.

343 Veja-se *infra,* 5.3. e 5.4.

4. Culpa formal (censurabilidade pelo comportamento ilícito)

Verificados os pressupostos da culpa e a exigibilidade do comportamento lícito está o tribunal legitimado, em nome da comunidade, a *censurar* o sujeito pelo crime praticado.

5. Negação (exclusão) da culpa

5.1. Inimputabilidade

A negação da culpa do agente por inimputabilidade é determinada em razão da idade e em razão de anomalia psíquica.

5.1.1. Em razão da idade

A avaliação da atitude comportamental em que se exprime a personalidade do agente pressupõe, como se disse[344], um certo grau de maturidade. Ao que acresce a circunstância de serem as penas potencialmente estigmatizantes e dessocializadoras, aumentando o risco de efeitos nefastos se aplicáveis a menores e adolescentes. Assim, determina o regime legal previsto no artigo 19.º do CP a inimputabilidade dos menores de 16 anos, retirando-lhes a possibilidade de serem penalmente responsáveis.

Aos menores entre os 12 e os 15 anos é aplicável o regime da Lei Tutelar Educativa (Lei n.º 166/99, de 14 de setembro, consolidada pela Lei n.º 4/2015, de 15 de janeiro).

5.1.2. Em razão de anomalia psíquica

Existem situações de anomalia psíquica aptas a retirar as faculdades de entender e avaliar a ilicitude dos factos cometidos ou de determinação dos comportamentos de acordo com esse entendimento e avaliação[345]. Não se trata

[344] Cf. *supra*, 2.

[345] Quanto às anomalias implicadas na inimputabilidade, veja-se Dias, Jorge de Figueiredo, *Direito Penal. Parte Geral*, I, 2019, pp. 672-677 ou Albuquerque, Paulo Pinto de, *Comentário do Código Penal*, 2021, p. 193.

de falta de consciência da ilicitude, mas, por razões de natureza "biopsicológica", de incapacidade de compreender a ilicitude material do facto ou de determinar o comportamento de acordo com essa compreensão. Em rigor, os factos praticados neste contexto resultam de incapacidade, motivada por anomalia psíquica, de determinação pelo comportamento lícito (de atuar de acordo com o apelo normativo), não sendo legítima a censura ao respetivo sujeito. Esta inimputabilidade, de substrato "biopsicológico-normativo"[346], encontra-se prevista no artigo 20.º, n.º 1, do CP.

Já o n.º 2 do mesmo preceito estabelece o regime jurídico da "imputabilidade diminuída". Pode o agente ser considerado inimputável por razões, essencialmente, de política criminal, até porque, sendo perigoso (por não dominar os efeitos da anomalia psíquica de que padece), a culpa diminuta que lhe poderia eventualmente ser imputada não permitiria, atento o princípio unilateral da culpa (artigo 40.º, n.º 2, do CP), pena suficiente quer no plano da prevenção geral, quer (sobretudo) no da prevenção especial. Se a perigosidade do agente é similar (ou próxima) à do inimputável e deriva, também, de *anomalia psíquica não acidental* (o mesmo é dizer, tendencial), cujos *efeitos não domina, sem que por isso possa ser censurado*, então a medida de segurança será, na maior parte dos casos, mais ajustada do que a pena, salvaguardando-se o princípio da culpa. Este é, com efeito, «purificado, uma vez que se remetem para o domínio da inimputabilidade as hipóteses em que seria particularmente problemática a afirmação de que o delinquente podia alguma coisa pelo seu carácter»[347].

Também no âmbito do n.º 3 do artigo 20.º do CP são razões de política criminal que viabilizam a aplicação da medida de segurança. Ao pressupor, *a contrario*, que o delinquente a quem é aplicada uma pena seja capaz de a compreender, este preceito «traduz uma forma de fazer face a exigências preventivas que não seriam satisfeitas com a aplicação exclusiva de uma pena»[348]. O seu âmbito de aplicação abrange, assim, «delinquentes habituais,

[346] «Para determinação da imputabilidade do delinquente, o art. 20.º, n.º 1, do CP adopta o chamado "método misto", o método biopsicológico-normativo: é inimputável quem, por força de uma *anomalia psíquica* – substrato biopsicológico – é incapaz, *no momento da prática do facto, de avaliar a ilicitude deste ou de se determinar de acordo com essa avaliação* – efeito normativo» [Itálico original] (Antunes, Maria João, *Internamento de imputáveis em estabelecimentos destinados a inimputáveis*, 1993, p. 14). Também assim, Dias, Jorge de Figueiredo, *Direito Penal. Parte Geral*, I, 2019, p. 671.

[347] Antunes, Maria João, *Internamento de imputáveis em estabelecimentos destinados a inimputáveis*, 1993, p. 16.

[348] Antunes, Maria João, *Internamento de imputáveis em estabelecimentos destinados a inimputáveis*, 1993, p. 74.

delinquentes não influenciáveis pela pena», mesmo que a incapacidade de compreensão da pena se não restrinja ao elemento biopsicológico[349]. Refere Maria João Antunes que esta solução se compreende «no quadro de um pensamento como o de Eduardo Correia para quem a punição baseada na culpa não tem, porém, um fim em si, mas serve de proteção a bens jurídicos». Esta proteção de bens jurídicos – continua a Autora –, «a depender da influência da pena na pessoa do delinquente, não se realizaria quando em causa estivessem delinquentes incorrigíveis, aqueles que já não são influenciáveis pela pena»[350]. Daí a equiparação destes delinquentes aos inimputáveis, de modo a que se lhes possa aplicar uma «medida de segurança, mecanismo mais adequado às [...] exigências preventivas»[351]. Trata-se, em suma – na expressão de Maria João Antunes –, de um «*vicariato na condenação*»[352].

Quanto ao n.º 4 deste artigo 20.º, preveem-se situações em que o próprio agente se coloca em estado de inimputabilidade com intenção de realizar o facto típico. Nestes casos de inimputabilidade preordenada (por exemplo, *A*, propositadamente, embriaga-se para, em situação de inimputabilidade, conseguir matar *B*), o facto típico inicia-se no momento em que o agente se autocoloca em situação de inimputabilidade, pelo que o primeiro ato de execução ocorre quando o agente ainda é livre na sua decisão (*actio libera in causa*), podendo, nessa medida, ser censurado e punido pelo crime.

Se a *actio libera in causa* for meramente negligente, o crime praticado é o que se prevê no artigo 295.º do CP. O crime praticado em situação de inimputabilidade é condição objetiva de punibilidade do crime de antissocialidade perigosa.

[349] Cf. Antunes, Maria João, *Internamento de imputáveis em estabelecimentos destinados a inimputáveis*, 1993, p. 74.

[350] Antunes, Maria João, *Internamento de imputáveis em estabelecimentos destinados a inimputáveis*, 1993, pp. 74-75.

[351] Antunes, Maria João, *Internamento de imputáveis em estabelecimentos destinados a inimputáveis*, 1993, p. 75.

[352] Por contraposição, acrescenta, «ao *vicariato na execução*» (Antunes, Maria João, *Internamento de imputáveis em estabelecimentos destinados a inimputáveis*, 1993, p. 124). Para soluções alternativas possíveis respeitantes às consequências jurídicas a atribuir aos "semi-imputáveis" (a cujas previsões se reportam o n.º 2 e n.º 3 do artigo 20.º do CP), veja-se, ainda, Carvalho, Américo Taipa de, *Direito Penal. Parte Geral*, 2016, pp. 103-105.

5.2. Erro sobre a ilicitude

5.2.1. Não censurável

O erro sobre a ilicitude corresponde a uma falsa valoração do agente relativamente a um facto praticado, levando-o a ignorar que esse facto é (típico e) ilícito, que constitui crime. Trata-se de erro de valoração, não de erro sobre as circunstâncias do facto. O agente valora como lícito um facto que é ilícito[353].

A negação da culpa do agente por erro sobre a ilicitude só opera, nos termos do artigo 17.º, n.º 1, do CP, se esse erro lhe não for censurável.

Atendendo a que o normal processo de aculturação social de um cidadão médio o leva a ter consciência da ilicitude da generalidade dos crimes, uma vez que estes configuram comportamentos atentatórios de bens jurídicos penalmente tutelados que espelham, enquanto tal, os mais importantes valores comunitários (cujo respeito permite uma convivência minimamente livre e digna em sociedade), o regime jurídico do erro sobre a ilicitude não pode deixar de dar relevo ao motivo do erro. Se é verdade que a culpa pressupõe a opção por comportamento ilícito, há que aferir, em caso de erro sobre a ilicitude, se tal se deve a uma atitude pessoal de indiferença face ao dever ser jurídico-penal. Se assim for, trata-se de erro sobre a ilicitude censurável e, por isso, não excludente da culpa.

O erro de valoração não censurável (excludente da culpa) pressupõe, assim, nas palavras de Figueiredo Dias, «a "retitude" da consciência errónea»[354]. O que significa que a exclusão da culpa só opera em casos em que, apesar de haver erro sobre a ilicitude, a personalidade do agente se revela essencialmente conformada com a exigida pela ordem jurídico-penal.

Tende Figueiredo Dias, neste âmbito, a entender que a falta de consciência da ilicitude não censurável só poderá, em princípio, verificar-se «em situações em que a questão da ilicitude concreta (seja quando se considera a valoração em si mesma, seja quando ela se conexiona com a complexidade e novidade da situação) se revele discutível e controvertida»[355]. Assim, campo privilegiado da figura será o do âmbito do erro sobre a existência ou limites

[353] Naturalmente que na figura do erro sobre a ilicitude não está em causa «um conhecimento articulado da lei», mas uma «"valoração paralela na esfera do leigo" da proibição legal, isto é», uma «apreensão do sentido social desvalioso da conduta» (cf. ALBUQUERQUE, Paulo Pinto de, *Comentário do Código Penal*, 2021, p. 180).

[354] Cf. DIAS, Jorge de Figueiredo, *Direito Penal. Parte Geral*, I, 2019, p. 740.

[355] DIAS, Jorge de Figueiredo, *Direito Penal. Parte Geral*, I, 2019, pp. 743-744.

de uma causa de justificação (por exemplo, os limites do "meio necessário" na legítima defesa, ou da desnecessidade de consentimento em certos casos de intervenções médico-cirúrgicas), dado que se trata de situações onde conflituam valores ou interesses juridicamente relevantes e protegidos[356], ou o da dúvida quanto à subsunção da conduta a um tipo legal de crime (por exemplo, tenderá a ser não censurável o erro sobre a ilicitude do sujeito que atuou com base num parecer de um especialista que considera atípico o facto praticado, mas que o tribunal qualificou como típico e ilícito[357]).

Mas devem também ser considerados casos em que o facto criminoso é realizado por estrangeiro oriundo de país que o não criminaliza (*v.g.*, o erro sobre a ilicitude do crime de omissão de auxílio, p.p. pelo artigo 200.º do CP, cometido por estrangeiro proveniente de país que não criminaliza este comportamento omissivo).

5.2.2. A afirmação da culpa dolosa no erro censurável

Será censurável o erro sobre a ilicitude nas circunstâncias em que tal erro advenha de uma personalidade indiferente ao dever ser jurídico-penal. Suponha-se, por exemplo, que a brutalidade de *A* o impede de ter consciência da ilicitude do cometimento do crime de violência doméstica, que a desmedida ambição de *B* lhe não permite valorar criminalmente um comportamento de tráfico de influências ou que o egoísmo de *C*, médico de serviço num hospital, lhe obstrói a perceção de que está a cometer um crime, quando, por estar a assistir pela televisão a um jogo de futebol do clube de que é aficionado, não socorre, de imediato, o paciente que chega, em perigo de vida, ao banco de urgências. Em tais comportamentos, os respetivos agentes revelam personalidades que se não conformaram com o dever ser jurídico-penal, sendo-lhes, por isso, censurável, o erro sobre a ilicitude.

Determina o artigo 17.º, n.º 2, do CP: «[s]e o erro [sobre a ilicitude] lhe for censurável, o agente é punido com a pena aplicável ao crime doloso respetivo, a qual pode ser especialmente atenuada».

Em termos dogmáticos, quanto à figura do dolo e não estando em causa, por um lado, o seu enquadramento na categoria da tipicidade (subjetiva),

[356] Cf. Dias, Jorge de Figueiredo, *Direito Penal. Parte Geral*, I, 2019, pp. 744-746.

[357] Exemplo (a ilustrar a afirmação de que «a falta de consciência da ilicitude não censurável assenta na atitude pessoal de fidelidade ao direito») de Albuquerque, Paulo Pinto de, *Comentário do Código Penal*, 2021, p. 182.

temos vindo, por outro lado, a reiterar, na linha de Figueiredo Dias, a localização de um seu terceiro elemento (para além dos elementos cognitivo e volitivo, do dolo-do-tipo), o emocional, na categoria da culpa[358]. Afastadas ficam, neste enquadramento, as teorias estritas do dolo e da culpa, uma vez que concebem o dolo apenas na culpa (a *teoria do dolo estrita*[359]) e apenas no tipo (a *teoria da culpa estrita*[360]). Assim, o regime jurídico do erro censurável sobre a ilicitude deixa em aberto a interpretação conforme às teorias limitadas do dolo ou da culpa.

A *teoria do dolo limitada* parte dogmaticamente da mesma conceção da *teoria estrita do dolo*, mas reconhece que a respetiva solução (exclusão do dolo) é político-criminalmente inaceitável, pelo que estabelece uma limitação (político-criminal) que a diferencia: nos casos de crimes mais graves em que o erro sobre a ilicitude é revelador de grave e censurável indiferença face aos valores penalmente protegidos, apesar de ser (por imperativos dogmáticos) excluído o dolo, deve o agente (por razões de política criminal) ser punido com a pena aplicável ao respetivo crime doloso. Se em termos puramente literais esta é precisamente a solução constante do artigo 17.º, n.º 2, do CP, a verdade é que deve a teoria limitada do dolo ser rejeitada, porque, como refere Taipa de Carvalho, «para conseguir [...] razoáveis objetivos práticos político-criminais, recorre a uma *inaceitável ficção do dolo*, pois que, se não há dolo, não pode o agente ser punido pelo crime doloso»[361].

Ao entender-se que agrega um elemento emocional, o dolo volta, assim, a integrar a culpa, tal como na Escola Neoclássica, todavia apenas através deste seu elemento emocional, que completa o dolo-do-tipo, confirmando-o como *dolus malus*, isto é, como dolo com carga emocional negativa, porque contrária ou indiferente ao dever-ser jurídico-penal e, enquanto tal, eticamente reprovável. O *dolus malus* tem particular relevância na figura do erro sobre a ilicitude, uma vez que o juízo de censurabilidade do erro se baseia

[358] Cf. *supra*, 1.4, IV. 8.3. e III. 5.2.

[359] A *teoria do dolo estrita*, sendo dominante antes do finalismo, concebe a figura do dolo exclusivamente na categoria dogmática da culpa (inexistência do dolo-do-tipo). Neste enquadramento, o dolo abrange a consciência da ilicitude, pelo que a falta dessa consciência da ilicitude conduz, inevitavelmente, à correspondente exclusão do dolo. Se a falta de consciência da ilicitude for censurável, a punibilidade só pode operar a título de negligência.

[360] A *teoria da culpa estrita* corresponde à conceção finalista em que a figura do dolo se situa unicamente na tipicidade, não integrando, pois, a culpa. Não deixa de se conformar esta teoria com a solução político-criminal que resulta do artigo 17.º, n.º 2, do CP, uma vez que, se for censurável o erro sobre a ilicitude, mantém a culpa pelo tipo de ilícito doloso.

[361] [Itálico original] Carvalho, Américo Taipa de, *Direito Penal. Parte Geral*, 2016, p. 485.

precisamente nessa atitude pessoal indiferente aos valores penais e, portanto, emocional e eticamente negativa. O que vale por dizer que a censurabilidade do erro sobre a ilicitude mantém, fatalmente, a culpa dolosa[362].

Assim deve ser interpretado, em nosso entendimento, o artigo 17.º, n.º 2, do CP, conformando-se com o horizonte compreensivo e os resultados práticos de uma *teoria da culpa limitada*[363]. Uma teoria da *culpa* (e não do dolo), na medida em que concebe o dolo-do-tipo, com os seus elementos intelectual e volitivo concernentes á factualidade típica, fora da culpa, mas *limitada* (não estrita), uma vez que aceita um elemento do dolo, o emocional, situado na culpa. Trata-se, em suma, de uma *teoria da culpa limitada* que se não restringe a uma conceção *unidimensional do dolo* que apenas tem por objeto a factualidade, mas que abrange uma sua conceção *bidimensional* que releva tanto no plano do ilícito (dolo do facto), como no plano culpa (dolo ético ou culpa dolosa)[364].

5.2.3. A obediência indevida desculpante

No domínio da Administração Pública, estabelece o artigo 271.º, n.º 3, da CRP que cessa o dever de obediência sempre que o cumprimento de ordens ou instruções do superior hierárquico implique a prática de crime. Assim, atua ilicitamente o funcionário que cumpre ordem conducente à prática de crime (porquanto não estava obrigado a cumprir), colocando-se a questão de saber se a atuação é também culposa.

O artigo 37.º do CP ("Obediência indevida desculpante") autonomiza a exclusão da culpa se o funcionário cumprir «uma ordem sem conhecer que ela conduz à prática de um crime, não sendo isso evidente no quadro das circunstâncias por ele representadas». Trata-se de erro (de valoração, isto é, de erro) sobre a ilicitude não censurável. Erro *sobre a ilicitude*, porque se o erro incidir sobre circunstâncias de facto sempre estaremos mediante situações

[362] Não coincide exatamente este *dolus malus* com o mencionado por Cavaleiro de Ferreira no contexto da teoria do dolo estrita, porquanto se não trata propriamente de «consciência do facto na sua materialidade e no seu desvalor jurídico» (cf. FERREIRA, Manuel Cavaleiro de, *Lições de Direito Penal. Parte Geral*, I, 1992, p. 338), mas de dolo emocional contextualizado na teoria da culpa limitada, abrangendo, por isso (e aqui reside a diferença), a inconsciência da ilicitude censurável.

[363] Neste sentido (nomeadamente quanto aos resultados práticos do preceituado no artigo 17.º, n.º 2 do CP), ALBUQUERQUE, Paulo Pinto de, *Comentário do Código Penal*, 2021, p. 182.

[364] *Ut supra*, 1.4., III.5.2. e 1.º Capítulo, IV. Cf., ainda, CARVALHO, Américo Taipa de, *Direito Penal. Parte Geral*, 2016, p. 488.

previstas no artigo 16.º, n.º 1, ou n.º 2, do CP; *não censurável* por não ser evidente a ilicitude «no quadro das circunstâncias» pelo agente «representadas».

A autonomização (face ao artigo 17.º, n.º 2, do CP) deste erro não censurável (do artigo 37.º do mesmo diploma) deve-se, sobretudo, ao princípio da "presunção de conformidade ao Direito" (a que alude, por exemplo, Taipa de Carvalho[365]) da ordem formalmente legítima no contexto da Administração Pública que reduz o espaço de censurabilidade da ação do subordinado[366]. O artigo 37.º do CP apenas se refere a "funcionário" e o erro só é censurável se for (objetivamente) evidente (manifesto) no quadro das circunstâncias pelo agente representadas.

Claro que o preceituado no suprarreferido artigo 271.º, n.º 3, da CRP, não obstante se enquadrar no domínio da Administração Pública, se estende, como bem se compreende, à cadeia hierárquica em domínio organizacional privado, devendo-se entender, por exemplo, que o preceituado no artigo 36.º, n.º 2, do CP não deixa de ser conformador deste comando constitucional. Assim, no caso de obediência indevida (por conduzir à prática de crime) de subordinado no âmbito de hierarquia formal de poder em entidade privada (*rectius*, de subordinado que não assume a categoria de funcionário na aceção do artigo 386.º do CP), já se não aplica a norma especial sufragada pelo artigo 37.º (prevista apenas para funcionário), mas a geral, prevista no artigo 17.º, ambos do CP[367].

5.3. Estado de necessidade desculpante

5.3.1. Pressupostos

Tal como sucede na figura do direito de necessidade (artigo 34.º do CP), pressupõe o estado de necessidade desculpante (artigo 35.º do CP) a verificação de um perigo atual que ameace bens jurídicos do agente ou de terceiro, ainda que, nos termos do artigo 35.º do CP, se acrescente que o perigo *não*

[365] Cf. Carvalho, Américo Taipa de, *Direito Penal. Parte Geral*, 2016, p. 524.

[366] Assim, Albuquerque, Paulo Pinto de, *Comentário do Código Penal*, 2021, p. 286.

[367] No sentido desta relação de especialidade, veja-se, por exemplo, Jescheck / Weigend, *Tratado de Derecho Penal*, 2002, p. 533, Dias; Jorge de Figueiredo, *Direito Penal. Parte Geral*, I, 2019, p. 754.

seja *removível de outro modo*[368] e que os bens jurídicos ameaçados se restrinjam à *vida, integridade física, honra*[369] *ou liberdade.*

Tem como objeto – como logicamente sucede nas causas de exclusão da culpa – a prática de facto típico e ilícito (não justificado), o que pressupõe, desde logo e tal como acontece no direito de necessidade, uma situação de *colisão de bens*[370] jurídicos (entre os ameaçados e os ofendidos). Só que, neste plano da culpa, já se concluiu que um bem jurídico (ou mais) foi (foram) ilicitamente sacrificado(s) em prol do(s) salvaguardado(s). Significa isto que, não obstante a verificação dos pressupostos do direito de necessidade (perigo atual que ameace bens jurídicos do agente ou de terceiro), que implica o confronto de bens jurídicos, a atuação do sujeito não se justificou. Não se conformou com as restrições constantes das alíneas *a), b)* ou *c)* do artigo 34.º do CP.

5.3.2. Critério da inexigibilidade

Vimos já que a confirmação da culpa material[371] acarreta a verificação dos seus pressupostos (imputabilidade e consciência da ilicitude ou erro sobre a ilicitude censurável) e a *exigibilidade*, em concreto, de comportamento diferente, vale por dizer, de comportamento conforme ao Direito, lícito. Assim, a correspondente negação (da culpa material) não pode deixar de se basear numa *cláusula de inexigibilidade.*

No contexto do estado de necessidade desculpante, verificados os pressupostos desta causa de exclusão da culpa (perigo atual e *não removível de outro modo*), é, ainda, necessário, conforme dispõe o preceito em causa, que «não seja razoável *exigir* do agente, segundo as circunstâncias do caso,

[368] A alusão ao pressuposto de o perigo atual *não ser removível de outro modo* substitui, de alguma forma, o requisito do meio adequado implicado no direito de necessidade. Significa que a atuação do agente, não estando justificada por, *v.g.*, sacrificar bem jurídico não sensivelmente inferior, igual ou superior ao bem jurídico salvaguardado, só poderá ser excludente da culpa se afastar um perigo não removível de outro modo, isto é, se tal atuação for suscetível de se adequar a uma possível inexigibilidade de comportamento diferente. Como exemplifica Figueiredo Dias, não deverá, desde logo, ser desculpada a pessoa que, sujeita a sevícias repetidas do seu cônjuge, ou do seu pai, o mata, se, em vez de tal comportamento, pudesse fugir de casa ou queixar-se à autoridade (cf. Dias, Jorge de Figueiredo, *Direito Penal. Parte Geral*, I, 2019, p. 715).

[369] Crítico, *de iure condendo.* quanto à inclusão da honra, Carvalho, Américo Taipa de, *Direito Penal. Parte Geral*, 2016, pp. 515-516.

[370] Assim, Stratenwerth / Kuhlen, *Strafrecht. Allgemeiner Teil*, 2011, p. 185.

[371] Cf. *supra*, 3.

comportamento diferente»[372]. Considerando as circunstâncias concretas do caso, é, pois, na *inexigibilidade* de comportamento diferente (lícito) que, uma vez verificados os respetivos pressupostos, se estriba a exclusão da culpa.

A cláusula de inexigibilidade de comportamento conforme ao Direito funda-se num critério *pessoal-objetivo*[373], isto é, um critério que tem em conta a *subjetividade* da pessoa concreta e a correspondência do seu comportamento a critérios de *objetiva* razoabilidade em face das circunstâncias exteriores envolventes.

Ter em conta a subjetividade da pessoa concreta significa, sobretudo, a possibilidade de sobre o agente recaírem especiais deveres de suportar riscos acrescidos, que aumentam a exigibilidade do comportamento lícito, em virtude, nomeadamente, da sua profissão ou atividade assumida (bombeiros, polícias, soldados, seguranças, comandantes de navio...).

Quanto aos critérios de objetiva razoabilidade, estes têm tem por referência a personalidade suposta pela ordem jurídica traduzida no normal comportamento dos cidadãos. É em nome do povo que, por imperativos constitucionais, se administra justiça, se aplica o Direito (artigo 202.º, n.º 1, da CRP), pelo que a legitimidade moral (e, consequentemente, material) de *exigir* comportamento conforme à ordem jurídico-penal não pode deixar de ter como modelo esse mesmo povo e, portanto, o normal comportamento do cidadão honesto. Assim, todos estão de acordo com que a personalidade suposta pela ordem jurídica não pode ser a do "herói moral", nem a do "poltrão", «mas a do homem dotado de uma resistência espiritual normal»[374], isto é, a do "homem (pessoa) normalmente fiel ao Direito". Não seria, na verdade, materialmente legítimo «censurar o agente pela personalidade manifestada no facto, quando afinal ela acaba por se revelar adequada no essencial ao modelo suposto pela ordem jurídica. Ponto é que a situação exterior seja uma tal que permita afirmar que também a generalidade dos homens "honestos" ou "normalmente fiéis ao Direito" teria provavelmente atuado da mesma maneira»[375]. Na exclusão da culpa por inexigibilidade é sempre necessário, em concreto, que o juiz comprove não ser razoável exigir do agente, segundo as circunstâncias do caso, comportamento diferente[376], ou seja, que comprove que a generalidade dos cidadãos "normalmente fiéis ao Direito" teria

[372] [Itálico adicionado].

[373] Assim, Dias, Jorge de Figueiredo, *Direito Penal. Parte Geral*, I, 2019, p. 718.

[374] Dias, Jorge de Figueiredo, *Direito Penal. Parte Geral*, I, 2019, p. 711.

[375] Dias, Jorge de Figueiredo, *Direito Penal. Parte Geral*, I, 2019, p. 711.

[376] Dias, Jorge de Figueiredo, *Direito Penal. Parte Geral*, I, 2019, p. 718.

provavelmente atuado do mesmo modo. Eis o fundamento da inexigibilidade excludente da culpa.

> *Exemplo 1* [adaptado de Carneades e referido por Kant[377]]: Após naufrágio de um navio em alto-mar, *A*, sentindo que estava prestes a afogar-se e não vendo outro meio de se salvar, empurra *B* de uma tábua, matando-o.

> *Exemplo 2* [adaptado do caso "*Mignonette*"]: *C*, *D*, *E* e *F*, esfomeados após vários dias à deriva num bote, matam *G*, o mais enfraquecido dos náufragos, para dele se alimentarem.

> *Exemplo 3*: *H*, agulheiro de uma estação de comboios, para salvar o seu filho que se encontra amarrado a uma linha férrea, desvia um comboio de mercadorias com 10 passageiros para uma outra linha férrea, sabendo que ocorrera uma avalanche de pedras sobre esta outra linha férrea, provocando um acidente em que morrem os 10 passageiros.

Nestes exemplos, os crimes de homicídio cometidos ocorrem em contexto de perigo atual, não removível de outro modo, para a vida dos próprios agentes (*exemplos 1* e *2*) ou de terceiro (*exemplo 3*). Não se encontram justificados, uma vez que, em nenhum dos exemplos se repele agressão (inexistindo legítima defesa), antes se afasta, em todos eles, um perigo atual, mas sacrificando, para o efeito, bens iguais aos salvaguardados (inviabilizando o direito de necessidade justificante). Os homicídios, ainda que injustificados (e, por isso, contrários à lei), correspondem, todavia, a comportamentos expectáveis com referência ao cidadão "normalmente fiel ao Direito", uma vez que são provocados por "pressão psíquica" irresistível[378], devida (nomeadamente nos *exemplos 1* e *2*) ao instinto de sobrevivência, excludente da capacidade de atuar em conformidade com a norma. Não tem, por isso, o tribunal, que julga em nome do povo, legitimidade material para *exigir* comportamento lícito aos agentes em tais circunstâncias e, por conseguinte, para censurá-los em nome do povo. Os factos são (típicos e) ilícitos, mas excluída fica a culpa dos

[377] KANT, Immanuel, *Die Metaphysik der Sitten*, 1990 [1797], p. 73.

[378] Isto é, uma "pressão psíquica" (*psychischen Druck*) de tal intensidade que impede que se espere do sujeito conduta conforme ao Direito (cf. STRATENWERTH / KUHLEN, *Strafrecht. Allgemeiner Teil*, 2011, p. 183).

seus autores ao abrigo do artigo 35.º, n.º 1, do CP ("estado de necessidade desculpante")[379].

No caso de o perigo atual ameaçar interesses jurídicos sem correspondência aos previstos no n.º 1 do artigo 35.º do CP, estando verificados os restantes pressupostos da figura, pode a pena ser especialmente atenuada ou, excecionalmente, o agente ser dela dispensado (artigo 35.º, n.º 2, do CP). Trata-se de possibilidade de ponderação concreta que se prende, no essencial, com razões de política criminal (ou punitiva) relativas à carência de pena.

5.4. Legítima defesa excessiva desculpante

5.4.1. Pressupostos

Como se depreende do preceituado no artigo 33.º, n.º 1, do CP, correspondendo os pressupostos do excesso de legítima defesa aos da legítima defesa (artigo 32.º do CP), a saber, «agressão, atual e ilícita», a diferença entre as figuras prende-se com o requisito de atuação. No excesso de defesa o agente realiza o facto típico para repelir a agressão, mas através de meio excessivo (não necessário), impeditivo da justificação do facto.

Trata-se, portanto, de um excesso *intensivo* de legítima defesa, isto é, um *excesso nos meios* empregados para repelir a agressão atual e ilícita de interesses juridicamente protegidos do agente ou de terceiro.

> *Exemplo 1*: Bastando um empurrão para eficazmente se defender da agressão de *B*, *A* repele, todavia, a agressão com um violento golpe de faca, provocando ofensa grave no agressor.

[379] Partindo, justamente, de exemplo formulado por Carneades (adaptado no *exemplo 1*), é notória a influência de Kant quanto ao regime jurídico aplicável neste género de situações em que uma pessoa decide matar outra que não é agressora injusta da vida da primeira. Coloca em evidência o filósofo de Könisberg a impossibilidade de a lei penal impor a morte (punibilidade) ao náufrago que, correndo risco de morte, empurrar outro náufrago para fora da tábua, em que se pôs a salvo, para se salvar a si mesmo. A punibilidade por sentença judicial não consegue superar o medo em face de um mal certo (morrer afogado), pelo que tal ato deverá ser considerado subjetivamente como *impunibile* (cf. KANT, Immanuel, *Die Metaphysik der Sitten*, 1990 [1797], p. 73).

O sentido do artigo 33.º, n.º 1, do CP não abrange já o excesso *extensivo* de defesa, isto é, o excesso que ultrapassa os limites da agressão atual e que, por isso, não se configura verdadeiramente, em toda a sua extensão, como defesa[380].

Exemplo 2: Mediante agressão de *D*, *C* atinge-o com um soco, ficando o agressor prostrado no chão, imobilizado, e, em seguida, *C* desfere-lhe, ainda, mais dois pontapés.

5.4.2. Excesso não censurável

É normal (e compreensível) que a agressão atual e ilícita provoque no defendente um estado de afeto que o leve a reagir de modo excessivo, admitindo-se, desde logo, uma diminuição da exigibilidade de comportamento diferente (qual seja, a defesa lícita). Daí que o n.º 1, parte final, do artigo 33.º do CP, estabeleça, desde logo, a possibilidade de atenuação especial da pena (nos termos do artigo 73.º do mesmo diploma), «na medida em que a atitude e as qualidades pessoais do agente manifestadas no facto se revelem menos censuráveis»[381].

Já a exclusão da culpa, sufragada pelo artigo 33.º, n.º 2, do CP, pressupõe que seja *asténico* o estado de afeto do agente, isto é, que o excesso de defesa resulte de fraqueza psicológica – provocada pela agressão – traduzida em perturbação, medo ou susto, não censuráveis. Significa isto, no essencial (e na linha do critério pessoal objetivo da inexigibilidade), que tal afeto asténico ultrapasse «aquela medida de intensidade que a ordem jurídica espera que seja suportável por todo o homem "fiel ao direito"»[382], tornando-se, a essa luz, *inexigível* comportamento diferente (isto é, comportamento lícito, conforme à necessidade do meio e, por conseguinte, em legítima defesa). Trata-se, por isso, de verdadeira causa de exclusão da culpa (e não de mera punibilidade) fundada no critério da inexigibilidade.

[380] Aprofundadamente quanto às razões da inclusão do excesso intensivo de defesa na figura da legítima defesa excessiva desculpante, mas não do excesso extensivo da defesa, com referência à jurisprudência e doutrina (incluindo corrente minoritária favorável à inclusão do excesso extensivo) alemãs, veja-se Roxin / Greco, *Strafrecht. Allgemeiner Teil*, I, 2020, pp. 1124-1126.

[381] Dias, Jorge de Figueiredo, *Direito Penal. Parte Geral*, I, 2019, p. 727.

[382] Dias, Jorge de Figueiredo, *Direito Penal. Parte Geral*, I, 2019, p. 729.

Já não assim se, por exemplo, o afeto asténico não corresponder à personalidade suposta pela ordem jurídica ou se a pessoa que sabe que é asténica assumir riscos que se não compadecem com o seu perfil como, por exemplo, assumir funções de agente de segurança ou decidir passear em local ermo, a altas horas da noite, num ambiente escuro e ameaçador. Mas se tal neurastenia assumir dimensão patológica poderá conduzir, então, à inimputabilidade[383].

No caso de o excesso de defesa resultar de afeto *esténico* (raiva, ódio ou vingança), já o comportamento não corresponde às exigências supostas pela ordem jurídica, antes revelando personalidade contrária ou indiferente ao dever ser jurídico-penal e, por isso, se não sufraga o regime da exclusão da culpa (ainda que possa a pena ser especialmente atenuada, nos termos do artigo 33.º, n.º 1, do CP). A não ser, obviamente, que nos situemos, também aqui, no domínio da patologia e consequente inimputabilidade.

5.5. Outras situações de negação da culpa

Admitindo-se neste domínio, tal como no das causas de justificação, a integração de lacunas por analogia, outras figuras suscetíveis de recondução à negação da culpa podem surgir. Seja, por exemplo, o conflito de deveres desculpante[384], a decisão de consciência[385], ou, ainda, figuras de exclusão supralegal da culpa[386].

[383] Assim, Ferreira, Manuel Cavaleiro de, *Lições de Direito Penal. Parte Geral*, I, 1992, p. 368.

[384] Que, em algumas situações, se poderá reconduzir, na ótica de Taipa de Carvalho, à aplicação analógica do estado de necessidade desculpante (cf. Carvalho, Américo Taipa de, *Direito Penal. Parte Geral*, 2016, pp. 520-523).

[385] Que, na ótica de Figueiredo Dias, poderá levar, em certos casos, à aplicação, por analogia material, da falta de consciência do ilícito não censurável (veja-se Dias, Jorge de Figueiredo, *Direito Penal. Parte Geral*, I, 2019, pp. 774-778) e na de Stratenwerth à aplicação, por analogia material, do estado de necessidade desculpante, mediante específicos requisitos em que releva a circunstância de a obediência ao apelo normativo levar o sujeito a colocar-se em questão enquanto "pessoa moral" (levar o sujeito à destruição da sua personalidade), devendo ser ponderada a classe e gravidade do facto cometido (cf. Stratenwerth / Kuhlen, *Strafrecht. Allgemeiner Teil*, 2011, pp. 188-189). Desenvolvidamente sobre o tema, veja-se Dias, Augusto Silva, *A relevância jurídico penal das decisões de consciência*, 1988.

[386] Quanto a uma visão crítica da tradicional categoria de "não exigibilidade" enquanto princípio geral de exclusão da culpa, veja-se Carvalho, Américo Taipa de, *Direito Penal. Parte Geral*, 2016, p. 495.

5.6. Elementos subjetivos das causas de exclusão da culpa

A verificação de uma causa excludente da culpa fundada na inexigibilidade é reveladora de comportamento consentâneo com atitude de pessoa normalmente fiel ao Direito e, portanto, não denunciadora de *contrariedade* ou *ligeireza* face ao dever ser jurídico-penal. A exclusão da culpa implica, pois, que, em concreto, inexista culpa *dolosa* e *negligente* (quanto à negligência, evidentemente que o problema só se coloca se o tipo legal de crime realizado for punível na forma negligente).

Ora (considerando a conceção bipartida de ambas as figuras), a confirmação do dolo ou da negligência, no contexto da culpa, pressupõe a prévia verificação na tipicidade (subjetiva). Assim, em sede de culpa e para aquilatar da sua exclusão (*in toto*, isto é, exclusão da culpa dolosa e negligente), importa saber se efetivamente o contexto fáctico em que o agente atuou correspondia aos pressupostos da respetiva causa excludente (se, por exemplo, em caso de estado de necessidade desculpante, se verificava, na realidade, «um perigo atual, e não removível de outro modo, que» ameaçasse «a vida, a integridade física, a honra ou a liberdade do agente ou de terceiro», ou se, em termos de excesso de legítima defesa não censurável, se confirmava a existência de «agressão atual e ilícita de interesses juridicamente protegidos do agente ou de terceiro»[387]). Se assim for e atuando o sujeito ao abrigo da respetiva norma, excluída fica, efetivamente, a culpa (dolosa e negligente). Mas se tal contexto fáctico, afinal, não existir, sendo apenas suposto (erroneamente) pelo agente, não pode já operar a exclusão da culpa por se não preencherem os respetivos pressupostos legais objetivos. Ainda assim e face à representação fáctica do agente, a respetiva conduta continua a não ser reveladora de *atitude interior contrária* ao dever ser jurídico-penal, vale por dizer, continua a não ser reveladora de culpa dolosa. Mas tal suposição errónea pode derivar de atitude de *ligeireza* ou *leviandade* face aos bens jurídicos em causa. Se assim for, poderá haver culpa negligente. Daí o regime jurídico sufragado pelo artigo 16.º, n.º 2 e n.º 3, do CP, relativamente às causas excludentes de culpa putativas.

[387] Como se viu *supra* (5.4.1.), a figura da legítima defesa excessiva não censurável, reportando-se apenas ao excesso intensivo de defesa, implica os mesmos pressupostos da legítima defesa.

Exemplo [adaptado de Carneades, com modificação[388]]: Após naufrágio de um navio em alto-mar, *A*, sentindo que estava prestes a afogar-se e não vendo outro meio de se salvar, empurra *B* de uma tábua, matando-o. Após aceder à tábua, já mais calmo, apercebe-se *A* de que, afinal, a tábua suportava dois náufragos.

5.7. Suposição errónea de contexto fáctico justificante ou desculpante e a negação da culpa dolosa

Considerando o que acaba de se expor e, também, o que se expendeu em sede de causas de justificação putativas[389], percebe-se a exclusão do dolo por suposição errónea da factualidade justificante ou desculpante, conforme determina o artigo 16.º, n.º 2, com remissão para a estatuição do n.º 1, do CP.

Não obstante se tratar de erro sobre as circunstâncias de facto, quem atua supondo um contexto fáctico que, a existir, excluiria a ilicitude do facto ou a culpa do agente, não revela a energia criminosa característica de postura interior de contrariedade ou indiferença a bens jurídico-penalmente protegidos, uma vez que, mediante a realidade suposta, a atuação seria conforme ao Direito ou desculpável. A exclusão do dolo, determinada nos termos do artigo 16.º, n.º 2, com remissão para a parte final do n.º 1, do CP, significa que, não obstante a existência de dolo-do-tipo, este se não consolida, em sede de culpa, como emocionalmente negativo (*dolus malus*).

Se, em suma, nas situações excludentes da ilicitude putativas se encontra justificado o dolo (inexiste desvalor da ação), já nas hipóteses de exclusão da culpa putativas (nomeadamente de legítima defesa excessiva desculpante putativa e de estado de necessidade desculpante putativo) desculpado fica o desvalor da ação dolosa.

6. A exclusão da culpa nos crimes omissivos

No que se refere à inimputabilidade enquanto fator excludente da culpa não se torna particularmente relevante a estrutura do comportamento do sujeito,

[388] Modificação colocada em hipótese por Stratenwerth / Kuhlen, *Strafrecht. Allgemeiner Teil*, 2011, p. 190.
[389] Cf. *supra*, IV, 8.3.

posto que a idade ou a anomalia psíquica, sendo causas endógenas, operam identicamente, seja o crime de ação ou de omissão.

Quanto à legítima defesa excessiva desculpante e ao estado de necessidade desculpante, dificilmente podemos conceber a sua realização através de comportamento omissivo. Trata-se de repelir agressão ou remover o perigo, comportamentos caracteristicamente por ação[390].

Relevante se pode tornar, também em sede de culpa, a estrutura do conflito de deveres, se considerarmos situações em que o sujeito cumpre dever inferior ao salvaguardado, uma vez que, tal hipótese, pode implicar uma decisão (ilícita, mas) não censurável.

> *Exemplo* [de Taipa de Carvalho]: «*A*, médico, encontra-se em serviço de urgência hospitalar; chegam ao hospital dois pacientes gravemente feridos num acidente rodoviário, sendo um filho do próprio médico e o outro colega do filho; o amigo do filho carece da única dose existente do medicamento para evitar a morte, já o filho, conquanto não corra o risco de morte, todavia, a não lhe ser ministrada a única dose, ficará com a sua saúde gravemente afetada para sempre; diante deste cenário dramático, o médico aplica a dose ao filho»[391].

Esta situação colocar-se-ia no âmbito do conflito de deveres desculpante a que alude Taipa de Carvalho, reconduzindo a exclusão da culpa à aplicação analógica da figura do estado de necessidade desculpante, previsto no artigo 35.º, n.º 1, do CP[392].

Terreno mais propício para a exclusão da culpa em crimes de omissão afigura-se ser o do erro sobre a ilicitude. A falta de consciência do dever jurídico de agir (seja o de garante, seja o geral) tende a ser, porventura, mais comum até do que o erro sobre a ilicitude relativo a conduta positiva.

> *Exemplo 1*: *B*, pai de *C*, vendo o seu filho a afogar-se no mar, nada faz convencido de que não tem obrigação de salvá-lo.

[390] É verdade que, em termos teóricos, é sempre possível conceber alguns exemplos (quiçá rebuscados e, por isso, de duvidoso substrato real). Se, por exemplo, *B* levanta uma barra de ferro para agredir *A* e este não o avisa de um vaso que, caindo de um 5.º andar, está prestes a atingi-lo, existe, num certo modo de ver, omissão de auxílio justificada por legítima defesa.

[391] Carvalho, Américo Taipa de, *Direito Penal. Parte Geral*, 2016, pp. 521-522.

[392] Veja-se Carvalho, Américo Taipa de, *Direito Penal. Parte Geral*, 2016, p. 522.

Exemplo 2: *D*, condutor de um automóvel, vendo uma pessoa ferida na berma da estrada, não presta auxílio por ignorar que o devia prestar.

No exemplo 1, morrendo *C* afogado, *B* comete um homicídio por omissão em erro sobre a ilicitude (erro sobre o dever de garante[393]), ainda que censurável.

No exemplo 2, *D* é autor de um crime de omissão de auxílio em erro sobre a ilicitude, também, à partida, censurável[394].

VI. Punibilidade

1. A questão da autonomia dogmática

Num contexto puramente retributivo da pena, a categoria da punibilidade teria maiores dificuldades em assumir autonomia dogmática, uma vez que, verificada a culpa do agente pelo ilícito típico praticado, a pena dificilmente deixaria de ser aplicada (conceção bilateral da culpa: a toda a pena uma culpa, a toda a culpa uma pena)[395].

Já do ponto de vista (hegemonicamente) preventivo se torna possível indagar acerca da necessidade de aplicação da pena face ao crime culposo. Com efeito, verificada a culpa do sujeito pela realização do ilícito típico, admite-se a não aplicação de pena mediante um juízo de desnecessidade (preventiva) da mesma.

2. Dignidade penal do facto e carência de pena

A *dignidade penal* do facto prende-se mais com a valoração do crime praticado (racionalidade de pendor axiológico), centrando-se a *carência de pena*,

[393] Já não assim se o pai ignora que é pai da criança em situação de afogamento, em que já se nos depara um erro sobre as circunstâncias de facto que fundamentam o dever de garante (erro sobre o facto típico) e não um erro sobre o dever de garante (erro sobre a ilicitude)

[394] Se *D* for cidadão estrangeiro e se no seu país a omissão de auxílio não constituir crime, já o erro sobre a ilicitude pode ser considerado não censurável e excluir efetivamente a culpa.

[395] Ainda que possa haver, mesmo em contexto de princípio bilateral da culpa, situações de não punibilidade por falta de dignidade punitiva ou por razões extrapenais (tais como, a prescrição da pena, a morte, a amnistia, o perdão genérico ou o indulto).

sobretudo, nas finalidades da mesma (racionalidade de cariz finalístico); ainda que as categorias se não possam distinguir claramente através deste critério, porque ambas «(como afinal todas as categorias jurídico-penais)» são compostas por «elementos pertencentes àquelas duas racionalidades» ("racionalidade axiológica" e "racionalidade finalística"). Mais bem se conforta esta distinção entre dignidade penal de carência punitiva – entende Figueiredo Dias, na linha de Wolter e Haffke – «com a distinção que, proveniente da análise normológica, vem sendo feita entre "norma de valoração ou de comportamento" e "norma de sanção"»[396].

Assim, a dignidade penal do facto (ou a falta dela) define-se em abstrato pela própria lei (como sucede, *v.g.*, nos artigos 24.º, n.º 2, 135.º ou 141.º do CP), destacando-se, nesta categoria, as chamadas condições objetivas de punibilidade. Quanto à carência de pena, já a lei estabelece critérios amplos, remetendo ao intérprete e aplicador que, mediante a valoração desses critérios e do caso concreto, aferirá da carência de pena, ou não, pelo ilícito típico praticado (veja-se, por exemplo, artigo 74.º do CP ou artigos 280.º, 281.º e 282.º do CPP), ressaltando-se aqui a dispensa de pena e as condições de (não) prossecução do processo penal.

[396] Dias, Jorge de Figueiredo, *Direito Penal. Parte Geral*, I, 2019, pp. 794-795.

4.º CAPÍTULO
FORMAS ESPECIAIS DO CRIME

[I. Tentativa e desistência; II. Comparticipação]

I. Tentativa e desistência

1. Tentativa

1.1. Consideração introdutória

Estando a teoria da infração penal formatada para crimes consumados (tal como se descrevem na Parte Especial do Código Penal), surge-nos, enquanto forma especial do crime, a figura da tentativa. Fundamentada no *perigo* para bens jurídicos penalmente tutelados e *no alarme e intranquilidade social* que representa[397], a tentativa encontra-se sufragada nos artigos 22.º e 23.º que, localizados na Parte Geral do Código Penal, funcionam como extensão, respetivamente, da tipicidade e da punibilidade dos crimes previstos na Parte Especial (ou previstos em legislação penal avulsa[398]).

A tipicidade e a punibilidade do crime tentado implicam, assim, a conjugação entre os preceitos incriminadores da Parte Especial e os artigos 22.º (no que se refere à tipicidade) e 23.º (no que concerne à punibilidade) do CP (por exemplo, a tentativa de homicídio simples é típica, por ligação dos

[397] Assim, com referência às atas do Código Penal, ALBUQUERQUE, Paulo Pinto de, *Comentário do Código Penal*, 2021, p. 198.

[398] Também os ramos do direito penal (formalmente) secundário (cujas normas constam em legislação penal avulsa) se regem pelas mesmas regras gerais do direito penal comum, isto é, a Parte Geral do Código Penal (neste sentido, veja-se, por exemplo, COSTA, José de Faria, *Direito Penal Económico*, 2003, p. 24).

artigos 22.º e 131.º, e punível, nos termos conjugados dos artigos 23.º e 131.º, todos do CP)[399].

1.2. *Iter criminis*, início da tentativa e dolo

O *iter criminis* é divido, logicamente, em três fases, quais sejam: i) decisão criminosa; ii) atos preparatórios; iii) atos de execução.

i) A *decisão criminosa (nuda cogitatio)*, por si, não é, obviamente, suscetível de punibilidade. O Direito não atribui relevo a meras decisões.

> *Exemplo*: *A*, numa certa manhã, decide matar *B*.

ii) Os *atos preparatórios*, assim designados por corresponderem à preparação do crime, não são, em regra, puníveis (artigo 21.º do CP)[400], uma vez que, neste género de atos, o perigo para os bens jurídicos não é ainda, normalmente, iminente.

> [Continuando o] *Exemplo* [apontado]: *A* limpa o seu revólver e, em seguida, dirige-se a estabelecimento comercial para adquirir as respetivas munições.

iii) *Atos de execução* são os que constam nas alíneas do artigo 22.º, n.º 2, do CP. Representam já perigo iminente para os bens jurídicos, tornando a sua realização (desde que dolosa), em regra, punível.

Na alínea *a)* deste n.º 2 do artigo 22.º do CP («*[s]ão atos de execução [o]s que preencherem um elemento constitutivo de um tipo de crime*»), adota-se o chamado critério *formal objetivo*: atos de execução são os que cabem na descrição legal

[399] Ou, *v.g.*, a tentativa de violação é típica e punível nos termos conjugados dos artigos 22.º, 23.º e 163.º do CP, etc.

[400] Os atos preparatórios são excecionalmente puníveis em alguns tipos legais de crime. Em perspetiva político-criminal, nesses tipos legais decide-se antecipar a tutela penal, considerando a essencialidade dos bens jurídicos em causa (*v.g.*, confiança e segurança nos documentos e no valor moeda, independência nacional e realização do Estado de Direito, a propósito, respetivamente, dos artigos 256.º, 262.º e 263.º, *ex vi* do artigo 271.º, do CP e artigos 308.º a 317.º e 325.º a 327.º, com referência ao artigo 344.º, do CP) e/ou a iminência, dadas as particularidades do crime, de perigo para o respetivo bem jurídico (exemplo: incêndios, explosões, libertação de energia nuclear, nos termos dos artigos 272.º, 273.º e 275.º do CP).

de um facto típico. Por exemplo (entre muitos outros): "ato sexual de relevo" (artigo 163.º, n.º 1, do CP); "ameaça grave" (o mesmo artigo 163.º, n.º 1, ou o artigo 164.º, n.º 1, ambos do CP); "subtrair" (artigo 203.º, n.º 1, do CP); "constranger a que lhe seja entregue" (artigo 210.º n.º 1, do CP); "por meio de erro ou engano que astuciosamente provocou" (artigo 217.º, n.º 1, do CP). São, normalmente, crimes de mera atividade, mas podem ser também de resultado (*v.g.*, a "burla", p.p. no artigo 217.º do CP, é um crime de execução vinculada e de resultado). Trata-se de critério seguro e rigoroso, porque formal, mas insuficiente dado que apenas compreende crimes de *execução vinculada* (execução do agente vinculada aos atos expressamente previstos no respetivo tipo legal).

Na alínea *b)* («*[s]ão atos de execução [o]s que forem idóneos a produzir o resultado típico*»), depara-se-nos já um critério *material objetivo*. Só nele cabem os atos de crimes de *execução livre*, isto é, crimes constantes em tipos legais que apenas preveem o resultado da execução, não a própria *execução*, que é, assim, *livre*. Os crimes de *execução livre* (são necessariamente de resultado e) contrapõem-se aos crimes de *execução vinculada*. O "homicídio" (artigo 131.º do CP), por exemplo, é um crime de *execução livre*: qualquer ato *idóneo a* matar (disparo de arma de fogo, golpe de faca, envenenamento, asfixia) é ato de execução de homicídio[401].

A alínea *c)*, mantendo o critério *material objetivo*, é de suma importância, porque define o início da execução do crime. Com efeito, os atos aqui previstos (os «*que, segundo a experiência comum e salvo circunstâncias imprevisíveis, forem de natureza a fazer esperar que se lhes sigam atos das espécies indicadas nas alíneas anteriores*») abrangem, desde logo e cronologicamente, o primeiro ato de execução, referindo-se, portanto ao *início da tentativa*. Determinada fica a fronteira entre atos preparatórios e atos de execução, o que significa, em regra, a delimitação entre a irrelevância e a relevância penal dos atos. Pode, assim, dizer-se que, com a prática do primeiro ato subsumível nesta alínea *c)*, se entra, em regra[402], no âmbito da discursividade jurídico-punitiva.

> [Ainda continuando o mesmo] *Exemplo*: *A*, após ter decidido matar *B*, limpado a arma e comprado as munições, dirige-se ao local ermo onde se encontra a vítima, apontando-lhe a arma carregada.

[401] Também assim, *v.g.*, no crime de ofensa à integridade física (artigo 143.º do CP), de aborto (artigo 140.º do CP) ou de dano (artigo 212.º do CP).

[402] Em regra, porque, como se viu (com referência ao artigo 21.º do CP), em determinados crimes os atos preparatórios são já, excecionalmente, puníveis.

A partir deste momento e face à decisão tomada por *A*, só se algo de imprevisível ocorrer é que *A* não disparará sobre *B*, é dizer, ao ato de apontar a arma carregada, seguir-se-á, salvo circunstâncias imprevisíveis, um ato idóneo a matar (o disparo) e, portanto, um ato da espécie indicada numa das alíneas anteriores, neste caso, na alínea *b)*. Inicia-se, com este ato de execução, a tentativa de homicídio de *A* sobre *B*, nos termos conjugados dos artigos 22.º, n.º 2, alínea *c)*, e 131.º, ambos do CP. Tendo por referência a *nuda cogitatio*, a mencionada alínea *c)* do n.º 2 do artigo 22.º do CP, estabelece, em suma, um nexo de ligação *lógica* (previsibilidade) e *cronológica* ("estreita conexão temporal"[403]) dos atos de execução aí previstos com os atos de execução descritos nas alíneas anteriores (nas alíneas *a)* e *b)* do mesmo n.º 2 do artigo 22.º do CP).

> [Finalizando o] *Exemplo*: *A*, após limpar a arma, comprar munições, dirigir-se ao local ermo onde se encontra a vítima e apontar a arma, dispara na direção de *B*.

A realiza agora um segundo ato de execução (disparo) de homicídio (artigos 22.º, n.º 2, alínea *b)*, e 131.º, ambos do CP). Trata-se de ato idóneo a matar.

Se, como se referiu, a *nuda cogitatio*, por si, é indiferente ao Direito, assume, todavia, relevância quando se expressa na realização do crime tentado, dando corpo à correspondente tipicidade subjetiva. A intenção de consumação do crime constitui, aliás, o elemento forte da tentativa, pois que não existe tentativa sem dolo, sem o agente praticar «atos de execução de um *crime que decidiu cometer*»[404], como preceitua o artigo 22.º, n.º 1, do CP.

A ilustrar a importância do dolo na figura da tentativa, atente-se nestes dois exemplos:

> *Exemplo 1*: O *condutor C*, distraído, dá uma guinada no volante do seu automóvel e, com isso, direciona-o para a berma da estrada onde se encontra o *peão D*, que só não é atropelado, porque, *in extremis*, consegue saltar para os arbustos contíguos à estrada.

> *Exemplo 2*: O *condutor E*, com intenção de matar dá uma guinada no volante do seu automóvel e, com isso, direciona-o para a berma da estrada onde se encontra o *peão F*, que só não é atropelado, porque, *in extremis*, consegue saltar para os arbustos contíguos à estrada.

[403] Expressão utilizada por Valdágua, Maria da Conceição, *Início da tentativa do co-autor*, 1993, p. 181.

[404] [Itálico adicionado].

Objetivamente estas duas situações são iguais: tanto *C*, como *E* realizam atos de execução de um crime de homicídio. São "apenas" *subjetivamente* diferentes. O suficiente, todavia, para que a atuação do *condutor C* seja irrelevante para o direito penal (a ideia de tentativa não se compadece com comportamentos negligentes) e o comportamento do *condutor E* configure homicídio tentado.

Sublinhe-se que o dolo se refere à *consumação* de um crime, ao dolo de consumação; não à mera prática de atos de execução sem intenção de consumação, não ao dolo de tentativa.

1.3. Tentativa inacabada e acabada

Iniciada a tentativa com o primeiro ato de execução, torna-se possível, desde logo, a respetiva punibilidade, ainda que se não consiga prosseguir o *iter criminis.*

> *Exemplo 1*: *A*, com intenção de subtrair objetos valiosos, utiliza uma gazua que coloca na fechadura da porta de casa de *B*, mas, de imediato, é surpreendido pelas autoridades policiais que procedem à detenção.

Depara-se-nos aqui uma situação de tentativa de furto qualificado punível, nos termos conjugados dos artigos 22.º, n.º 1 e n.º 2, alínea *c)*, 204.º, n.º 2, alíneas *a)* e *e)*, e 23.º, n.º 1, todos do CP. Fala-se, neste caso, de *tentativa inacabada*, uma vez que outro(s) ato(s) de execução se seguiria(m), em vista da consumação do crime.

> *Exemplo 2*: *C* dispara na direção de *D*, com intenção de matar, mas falha o tiro.

Neste exemplo esgota-se a execução do crime, ainda que este não venha a consumar-se. Depara-se uma situação de *tentativa acabada* (em designação mais antiga: crime frustrado) – característica dos crimes de resultado –, sendo também punível, desde que cumpra os correspondentes requisitos da punibilidade[405]. *C* seria punido por tentativa de homicídio, em conformidade com os artigos 22.º, n.º 1 e n.º 2, alínea *b)*, 131.º e 23.º, n.º 1, do CP).

[405] Veja-se *infra*, 1.4.

A esta distinção (*tentativa inacabada* e *tentativa acabada*) não alude expressamente o atual Código Penal, pelo que não é relevante para efeitos de moldura penal aplicável, podendo, todavia, sê-lo, em termos de medida concreta da pena (por maior iminência de perigo para o bem jurídico).

1.4. Punibilidade da tentativa

Só opera, em regra, nos termos do artigo 23.º, n.º 1, do CP, isto é, nos casos em que ao crime consumado corresponda pena superior a três anos de prisão. Mas esta regra estabelecida na Parte Geral do Código Penal pode ser derrogada – como se indica no mesmo artigo 23.º, n.º 1 – se na Parte Especial for determinada expressamente a punibilidade da tentativa em tipos legais de crime cuja pena seja igual ou inferior (é o que, *v.g.*, sucede nos artigos 143.º, n.º 2, e 203.º, n.º 2, do CP). A ser punível a tentativa, por via de regra ou de exceção, rege o artigo 23.º, n.º 2, do CP: a pena aplicável é a do crime consumado, mas especialmente atenuada, vale dizer, atenuada nos termos do artigo 73.º do CP.

1.5. Tentativa impossível

Pelo preceituado no artigo 23.º, n.º 3, do CP, a lei equipara a tentativa impossível à possível ao admitir a punibilidade daquela.

Em termos de tipo de ilícito, existe tentativa impossível quando o agente exterioriza um comportamento com a intenção de consumar um crime, mas tal não é possível porque (1) o *meio* que utiliza é *inapto*, ou porque (2) *inexiste* o *objeto* essencial à consumação do crime.

> *Exemplos* [de inaptidão do meio]: *A* tenta matar uma pessoa, premindo o gatilho de uma bisnaga ou de uma arma de fogo descarregada; *B* pretende ministrar uma pílula abortiva, mas, por equívoco, ministra uma aspirina; *C* esfaqueia *D* com o que julga ser uma faca, mas que, afinal, não é mais do que uma perfeita imitação destinada a festas de *Halloween*; *E* pretende ministrar veneno (em pó branco) na sopa do marido, mas ministra açúcar que a empregada, por equívoco, colocara no frasco do veneno.

> *Exemplos* [de inexistência do objeto]: *F* dispara sobre (o que supõe ser) *G* com intenção de matar, mas, afinal, tratava-se de uma verdadeira estátua e não de um homem-estátua; *H* furta um estojo que supostamente contém uma valiosa joia pertencente a *I*, mas o estojo encontrava-se vazio; *J* dispara sobre a perna de *K*, que, deitado na cama, aparentava estar a dormir, mas este havia já morrido meia hora antes por efeito de ataque cardíaco; *L*, numa morgue, desata a disparar sobre cadáveres com intenção de matar, supondo que se tratava de pessoas a dormir.

Como se constata e porque a tentativa é necessariamente dolosa, em situações de tentativa impossível o agente *supõe* uma *realidade típica* que não existe. Ou supõe que o meio é apto a consumar o crime (que se trata de uma arma e não de uma bisnaga, que a arma está carregada, que a faca é verdadeira, que o pó branco é veneno), quando na realidade é inapto, ou supõe um objeto da atuação (uma pessoa, uma joia) que não existe. Trata-se de erro inverso ao erro sobre a realidade típica. Neste, a factualidade típica existe, mas o sujeito, por erro, não a representa, *ignora-a*. No erro da tentativa impossível, a factualidade típica não existe, mas o sujeito representa-a, *supõe-na*. Temos, pois, no erro sobre o facto típico, um *erro-ignorância* da *factualidade típica*[406] e, no erro da tentativa impossível, um *erro-suposição* da *factualidade típica*. Se no primeiro caso, a consequência é a exclusão do dolo, já no segundo, pelo contrário, o erro fundamenta a existência de dolo.

1.6. Punibilidade da tentativa impossível

Só é punível a tentativa impossível de um crime se for *não manifesta* a impossibilidade (seja por inaptidão do meio ou por inexistência do objeto). Assim determina o artigo 23.º, n.º 3, do CP, por interpretação enunciativa, através de juízo *a contrario sensu*, com referência à regra do n.º 1 e, naturalmente, com a aplicação do respetivo regime nos termos do n.º 2, ambos do mesmo artigo 23.º do CP.

Este critério fundamenta-se, no essencial, na aparência de perigo, no *alarme social* conducente a um abalo na força vinculativa da norma implicado na impossibilidade *não manifesta*. Aparência de perigo ou alarme social que só ocorrerá se, colocado um hipotético observador médio no contexto concreto

[406] Cf. *supra*, 3.º Capítulo, III. 2.1.2.

da situação, este se não apercebesse (do meio inapto ou da inexistência do objeto e, portanto) da impossibilidade de consumação do crime, sendo, pois, não manifesta a impossibilidade. Assim, é não manifesta a impossibilidade nos exemplos da arma descarregada, da aspirina, do brinquedo de *Halloween*, do açúcar no frasco de veneno (casos de não manifesta inaptidão do meio), do homem-estátua, do estojo vazio e da pessoa morta que aparentava estar a dormir (casos, estes últimos três, de não manifesta inexistência de objeto). Nestas situações, aos olhos da sociedade, existe um comportamento que abala a força vinculativa da norma, tornando necessária – utilizando a linguagem de Jakobs –, à luz das expectativas comunitárias, a sua reafirmação e estabilização da confiança, em vista da sua vigência e consequente fidelidade ao ordenamento jurídico[407].

Já em situações de *manifesta* impossibilidade, vale por dizer, situações em que o observador comum facilmente se aperceberia da impossibilidade, não existe aparência de perigo, nem, consequentemente, alarme social (ou abalo na força vinculativa da norma), o que retira dignidade punitiva ao facto. Daí o regime da exclusão da punibilidade da tentativa (impossível) expressamente previsto no artigo 23.º, n.º 3, do CP. São exemplos (de manifesta inaptidão do meio) o da bisnaga e (de manifesta inexistência de objeto) o da morgue.

1.7. Crime putativo e crime impossível

São figuras diversas da tentativa impossível, não se incluindo, portanto, no seu regime jurídico.

No *crime putativo*, quem atua supõe uma norma penal proibitiva que não existe, referindo-se, pois, esta suposição errónea (não à realização de facto típico, mas) exclusivamente à ilicitude[408]. Significa isto que os elementos integrantes do facto (que não é típico) são corretamente representados pelo agente, que, todavia, supõe constituírem crime. O erro no crime putativo situa-se, pois, no domínio da valoração penal, sendo o inverso do erro sobre a ilicitude[409] (erro inverso de proibição)[410].

[407] Veja-se, por exemplo, Jakobs, Günther, *Strafecht. Allgemeiner Teil*, 1993, p. 477.

[408] Assim, Welzel, Hans, *Derecho Penal Alemán*, 1993, p. 229.

[409] Cf. *supra*, 3.º Capítulo, V. 5.2.

[410] Assim, por exemplo, Jescheck / Weigend, *Tratado de Derecho Penal*, 2002, p. 572; Dias, Jorge de Figueiredo, *Direito Penal. Parte Geral*, I, 2019, p. 844.

> *Exemplo 1*: *A* pratica atos sexuais de relevo com *B*, de 17 anos, supondo que o seu comportamento constitui crime de atos sexuais com adolescentes[411].

> *Exemplo 2*: *C* tem relações sexuais com *D*, sua prima, supondo que o seu comportamento constitui crime de incesto[412].

A e *C* cometem, respetivamente, crimes putativos de "atos sexuais com adolescentes" e de "incesto"[413].

Naturalmente que o crime putativo não é punível, porque não corresponde a qualquer descrição típica (*nullum crimen, nulla poena, sine lege*), «não podendo» – como refere Figueiredo Dias – «esta exigência ser substituída por uma mera convicção (ou vontade) interior de contrariedade ao Direito»[414].

Diferentes são as situações em que, no âmbito dos crimes específicos, o sujeito supõe erroneamente possuir determinadas (específicas) qualidades legalmente exigidas. Esta suposição errónea é já similar à da tentativa impossível, em que à impossibilidade por "inexistência do objeto" e à impossibilidade devida a "meio inapto" se junta a impossibilidade do "sujeito inidóneo"[415].

> *Exemplo 3* [adaptado de Jescheck e Weigend[416]]: *D*, supondo ser funcionário público (na aceção do artigo 386.º do CP) convence *E*, empresário, a suborná-lo em troca de uma decisão favorável no âmbito das suas supostas funções. A qualidade de funcionário é, todavia, nula por falta da competência da autoridade que o nomeou.

> *Exemplo 4* [adaptado de Teresa Beleza[417]]: *F*, viúvo, supondo ser ainda casado (por não saber da morte da mulher), contrai matrimónio com *G*, convencido de que comete crime de bigamia.

[411] Nos termos do artigo 173.º, n.º 1, do CP o tipo legal de crime de atos sexuais com adolescentes refere-se à prática de «ato sexual de relevo com menor entre 14 e 16 anos».

[412] O incesto não constitui facto típico punível no ordenamento jurídico português.

[413] Outros exemplos de crime putativo: prostituição, adultério ou atos homossexuais, valorados pelos respetivos agentes como crime.

[414] Dias, Jorge de Figueiredo, *Direito Penal. Parte Geral*, I, 2019, p. 843.

[415] Assim, Stratenwerth / Kuhlen, *Strafrecht. Allgemeiner Teil*, 2011, pp. 207-208.

[416] Cf. Jescheck / Weigend, *Tratado de Derecho Penal*, 2002, p. 575.

[417] Beleza, Teresa, *Direito Penal*, II, 1980, p. 413.

Parte da doutrina alemã tende a qualificar a impossibilidade de crime por sujeito inidóneo como crime putativo[418]. Qualificação que se não nos afigura a mais correta, uma vez que, em rigor, a impossibilidade de crime por sujeito inidóneo não traduz erro de valoração. *D* supõe corretamente que a corrupção passiva é crime (artigo 373.º do CP). Como *F* se convence, *et pour cause*, de que a bigamia constitui crime (artigo 274.º do CP). Outra parte da doutrina alemã[419], entende tratar-se de tentativa impossível[420]. É verdade que, como se referiu, a impossibilidade por sujeito inidóneo se encontra na dimensão da tentativa impossível, porquanto se refere a suposição errónea de factualidade típica, designadamente (mas não só) de elementos normativos típicos. Não se devendo a impossibilidade, todavia, a objeto inexistente ou a meio inapto, melhor será considerar a figura do sujeito inidóneo no âmbito do (que se pode designar) *crime impossível*. Até porque, a não ser assim, estaríamos a admitir a *punibilidade* da tentativa impossível por *inidoneidade do sujeito*, mesmo sendo esta *manifesta*, porquanto o afastamento de punibilidade apenas ocorre, nos termos do artigo 23.º, n.º 3, do CP, se manifesta for a inexistência do objeto ou a inaptidão do meio. Trata-se de norma excecional (face à regra da punibilidade da tentativa de crimes com pena, se consumados, superior a três anos de prisão, sufragada pelo n.º 1 do artigo 23.º do CP), não podendo ser aplicada por analogia (artigo 11.º do CC). Em nossa perspetiva, o artigo 23.º, n.º 3, acaba por densificar um conceito – o de tentativa impossível – que não está expressamente definido na lei: a tentativa impossível apenas abrangerá impossibilidade devida a inexistência de objeto ou a inaptidão de meio. Quanto ao mais, tratar-se-á, então, de *crime impossível*, comportamento, afinal, atípico (a não ser, evidentemente, que a inidoneidade do sujeito se refira a crime específico impróprio e o respetivo comportamento preencha o correspondente crime comum).

Notam, todavia, oportunamente, Jescheck e Weigend, que, não raras vezes, a suposição errónea das qualidades específicas exigidas por determinado tipo legal tem implicação numa suposição errónea do objeto da ação por exigir,

[418] Veja-se, por exemplo, STRATENWERTH / KUHLEN, *Strafrecht. Allgemeiner Teil*, 2011, p. 180, com referência a doutrina (que avalia como minoritária) alemã na nota 73. Sobre o tema, veja-se também ROXIN, Claus, *Strafrecht. Allgemeiner Teil*, II, 2003, pp. 458 ss.

[419] Veja-se STRATENWERTH / KUHLEN, *Strafrecht. Allgemeiner Teil*, 2011, reputando como doutrina maioritária com referência à nota 72.

[420] Tal como parece defender (ou, talvez, apenas admitir), entre nós, DIAS, Jorge de Figueiredo, *Direito Penal. Parte Geral*, I, 2019, p. 846.

o tipo legal de crime, relação entre autor e objeto do delito[421], conduzindo a tentativas impossíveis por inexistência do objeto (factual ou jurídico) da ação.

Exemplo 5: *H*, supondo uma gravidez superior a dez semanas, tenta abortar clandestinamente. Afinal não estava grávida.

Exemplo 6: *I*, supondo ser pai de *J*, adolescente com 15 anos de idade, determina-a, abusando da sua inexperiência, a ter consigo relações sexuais. Convencido de que praticara crime de abuso sexual de adolescentes agravado (nos termos dos artigos 173.º, n.º 2, e 177.º, n.º 1, alínea *a*), do CP), *I* descobre, mais tarde, que não é pai de *J*[422].

Exemplo 7: no saguão do aeroporto de Lisboa, *K* subtrai uma mala que supõe ser de *L*. A mala era, afinal, sua.

2. Desistência

2.1. Desistência voluntária da tentativa

Se na tentativa a punibilidade se fundamenta, no essencial, no desvalor da ação e no dolo de consumação do crime (envolvendo o dolo emocional), que se mantém até ao momento em que se não verifica a consumação, bem como no perigo (ou no aparente perigo causador de alarme social) de lesão do bem jurídico, já na desistência (da tentativa), opera «a *dissociação entre o agente e a consumação do seu projeto criminoso*»[423], cessando a energia criminosa (do agente) em momento anterior à não verificação (definitiva) da consumação. Cessa, assim, a necessidade da punição por razões de política criminal, sejam estas razões de prevenção geral, prevenção especial ou mesmo de compensação da culpa[424]. Ao exteriorizar o seu arrependimento, atravessando

[421] Cf. Jescheck / Weigend, *Tratado de Derecho Penal*, 2002, p. 576.

[422] A tentativa impossível apenas se refere à agravação fundamentada na relação familiar do autor com a vítima, não excluindo, claro está, a punibilidade pelo crime (consumado) de abuso sexual de adolescentes (artigo 173.º, n.º 2, do CP).

[423] Dias, Jorge de Figueiredo, *Direito Penal. Parte Geral*, I, 2019, p. 854.

[424] Quanto à relação entre desistência da tentativa e a teoria dos fins da pena, veja-se Roxin, Claus, *Strafrecht. Allgemeiner Teil*, II, 2003, pp. 478-481.

a "ponte de ouro" (*goldenen Brucke*)[425], o desistente redime-se da sua culpa, ressocializa-se sem punição e a comunidade revê-se na reafirmação, pelo próprio agente, do bem jurídico colocado (real ou aparentemente) em perigo.

A impunidade da tentativa de quem voluntariamente desistiu do crime funda-se, assim (também), em perspetiva teleológico-funcional.

Face ao nosso direito positivo, a desistência opera nos termos do artigo 24.º, n.º 1, do CP, sendo de relevar dois pressupostos essenciais: (1) que se tenha já iniciado a tentativa (a «*tentativa* deixa de ser punível»), isto é, que tenha já o comportamento do agente entrado no âmbito jurídico-penal; (2) que a desistência seja *voluntária* («quando o agente *voluntariamente* desistir»)[426]. A *desistência* da tentativa é, pois, necessariamente *voluntária*, só assim devendo ser considerada – enquanto *ratio essendi* do instituto e fundamento do seu específico efeito jurídico-penal[427] – nas circunstâncias em que corresponda a um arrependimento interior do agente que o leva a dissociar-se da prática do crime. Na concretização deste fundamento, Claus Roxin densifica o conceito de desistência voluntária através da teoria (do critério da razoabilidade ou) da "lógica do delinquente" (*Verbrechervernunft*). Significa que o abandono da realização do crime deve ser motivado por razões que não correspondam à *lógica do delinquente comum*. A desistência é, assim, considerada voluntária na medida em que represente um afastamento da lógica dos padrões comportamentais do delinquente[428], vale por dizer, na medida em que não seja a desistência considerada normal ou previsível na "lógica do delinquente". Deve, pois, ilustrar um arrependimento, uma mudança de atitude. Trata-se, explica Roxin, de princípio normativo – e não propriamente de critério sujeito a comprovações empíricas[429] – que visa apurar se a desistência expressa efetivamente a referida mudança de atitude e, nessa medida, um retorno à legalidade[430], em sentido socializador.

[425] Ideia com influência de von Liszt (cf. Liszt, Franz von, *Tratado de Direito Penal*, I, 2003 [1895], p. 329), firmando uma corrente de pensamento que, ao erigir-se em meio «para a retirada do agente» (*idem, ibidem*, p. 329), vem sendo entendida, no âmbito do direito premial, como incentivo à desistência (cf. Roxin, Claus, *Strafrecht. Allgemeiner Teil*, II, 2003, p. 482).

[426] [Itálico adicionado].

[427] Assim, Dias, Jorge de Figueiredo, *Direito Penal. Parte Geral*, I, 2019, p. 855.

[428] Cf. Roxin, Claus, *Strafrecht. Allgemeiner Teil*, II, 2003, p. 600.

[429] Cf. Roxin, Claus, *Strafrecht. Allgemeiner Teil*, II, 2003, p. 601.

[430] Cf. Roxin, Claus, *Strafrecht. Allgemeiner Teil*, II, 2003, p. 601.

Exemplo 1: *A*, durante a noite, introduz-se numa ourivesaria, começando a colocar peças valiosas num saco. Em determinado momento, ouve o barulho de sirenes da polícia e, com receio de ser detido em flagrante delito, abandona o local sem as peças valiosas.

Exemplo 2 [adaptado da jurisprudência alemã por Roxin[431]]: *B*, abraça e, em seguida, empurra *C*, que cai desamparada no solo, com a finalidade de violá-la. Sentindo-se em inferioridade física, *C*, com astúcia e para ganhar tempo na esperança que surgisse alguém a quem pedir ajuda, diz a *B* que não necessita de usar violência. Que, primeiro poderiam descansar um pouco e que, logo a seguir, teriam relações sexuais sem violência. *B*, concordou, não forçando *C* e aguardou alguns minutos, conversando. Entretanto, surgiram duas pessoas a quem *C* pediu ajuda e *B* fugiu.

Exemplo 3 [adaptado da jurisprudência alemã por Roxin[432]]: *D* ergue um punhal para golpear a sua mulher, com intenção de matá-la, quando, de repente, apareceram na porta do quarto os dois filhos menores do casal que haviam acordado com a "rixa". *D* não continuou a agredir a sua mulher, porque não conseguiu fazê-lo aos olhos dos seus filhos, afastando-os do quarto. Uma vez a sós com a sua mulher já não conseguiu matá-la, pensando nos filhos.

Exemplo 4: Durante um assalto a uma dependência bancária, *E* recebe um SMS de sua mulher, dizendo que havia obtido avultado prémio por ter apostado Euromilhões. *E* abandona o local.

Exemplo 5: Durante um assalto a uma dependência bancária, *F*, lembrando-se subitamente de sua mãe, tem um rebate de consciência e abandona o local.

As desistências de *A* e de *B* enquadram-se na "lógica do delinquente". Por ser normal fugir das autoridades policiais; por ser comum a violência constituir meio para conseguir o ato sexual, deixando de ser necessária se houver consentimento. Não representam estas desistências uma mudança de atitude, um retorno à legalidade, uma vez que a vontade de desistir se

[431] Cf. Roxin, Claus, *Strafrecht. Allgemeiner Teil*, II, 2003, p. 592.
[432] Cf. Roxin, Claus, *Strafrecht. Allgemeiner Teil*, II, 2003, pp. 593-594.

funda em circunstâncias exteriores que previsivelmente levariam o criminoso comum também a desistir. As desistências em causa não devem ser, assim, consideradas voluntárias, devendo *B* ser punido por tentativa de furto e *C* por tentativa de violação.

Já quanto a *D*, a comoção psíquica provocada pelo aparecimento dos filhos levou a que mesmo posteriormente já não conseguisse matar a mulher. Ao ver os filhos, a sua atitude mudou, não querendo já matar a mulher, retornando à legalidade. Existe uma autonomia da sua vontade em desistir, não devendo ser punido por tentativa de homicídio. No que respeita a *E*, a voluntariedade da desistência mostra-se apta a suscitar dúvidas. Não se trata de puro arrependimento, posto que a desistência do assalto se deveu à mudança das circunstâncias que o terão motivado. Existe, todavia, numa certa compreensão, atitude reveladora de sentido socializador, de retorno à legalidade, pelo que, quanto mais não seja pelo princípio *in dubio pro libertate*, deve a desistência ser considerada voluntária. No último dos exemplos, *F* revela clara atitude de desistência voluntária.

2.2. Desistência e estádio alcançado pela tentativa

Na primeira proposição do artigo 24.º, n.º 1, do CP – a «tentativa deixa de ser punível quando o agente voluntariamente desistir de prosseguir na execução do crime» – aparece a *tentativa inacabada* por desistência. Significa que o sujeito desiste durante a execução do crime, o que implica ter já praticado, pelo menos, um ato de execução, mas, por desistência voluntária, não prosseguir para o ato de execução seguinte. Existe um "arrependimento passivo", no sentido de que o sujeito, pura e simplesmente, deixa de atuar.

> *Exemplo 1*: *A* coloca a mão dentro da mala de *B* para furtar um relógio de ouro, mas, mal toca no relógio, arrepende-se, não o subtraindo.

Na segunda proposição – a «tentativa deixa de ser punível quando o agente voluntariamente [...] impedir a consumação» –, depara-se-nos a *tentativa acabada* (esgotaram-se os atos de execução), sendo, todavia, impedida voluntariamente pelo sujeito a consumação do crime. Trata-se da figura do "arrependimento ativo" que abrange as constelações de casos em que o agente tem de sair da inércia para impedir, com a sua atuação, a consumação do crime.

Exemplo 2: *C* coloca a mão dentro da mala de *D* para furtar um relógio de ouro, mas, após apreender materialmente o relógio, deslocando-o para o seu bolso, é surpreendido por forte arrependimento, voltando a colocar o relógio na mala de *D*.

Exemplo 3: *E* coloca uma bomba numa discoteca, ativa-a para explodir em 15 minutos, retirando-se, em seguida, do local. Passados 10 minutos, arrependido, regressa à discoteca, conseguindo desativar a bomba.

Na terceira proposição – a «tentativa deixa de ser punível quando o agente voluntariamente [...], não obstante a consumação, impedir a verificação do resultado não compreendido no tipo de crime» –, destacam-se os tipos legais de crime que estabelecem condições de punibilidade[433].

Exemplo 4: *F* entrega uma dose de veneno mortal a *G*, auxiliando-o a suicidar-se. No momento em que *G*, após diluir o veneno num copo de água, se prepara para beber, *F*, arrependido, consegue retirar-lhe o copo e impedir o suicídio (que, enquanto condição de punibilidade, nos termos do artigo 135.º, n.º 1, do CP, constitui resultado não compreendido no tipo legal de crime).

No preceituado no artigo 24.º, n.º 2, do CP – «[q]uando a consumação ou a verificação do resultado forem impedidas por facto independente da conduta do desistente, a tentativa não é punível se este se esforçar seriamente por evitar uma ou outra» –, o arrependimento exterioriza-se em esforço para impedir a consumação ou o resultado. Se a não verificação da consumação ou do resultado se dever a facto independente da conduta do desistente cessa, ainda assim, a punibilidade.

Exemplo 5: *H* coloca um explosivo na Ponte Vasco da Gama, ativa-a para deflagrar em 30 minutos e retira-se, em seguida, do local. Volvidos 20 minutos, arrepende-se, corre desenfreadamente de regresso à Ponte Vasco da Gama para desativar o explosivo, mas, ao atravessar uma rua, é atropelado e perde momentaneamente os sentidos. Entretanto encravava o explosivo, não havendo rebentamento.

[433] Mas são comummente incluídos também crimes de intenção, de empreendimento e os de perigo concreto e abstrato concreto (assim, na linha de outros Autores, Albuquerque, Paulo Pinto de, *Comentário do Código Penal*, 2021, pp. 208-209).

3. Tentativa e desistência nos crimes de omissão

Nas omissões, a tentativa inicia-se no momento em que o omitente não cumpre o dever (geral, nas omissões puras, especial, nas impuras) de atuar. No momento, portanto, em que desperdiça a primeira oportunidade de atuar em cumprimento do dever a que se encontra adstrito.

3.1. Tentativa nos crimes de omissão pura

Nas *omissões puras*, coloca-se, antes de mais, o problema do não enquadramento na figura da tentativa, uma vez que o texto do artigo 22.º, n.º 1, do CP implica a prática de "atos de execução" e a omissão traduz-se em mera inatividade e, portanto, na «*ausência da prática* de atos de qualquer espécie»[434]. Sem ser conclusivo, admite Figueiredo Dias a impunidade da tentativa de crime omissivo puro, em razão dos limites do princípio da tipicidade (*nullum crimen sine lege*), uma vez que a equiparação da ação à omissão prevista no artigo 10.º, n.º 1, apenas abrange a omissão impura[435]. Já Taipa de Carvalho admite a punibilidade da tentativa de crime de omissão pura – desde que se trate, naturalmente, de crime com pena superior a três anos de prisão (artigo 23.º, n.º 1, do CP) –, sem, todavia, se referir ao problema da (a)tipicidade, fundando o seu entendimento na relevância (político-criminal) da desistência da tentativa no crime de omissão pura[436]. Também Paula Ribeiro de Faria apresenta visão similar, admitindo, sem, igualmente, se referir ao princípio da tipicidade,

[434] DIAS, Jorge de Figueiredo, *Direito Penal. Parte Geral*, I, 2019, p. 1124.

[435] Cf. DIAS, Jorge de Figueiredo, *Direito Penal. Parte Geral*, I, 2019, pp. 1124-1125. Ainda que a razão de não assumir expressamente a lei tal equiparação se possa dever ao facto de se encontrarem os tipos legais de omissão pura, ao contrário dos tipos de omissão impura, expressamente descritos por omissão. Nesse caso, a tipicidade da tentativa nos crimes de omissão pura resultaria de interpretação em sentido amplo (abrangendo a omissão) do sentido da expressão "atos de execução" prevista no artigo 22.º do CP.

[436] A partir do crime de "recusa de médico" (artigo 284.º do CP), que é punido com pena de prisão até cinco anos, Taipa de Carvalho, considerando que o «vetor primordial» de «uma política criminal razoável» («normativo-funcional») não pode deixar de ser «a preservação de bens jurídicos», salienta a necessidade de atribuir «relevância jurídica excludente da pena à *desistência ativa*» para daí «extrair a conclusão da *possibilidade de tentativa* nos crimes de omissão própria» [itálico adicionado em substituição de realce original] (cf. CARVALHO, Américo Taipa de, «[Anotação ao] Artigo 284.º», em Jorge de Figueiredo Dias (Dir.), *Comentário Conimbricense ao Código Penal*, II, 1999, pp. 1023-1024).

a tentativa punível de um crime de omissão pura, ainda que reconheça ser difícil configurá-la[437].

De todo o modo, a admitir-se a tentativa nos crimes de omissão pura, será difícil, tal como nos crimes de mera atividade, autonomizar a figura da tentativa acabada. Trata-se, com efeito, de crimes de mera inatividade, pelo que coincidem comportamento omissivo (tentativa acabada) e consumação.

Quanto à tentativa inacabada, pese embora seja questão mais duvidosa, parece ser também difícil ganhar autonomia. Isto, porque, enquanto se mantém a tentativa, está o omitente sempre a tempo de atuar. Assim, se não atuar num primeiro momento, mas atuar no momento seguinte, em termos práticos (funcionais) dilui-se a relevância da tentativa inacabada (e, por consequência, da desistência voluntária, que não ganha relevo autónomo excludente da punibilidade), uma vez que acaba por ser cumprido o dever.

> *Exemplo 1*: *A*, médico, depara-se com *B* que, em local público, se encontra em perigo para a vida por ter acabado de sofrer um ataque cardíaco. Pedindo *B* ajuda a *A*, este recusa-se a prestá-la. Surge, entretanto, *C*, também médico, que auxilia *B*.

A tentativa de recusa de médico (artigos 22.º e 294.º do CP) de *A* acaba no momento em que *C* auxilia *B*. Nesse momento em que ocorre a tentativa acabada, ocorre também a consumação do crime. *A* comete o crime de recusa de médico (artigo 294.º do CP).

> *Exemplo 2*: *D*, médico, depara-se com *E* que, em local público, se encontra em situação de perigo para a vida por ter acabado de sofrer um ataque cardíaco. Pedindo *E* ajuda, *D*, num primeiro momento, recusa-se a prestá-la. Num segundo momento, todavia, tem um rebate de consciência e acaba por auxiliar e salvar *E*.

D desiste voluntariamente de prosseguir na recusa do auxílio da sua profissão de médico, mas, para efeitos práticos (funcionais), relevante é que tenha prestado auxílio. Assim, cumprido o dever jurídico-penalmente exigido, não comete crime de recusa de médico, perdendo relevância a tentativa inacabada e a desistência voluntária.

[437] Faria, Paula Ribeiro de, *Formas especiais do crime*, 2017, p. 261. Não obstante, a Autora acaba por configurar exemplo de tentativa punível de recusa de médico (*infra*, *exemplo 3* a que se refere a nota seguinte).

Pode, contudo, suceder não ser voluntária a desistência da tentativa, o que implica, nesse caso, a não exclusão da punibilidade.

> *Exemplo 3* [adaptado de Paula Ribeiro de Faria[438]]: *F*, médico, depara-se com *G* que, em local público, se encontra em situação de perigo para a vida por ter acabado de sofrer um ataque cardíaco. Pedindo ajuda a *F*, este, num primeiro momento, recusa-se a prestá-la. Num segundo momento, porém, em que *F* se começava já a afastar-se do local, surgem autoridades policiais que a tudo haviam assistido. *F*, com receio de vir a ser punido, acaba por auxiliar *G*, salvando-lhe a vida.

F desiste de prosseguir na recusa do auxílio da sua profissão, mas, desta feita, tratando-se de desistência *involuntária* (desistência dentro da lógica comportamental do delinquente)[439], comete crime de recusa de médico na forma tentada, sendo esta tentativa, se superado o mencionado problema da (a)tipicidade, punível.

3.2. Tentativa nos crimes de omissão impura

Nas *omissões impuras* já se não coloca o problema da (a)tipicidade, uma vez que, como se referiu[440], o artigo 10.º do CP «equipara expressamente [...] a omissão à ação nos casos em que o tipo legal de crime de ação proíbe a produção de um certo resultado»[441], podendo, *nemine discrepante*, a omissão impura «integrar o conceito e a doutrina da tentativa»[442].

Também na omissão impura ganha já autonomia a figura da tentativa acabada. Isto, porque a tentativa se inicia no momento em que, mediante uma situação de risco preexistente para determinado resultado típico e estando adstrita a um dever de garante que a obriga a evitar esse resultado, certa pessoa, com plena consciência da situação fáctica, nada faz, desperdiçando

[438] Cf. Faria, Paula Ribeiro de, *Formas especiais do crime*, 2017, pp. 261-262.
[439] Quanto à delimitação entre desistência voluntária e involuntária, veja-se *supra*, 2.1.
[440] *Supra*, 3.1. (e 3.º Capítulo, II. 5.5).
[441] Dias, Jorge de Figueiredo, *Direito Penal. Parte Geral*, I, 2019, p. 1124. Acrescentando: «[t]anto basta para que, sem violação do princípio da legalidade, se possa e deva defender que no processo omissivo se podem descortinar inações "preparatórias" e "de execução", dolosamente dirigidas à produção de um resultado típico».
[442] Dias, Jorge de Figueiredo, *Direito Penal. Parte Geral*, I, 2019, p. 1125.

a primeira oportunidade de cumprir o dever de interromper o risco. Se, nos momentos seguintes, a pessoa não atuar, omitindo a ação adequada a evitar o resultado, mas o resultado, ainda assim, se não verificar por qualquer razão alheia ao omitente, acaba esta conduta por integrar a tentativa acabada do crime de omissão impura. Nos crimes de resultado, por ação e por omissão, a tentativa acabada não coincide já com a consumação por implicar esta a verificação do resultado (típico). Torna-se, assim, mais facilmente configurável a tentativa de crime de omissão impura.

Mas se, num segundo momento, a pessoa acaba por atuar, evitando o resultado, então (tal como na omissão pura), em termos prático-funcionais, ocorre a desistência voluntária que, por ser voluntária, acaba por perder relevância. No final das contas, significativo é, também nas omissões impuras, que a pessoa acabou por cumprir o dever de garante e, consequentemente, por evitar o resultado, diluindo-se o problema da tentativa (e, consequentemente, da desistência). O sujeito não preencheu com a sua conduta um facto típico.

> *Exemplo 1*: *A*, nadador-salvador, depara-se com uma situação de risco de afogamento na praia sob sua jurisdição. Ao reconhecer, no banhista em sérias dificuldades, *B*, seu inimigo, *A* mantém-se inerte, desejando a sua morte. *B*, entretanto, é socorrido por um pescador que por ali mareava no seu barco.

Neste exemplo, estando *A* adstrito ao dever de garante (fonte: *contrato*[443]) que pessoalmente o obriga a evitar o resultado (artigo 10.º, n.º 2, do CP), incorre em tentativa (acabada) de homicídio por omissão, devendo por este crime ser punido (nos termos conjugados dos artigos 22.º, 23.º, n.º 1, 10.º, n.º 1 e n.º 2, e 131.º, todos do CP).

> *Exemplo 2: C*, nadador-salvador, apercebe-se de uma situação de risco de afogamento de *D*, seu velho inimigo. Desejando a morte, num primeiro momento, nada faz. No momento seguinte, porém, tem um rebate de consciência e acaba por socorrer *D*.

C desiste voluntariamente da tentativa de homicídio por omissão. Em termos funcionais, a tentativa e a desistência diluem-se (tornando-se

[443] Cf. *supra*, 3.º Capítulo, II.5.5.2.

irrelevantes), porque *C* cumpriu, afinal, o dever de garante, não existindo, deste modo, facto típico.

> *Exemplo 3*: *E*, nadador-salvador, apercebe-se da iminência da morte de *F*, decidindo, todavia, não o socorrer. Verifica, entretanto, que um veículo da GNR se abeirava da praia. Com receio de ser punido, *E* acaba por salvar *F*.

Trata-se de desistência *involuntária* (desistência dentro da lógica comportamental do delinquente)[444], incorrendo *E* em tentativa punível de homicídio por omissão (artigos 22.º, 23.º, n.º 1, 10.º, n.º 1 e n.º 2, e 131.º, todos do CP).

Tanto nas omissões impuras, como nas puras, a desistência voluntária antes da consumação do crime equivale, em suma, à assunção, a final, do comportamento esperado, ao cumprimento do dever, e, portanto, à inexistência de crime. A não ser que a desistência seja involuntária, abrindo, neste caso, as portas à punibilidade da tentativa.

3.3. Desistência voluntária nos crimes de omissão pura

Nos crimes de omissão pura, a desistência não opera, verdadeiramente, enquanto fator excludente da punibilidade. A não ser que se nos depare tipo legal de crime de omissão pura estruturado com condição objetiva de punibilidade. Neste caso, se o crime for consumado, mas, por arrependimento ativo, o sujeito evitar (voluntariamente) o resultado não compreendido no tipo de crime (o resultado da condição de punibilidade), excluída fica a sua punibilidade por desistência, nos termos do artigo 24.º, n. º1, terceira proposição alternativa, do CP.

3.4. Desistência voluntária nos crimes de omissão impura

Já nos crimes de omissão impura a desistência opera, enquanto fator excludente da punibilidade, nas constelações de casos em que o resultado típico é impedido por facto independente da conduta do sujeito, esforçando-se este seriamente por evitá-lo.

[444] Cf. *supra*, 2.1.

Exemplo: O nadador-salvador *A*, verificando que *B* se encontra em situação de afogamento, nada faz. Passados uns minutos, estando *B* prestes a morrer afogado, *A* arrepende-se e lança-se rapidamente ao mar para salvar o banhista, ficando, todavia, preso numa complexa teia de algas. Quando, após esforço hercúleo, se liberta das algas, repara que o *surfista C* acabara de salvar *B*.

A não cumpriu o dever pessoal de garante (fonte: *contrato*) de evitar o resultado (artigo 10.º, n.º 2, do CP), mas a sua desistência (voluntária) releva, também aqui, nos termos do artigo 24.º, n.º 2, do CP, excluindo a punibilidade.

II. Comparticipação

1. Considerações gerais

A Parte Especial do Código Penal (e, bem assim, a legislação penal avulsa) descreve os tipos legais de crime de modo *unipessoal* em relação ao respetivo *autor*. Mas não descura a lei (a Parte Geral do Código Penal) a possibilidade de haver duas ou mais pessoas envolvidas no crime. Por isso, os artigos 26.º e 27.º do CP estendem a tipicidade dos crimes a situações de comparticipação, isto é, a situações em que vários sujeitos se envolvem (comparticipam) num ou mais crimes definidos nos tipos legais.

Nestes preceitos (artigos 26.º e 27.º do CP) preveem-se as figuras da comparticipação. Uma parte destas figuras enquadra-se no domínio da *autoria*, a outra, no da *participação*. Autor é quem pratica o facto; participante é quem participa no facto de outrem (do autor). O critério que os distingue é o do *domínio do facto*.

2. Autoria e participação: a teoria *subjetiva* da participação

A delimitação entre autoria e participação vem proporcionando, historicamente, fortes controvérsias na doutrina e na jurisprudência. Na Alemanha, desde finais do século XIX – até meados da segunda metade do século XX –, a jurisprudência manteve, com certas oscilações, a chamada teoria *subjetiva* da participação. Segundo esta conceção, a punibilidade como autor ou participante define-se pela direção *subjetiva* da vontade do comparticipante e não pelo contributo *objetivo* na realização do facto. Assim, autor é aquele que comete um delito por sua própria decisão e interesses pessoais, não o que realiza o facto dependente da decisão de outro(s). Nesta compreensão e tomando como exemplo os crimes executados pelos soldados do exército nazi, sob ordens dos superiores hierárquicos, ser-lhes-iam imputados os crimes a título de cumplicidade (participação), porque não existe, na respetiva execução, interesse próprio do executor. A não ser que houvesse uma iniciativa própria ou a prossecução de interesses próprios (*v.g.*, sadismo, enriquecimento), o que já implicaria a correspondente responsabilização a título de autoria[445].

3. A "teoria do domínio do facto" (*Tatherrschaftstheorie*)

Em perspetiva contrária, na doutrina alemã dominavam as teorias *objetivas* da comparticipação. Atendendo ao seu núcleo essencial, a teoria *formal-objetiva* considerava autor aquele que realizasse por si mesmo, total ou parcialmente, as ações descritas nos tipos legais de crime[446]. Já a teoria *material-objetiva* definia o autor pela importância *objetivamente* considerada do seu contributo na realização do facto[447], atribuindo a categoria de autor a quem, de acordo com o papel desempenhado, tivesse o domínio, ou condomínio, do evento realizado, vale por dizer, a quem tivesse o chamado "domínio do facto"[448]. Os termos desta teoria, historicamente reportados essencialmente a Welzel, têm por base a teoria final da ação – aplicando-se apenas aos crimes dolosos – e considera autor aquele "que mantém em suas próprias mãos, abrangido pelo dolo, o curso do facto típico", que "pode *impedir* ou *fazer continuar*, segundo o seu arbítrio, a *realização total facto*" (Maurach)[449], aquele que, em suma (e em termos mais propensos ao critério *formal-objetivo*), "realiza a ação típica" (Gallas)[450].

[445] Cf. ROXIN, Claus, «Sobre la autoria e participación en el Derecho penal», em *Textos de Apoio de Direito Penal*, II, 1984, pp. 363-364.

[446] Quanto à teoria formal-objetiva da autoria, veja-se ROXIN, Claus, *Täterschaft und Tatherrschaft*, 2019, pp. 37-42.

[447] Quanto à teoria material-objetiva da autoria, veja-se ROXIN, Claus, *Täterschaft und Tatherrschaft*, 2019, pp. 42-57.

[448] Cf. ROXIN, Claus, «Sobre la autoria e participación en el Derecho penal», em *Textos de Apoio de Direito Penal*, II, 1984, p. 364.

[449] Cf. ROXIN, Claus, *Täterschaft und Tatherrschaft*, 2019, p. 77.

[450] Cf. ROXIN, Claus, *Täterschaft und Tatherrschaft*, 2019, p. 79.

No âmbito de uma perspetiva da teoria da infração penal estruturada no domínio do ilícito pessoal (herança do finalismo), deve a caracterização das figuras da autoria e da participação – bem como a sua própria distinção – considerar elementos objetivos e subjetivos. Assim se tornou largamente dominante na doutrina e jurisprudência alemãs, com repercussão em Portugal (e, em geral, em Espanha, noutros países europeus, países da América Latina, de África e da Ásia), a *teoria do "domínio do facto"*. Após uma evolução desta teoria[451] é «com Roxin e a sua monumental investigação dogmática, justamente intitulada *Autoria e Domínio do Facto*» [*Täterschaft und Tatherrschaft*[452]], «que o conceito é largamente desenvolvido e precisado, conduzindo a conclusões claras, se bem que não conceitualmente "fechadas", e se arvora, assim, em uma verdadeira *teoria*»[453].

A teoria do domínio do facto não é, antes de mais, universal, não se dirige a todo o universo de tipos legais de crime. Enquanto critério definidor da autoria e delimitador face à participação, a teoria do domínio do facto refere-se apenas aos "crimes dolosos gerais", que Roxin denominou "delitos de domínio" (*Herrschaftsdelikten*)[454], não se aplicando, portanto, aos "delitos de dever" (*Pflichtdelikte*)[455] — entre os quais os *crimes de omissão* e os *crimes negligentes* — e aos chamados crimes de "mão própria" (*eigenhänd Delikte*)[456].

[451] Sobre a evolução histórica da dogmática da teoria do domínio do facto que remonta a Hegler e Welzel e que é posteriormente representada por Autores como Maurach Gallas, Lange, Niese, Sax, Busch, von Weber, Less ou Jescheck, entre outros, e sobre a sua posterior consagração jurisprudencial e doutrinária — para o que se tornou decisiva a posição de Roxin —, veja-se ROXIN, Claus, *Täterschaft und Tatherrschaft*, 2019, pp. 67-118.

[452] Com 1.ª edição em 1963 e 10.º edição em 2019 (sendo, esta última, a que temos vindo a referenciar).

[453] DIAS, Jorge de Figueiredo, *Direito Penal. Parte Geral*, I, 2019, pp. 895-896.

[454] Quanto ao alcance do conceito de domínio do facto, desenvolvidamente, ROXIN, Claus, *Täterschaft und Tatherrschaft*, 2019, pp. 373-392.

[455] Desenvolvidamente, ROXIN, Claus, *Täterschaft und Tatherrschaft*, 2019, pp. 392-444.

[456] No que respeita aos crimes de "mão própria", uma qualificação considerada (pelo próprio Roxin) ainda pouco esclarecida (p. 445), veja-se, desenvolvidamente, ROXIN, Claus, *Täterschaft und Tatherrschaft*, 2019, pp. 445-482. Trata-se de qualificação controversa e de duvidosa compatibilidade com o direito penal do facto. Isto, porque seriam crimes de mão própria aqueles em que se percebesse uma intenção legislativa de apenas poderem ser cometidos através de autoria imediata. Autor seria apenas aquele que realizasse, «*ele próprio, a ação* (*hoc sensu, com o seu próprio corpo*)» [itálico original] (DIAS, Jorge de Figueiredo, *Direito Penal. Parte Geral*, I, 2019, p. 901). Ora, num «direito penal do *facto* e *do bem jurídico*, porém, não é fácil compreender a eventual intenção legislativa de considerar autor unicamente quem realiza corporalmente a ação típica, *diminuindo com isto drasticamente o âmbito da proteção da norma*» [itálicos do Autor] (*idem, ibidem*, pp. 901-902). Costumam ser apontados tipos legais de crime como, por exemplo, abuso sexual de pessoa incapaz

Em termos gerais, o domínio do facto (*Tatherrschaft*) consiste no poder de executar um crime até ao fim (domínio positivo) ou de o fazer parar (domínio negativo). Assim e segundo o critério do domínio do facto, é autor, nos "crimes de domínio", quem dirige a execução típica segundo a sua vontade, de tal modo que lhe cabe o domínio da respetiva iniciativa, prossecução (ou interrupção) e consumação, assumindo-se como "figura central da ação criminosa" (*Zentralgestalt des handlungsmäßigen Geschehens*)[457]. Claus Roxin compreende este domínio numa tripla dimensão: decorrente de ser o próprio agente quem pessoalmente (fisicamente) realiza o facto típico ("domínio da ação")[458], de não ser o próprio a realizá-lo por mão própria, mas dominar a vontade de quem o realiza ("domínio da vontade")[459], ou, no contexto de divisão de tarefas, possuir função relevante (significativa) para a sua realização global ("domínio funcional")[460]. São, aliás, estas três modalidades de domínio do facto que fundamentam a autoria nas três primeiras proposições jurídicas alternativas do artigo 26.º do CP, dando corpo à *autoria imediata*, *mediata* e *coautoria*.

4. Autoria

4.1. Autoria imediata

Corresponde à primeira proposição do artigo 26.º do CP: é punível como autor «quem executar o facto, por si mesmo». Pouco ou nada adianta à parte especial do CP cujos tipos legais se estruturam a partir do autor imediato ou

de resistência ou de pessoa internada, de fraude sexual, violação, falsas declarações, embriaguez e intoxicação. Refere Claus Roxin que os crimes de mão própria constituem um grupo cuja autoria não é captável nem pelo critério do domínio do facto, nem pelo da infração de dever (Roxin, Claus, *Täterschaft und Tatherrschaft*, 2019, p. 445), entendendo Figueiredo Dias, em sentido que se não afigura diverso, que «onde um crime de mão própria deva ser reconhecido, autor não será todo aquele que detiver o domínio do facto, mas só aquele que, detendo-o, realize, ele próprio, a ação típica (autor imediato») [itálico adicionada em substituição de negrito original] (Dias, Jorge de Figueiredo, *Direito Penal. Parte Geral*, I, 2019, p. 902).

457 Cf. Roxin, Claus, *Täterschaft und Tatherrschaft*, 2019, p. 373.

458 Quanto ao "domínio da ação" (*Handlungsherrschaft*), desenvolvidamente, Roxin, Claus, *Täterschaft und Tatherrschaft*, 2019, pp. 141-155.

459 Quanto ao "domínio da vontade" (*Willensherrchaft*), desenvolvidamente, Roxin, Claus, *Täterschaft und Tatherrschaft*, 2019, pp. 157-305.

460 Quanto ao "domínio funcional" (*funktionelle Tatherrschaft*), desenvolvidamente Roxin, Claus, *Täterschaft und Tatherrschaft*, 2019, pp. 307-340.

material. O autor imediato tem o *domínio da ação* típica, executando o facto por suas mãos, o que não exclui, obviamente, a utilização de objetos para cometer o crime, nem mesmo a utilização do corpo de outra pessoa como se de um objeto se tratasse (*vis absoluta*). Ponto é que a atuação do sujeito não seja mediada pela atuação (dominável pela vontade) de outro sujeito. Trata-se de domínio *próprio* do facto típico.

4.2. Autoria mediata. Considerações gerais

Já na segunda proposição do preceito é feita precisamente referência à mediação da ação do autor (normalmente designado "homem-de-trás") por outra pessoa (comumente chamado de "homem-da-frente"): «[é] punível como autor quem executar o facto [...] por intermédio de outrem». O homem-de--trás assume a posição de autor (mediato) através do *domínio da vontade* do homem-da-frente que executa materialmente o facto (executor material). A imagem que representa o autor mediato é a da pessoa oculta que manipula (instrumentaliza) uma "marioneta" (executor material). Concretiza-se por indução (ou aproveitamento) de vício na (formação da) vontade do executor material. Assim e tradicionalmente, a figura do executor material caracteriza-se por agir com a vontade viciada (manipulada), seja por *erro*, *medo* (provocado por coação) ou *inimputabilidade*. A estas modalidades tradicionais, Claus Roxin veio acrescentar, ainda, a autoria mediata por *domínio de organização*, que, em nosso entendimento, se deve autonomizar da autoria mediata por domínio da vontade.

4.2.1. Autoria mediata por domínio da vontade

4.2.1.1. Por (indução em) erro

Para levar a cabo o facto típico, o autor mediato induz o executor material em erro, retirando-lhe a correta perceção da realidade (ou induzindo-o em errada valoração não censurável).

> *Exemplo 1*: *A* pretende matar *B* que, de braços abertos, se encontrava a fazer *ioga* numa planície alentejana. Para o efeito, convence *C* de que a figura que, ao longe, ambos observavam era a de um espantalho. *A* puxa

pelo orgulho de *C*, dizendo-lhe que àquela distância não conseguiria, com a sua espingarda, acertar no "espantalho". *C*, decido a mostrar os seus dotes de atirador, dispara e acerta (no "espantalho", isto é) em *B*, matando-o.

Exemplo 2: D encontra-se a dormir por detrás de um arbusto num monte transmontano. Pretendendo matar *D*, *E*, caçador, convence *F*, também caçador, de que atrás do arbusto se encontra uma lebre. Pensando, assim, tratar-se de um a lebre, *F* de imediato dispara para obter a peça de caça. Acaba, no entanto, por matar *D*, realizando a intenção de *E*.

Exemplo 3: *G* pretende subtrair a mala de *H* na zona de recolha de bagagens no aeroporto de Lisboa. Aproveitando um momento em que *H* se encontrava distraído a ler um jornal, *G* pede a *I* que lhe vá buscar a "sua" (de *G*) mala, indicando, todavia, a mala de *H*. *I*, representando que a mala pertencia a *G*, assim o faz, entregando-lha.

Nestes exemplos, por indução do homem-de-trás (*A*, *E* e *G*), o executor material (*C*, *F* e *I*) fica em situação de erro sobre o facto típico excludente do dolo. Ao *dominar a vontade* do homem-da-frente, induzindo-o erro (sobre o facto típico), o homem-de-trás assumiu o *domínio do facto* típico (homicídios e furto). É, assim, *autor mediato*, sendo o homem-da-frente mero *executor material*, uma vez que não é autor de crime doloso (poderá ser autor de crime negligente, nos casos de homicídio; mas nos crimes negligentes, enquanto crimes de violação de dever, não opera já a teoria do domínio do facto).

4.2.1.2. Por coação

O vício da vontade do executor material pode dever-se também a *medo* (receio de um mal) provocado por coação relativa (*vis compulsiva*). Para que efetivamente se possa falar em domínio da vontade através do medo induzido é necessário que a ameaça seja de tal modo grave que implique exclusão da culpa do executor (nomeadamente por estado de necessidade desculpante)[461].

[461] Não se pode concordar com a exclusão do dolo do tipo ao homem da frente (como refere ALBUQUERQUE, Paulo Pinto de, *Comentário do Código Penal*, 2021, p. 216), uma vez que o medo não impede a correta representação do facto típico e a vontade (ainda que viciada) de realizá-lo. Do que se trata, sendo grave o medo, é de se avaliar, em concreto, a inexigibilidade de comportamento

Exemplo: *A*, reformado bancário, é ameaçado, de forma séria, por *B*, sequestrador de seu filho, de que, se não subtrair a quantia de € 500.00 dos cofres da agência onde trabalhou, o seu filho morrerá. Perante a iminência da morte de seu filho, *A* subtrai a quantia indicada.

B instrumentaliza *A*, através do medo, retirando-lhe a possibilidade de decisão livre. *B* é autor mediato de furto qualificado, sendo *A* mero executor material por se lhe excluir a culpa em virtude de estado de necessidade desculpante.

4.2.1.3. Por (aproveitamento de) inimputabilidade

Nesta modalidade o homem-de-trás aproveita a inimputabilidade do homem-da-frente. Não sendo este executor plenamente livre (por ser inimputável), o domínio do facto, por domínio da vontade do inimputável, pertence ao homem-de-trás, isto é, ao autor mediato.

Exemplo 1: *A* pretende matar *B*. Para o efeito, diz a *C*, de 13 anos, entregando-lhe uma arma, que dispare e mate *B*, sentado num banco de jardim próximo. *C* assim faz.

Exemplo 2: *D*, enfermeiro da ala de inimputáveis de um estabelecimento prisional, pretende vingar-se de *F*, médico. Convence, então, *E*, inimputável altamente perigoso, a esfaquear, com vários golpes, a perna de *F* durante a noite, estando *F* em sono profundo. Executado o facto e conduzido *F* ao hospital, torna-se necessário amputar-lhe a perna por motivo de uma infeção provocada pelo esfaqueamento que, perigosamente, se alastrava.

Nestas situações práticas, o homem-de-trás limita-se a convencer um inimputável a praticar o crime pretendido. Por se tratar de inimputável considera-se que o homem-de-trás domina a vontade do homem-da-frente em razão da sua inimputabilidade. Existe autoria mediata dos crimes perpetrados

conforme ao Direito e de, consequentemente, ser excluída a culpa, nos termos do artigo 35.º do CP, por se não censurar o agente pelo facto típico e ilícito realizado. Um problema de culpa, não de (dolo do) tipo (quanto à exclusão da culpa por inexigibilidade, cf. *supra*, 3.º Capítulo, V.5.3.).

por *A* e *D*, sendo instrumentalizados (por inimputabilidade) os executores materiais *C* e *E*.

Nas modalidades de autoria mediata estudadas – as tradicionais –, o executor não é plenamente responsável por crime doloso (nos casos de erro excludente de dolo, poderá ser responsabilizado a título de negligência, se esta for típica e se estiverem verificados os respetivos pressupostos; nos casos de medo e de inimputabilidade não pode ser penalmente responsável, a qualquer título, por inexistência de culpa). Por isso se afirma o domínio da vontade através da instrumentalização de um executor material com a implicação de um princípio de *autorresponsabilidade* do autor mediato.

4.2.2. Autoria mediata por domínio de organização[462]

Na sua lição inaugural em Hamburgo, no ano de 1963[463], Claus Roxin adiantou, todavia, uma quarta modalidade: *autoria mediata por domínio de organização.* A construção teórica de Roxin, elaborada a partir da referência histórica aos crimes nazis, significa a extensão da figura da autoria mediata às constelações de casos em que alguém, dispondo de um aparelho (humano) organizado de poder situado à *margem do Direito*, possa garantir a execução das suas ordens (mesmo sem a utilização de engano, coação ou aproveitamento de inimputabilidade, mas) pela existência de um vasto conjunto de subordinados aptos a cumpri-las. A garantia da execução das ordens funda-se na *fungibilidade* dos seus destinatários, atendendo a que mesmo que, porventura, um primeiro destinatário não cumprisse determinada ordem, o aparelho disporia, então, de muitos outros subordinados que, decerto, a cumpririam[464].

Reportando-se ao poder nacional-socialista e respetivos crimes, explica Roxin que, na verdade, quando Hitler, Himmler ou Eichmann «davam uma ordem de morte, podiam estar seguros da sua execução, pois – ao invés do que

[462] No que se segue neste ponto, veja-se, desenvolvidamente o nosso *Societas Delinquere Potest?*, 2018, pp. 175-209.

[463] Mais precisamente, o mês de fevereiro desse ano de 1963 [cf. Roxin, Claus, «Autoria mediata através de domínio da organização», *Lusíada. Direito. Lisboa*, 3 (2005), p. 41]. Não demorou muito mais, de resto, a ser publicada a 1.ª edição da sua tese de habilitação, a obra *Täterschaft und Tatherrschaft*, que, na verdade, conheceu a luz do dia em junho também, já o referimos, em 1963, na qual Roxin consagra precisamente esta nova manifestação de autoria mediata que denominou, na época, "domínio da vontade em virtude de estruturas de poder organizadas".

[464] Cf. Roxin, Claus, «Autoria mediata através de domínio da organização», *Lusíada. Direito. Lisboa*, 3 (2005), p. 41.

sucede na instigação – a eventual recusa de cumprimento por parte daquele a quem fosse dada a ordem não podia impedir que o facto ordenado fosse praticado; seria, nesse caso, efectivado por outro»[465]. É que uma organização, como a do aparelho nazi, acaba por assumir a sua autonomia e independência face à variabilidade dos membros que a compõem, funcionando, desta feita, "automaticamente", sem que tenha, tão-pouco, qualquer relevância a pessoa individual do executor. Assim, o superior hierárquico que emite uma ordem – "homem-de-trás" (*Hintermann*) ou "autor-de-secretária" (*Schreibtischtäter*) – está seguro de que a ordem será efetivamente cumprida mesmo que nem conheça o executor material, porquanto, ciente dos automatismos funcionais do sistema, sabe que, se este eventualmente a não cumprir, um outro vai suprir esse incumprimento, não sendo, portanto, afetada a execução do plano global[466]. E é exatamente esta circunstância que avoca o domínio da ocorrência do crime – ou seja, o domínio do facto – ao "homem-de-trás", configurando-se este, então, forçosamente, como autor do mesmo. Perfilha-se, neste entendimento de Roxin, como autor mediato aquele que se encontra «instalado na alavanca de comando de um aparelho de poder – qualquer que seja o nível da respetiva hierarquia – e que pode provocar, por comando, a prática de infrações criminais relativamente às quais não tenha relevo a individualidade do executante», sendo este, pois, equiparado, num sentido metafórico assaz ilustrativo, «a uma "rodinha" substituível no mecanismo do aparelho de poder»[467]. No seio da estrutura organizada de poder, é, pois, a *fungibilidade* dos executores materiais, enquanto «possibilidade ilimitada de substituição do autor material», «que garante ao homem de trás a execução do facto e lhe permite *dominar* o evento»[468].

Depara-se-nos aqui uma diferente modalidade de autoria mediata em que a instrumentalização não opera, em rigor, por domínio da específica vontade individual do "homem-da-frente", mas por ser este considerado "peça substituível (fungível)" da "máquina organizacional" de que dispõe o "criminoso-de-secretária". O facto de ser substituível (fungível) não impede, todavia, o executor de ter o *domínio* da sua vontade, dado que se não encontra esta

[465] Roxin, Claus, «Autoria mediata através de domínio da organização», *Lusíada. Direito. Lisboa*, 3 (2005), p. 41.

[466] Assim, Roxin, Claus, *Täterschaft und Tatherrschaft*, 2019, p. 272.

[467] Roxin, Claus, «Autoria mediata através de domínio de organização», *Lusíada. Direito. Lisboa*, 3 (2005), pp. 41-42.

[468] [Itálico adicionado] Roxin, Claus, «Autoria mediata através de domínio de organização», *Lusíada. Direito. Lisboa*, 3 (2005), p. 42.

viciada. Deste modo, além do *domínio organizacional* do "homem-de-trás", também o subordinado fungível detém o *domínio da* sua própria *ação*, uma vez que – como refere, aliás, Roxin – tais domínios decorrem de pressupostos diferentes, podendo, nessa medida, coexistir sem grandes dificuldades: o «executante domina o facto concreto com a sua própria actuação (domínio da acção)»; o «homem de trás domina-o através do domínio sobre a organização (domínio de organização)», o «que o torna independente da individualidade do executante»[469].

Isto posto, *não* se nos afigura curial enquadrar, como faz Roxin, o *domínio de organização* no contexto do *domínio da vontade* do "homem-da-frente". O "autor-de-secretária" domina o facto através da *fungibilidade* dos subordinados, mas *não* do concreto *domínio da vontade* dos mesmos. A autonomia dogmática e a utilidade político-criminal da autoria mediata por domínio de organização só têm razão de ser se nos depararmos com subordinados, dotados de vontade *livre* (isenta de *medo* provocado por coação), *esclarecida* (isenta de *erro*) e *ponderada* (pressupondo *imputabilidade*). Se assim não for, a autoria mediata existe, mas enquadrada nas modalidades anteriores[470], ou seja, existe, mas fundada em *vícios na formação da vontade* dos executores. Ora, são estes vícios na formação da vontade do "homem-da-frente" que conferem o *domínio da vontade* ao "homem-de-trás" que os induz ou aproveita. O domínio da vontade só pode existir, na verdade, se existir *vontade viciada* do executor.

Tal não sucede no domínio de organização. Tendo o "criminoso de secretária" o *domínio organizacional* por *fungibilidade* e o "homem-da-frente" o *domínio da ação* por não estar a sua vontade viciada, estabelece-se uma relação de autoria mediata configurada em *autor* (com domínio organizacional) por detrás de *autor* (com domínio da ação). Considerando os pressupostos específicos do domínio organizacional estabelecidos por Roxin – *estruturas hierárquicas rígidas* organizadas à *margem do Direito* – torna-se mesmo possível, aliás, uma longa cadeia, em cascata, de *autores* por detrás de *autores*. Excluído fica, pois, da autoria mediata por *domínio organizacional*, o já mencionado "princípio da responsabilidade" (*Verantwortungsprinzip*) por se fundamentar este princípio (exclusivamente) na *instrumentalização por domínio da vontade*. Com efeito, a ideia de que não pode haver um autor mediato por detrás de um autor

[469] Roxin, Claus, «Autoria mediata através de domínio de organização», *Lusíada. Direito. Lisboa*, 3 (2005), p. 47.

[470] Enunciadas *supra* (4.2.1.1., 4.2.1.2. e 4.2.1.3).

imediato que atua com dolo e plena responsabilidade penal circunscreve-se, pela própria natureza da figura, à autoria mediata por *domínio da vontade*.

A autoria mediata por domínio organizacional tem sido gradativamente acolhida na doutrina alemã e nas doutrinas de muitos outros países, entre os quais se inclui Portugal, ainda que se mantenha controversa. Demorou, também, algum tempo a ser sufragada pela jurisprudência desses países – sobretudo, pela jurisprudência alemã –, o que, de certa forma, se compreende dado que se trata de um fenómeno que não chega com grande frequência aos tribunais. Destacam-se, neste particular, as decisões do Supremo Tribunal na Argentina a propósito dos crimes dos generais da antiga Junta Militar e do *BGH* alemão por crimes mandados praticar na antiga RDA ao longo das fronteiras entre as duas Alemanhas (RDA e RFA)[471].

[471] Na verdade, uma das primeiras manifestações jurisprudenciais que consagrou esta teoria, e à qual o próprio Roxin se refere, ocorreu na Argentina, já na década de oitenta do século passado, surgindo na fundamentação das decisões do Tribunal de Apelação e do Supremo Tribunal de Justiça a propósito dos crimes dos generais da antiga Junta Militar. Pode ler-se nas conclusões do Tribunal de Apelação, conforme relata Roxin: «os arguidos tinham domínio do facto, pois controlavam a organização que produziu os factos [...]. Neste contexto, o executor concreto do facto perde significado. O domínio daqueles que controlam o sistema sobre a consumação dos factos que ordenaram é total, pois, mesmo que se encontrasse um subordinado que se recusasse a cumprir, seria automaticamente substituído por outro, do que resulta que o plano traçado não falha devido à vontade (contrária) do executante, que tem o papel de mera roda dentada numa máquina gigantesca. [...]. O instrumento de que o homem de trás se serve é o próprio sistema [...] composto por mediadores fungíveis do facto [...]» [cf. Roxin, Claus, «Autoria mediata através de domínio de organização», *Lusíada. Direito. Lisboa*, 3 (2005), p. 43]. Uma outra grande referência jurisprudencial nesta matéria foi a decisão constante de um acórdão de 26 de julho de 1994 do *BGH* suscitada pelo recurso de uma decisão do *LG* de Berlim que havia julgado os executores e alguns dos mandantes da antiga República Democrática Alemã [RDA] pelos crimes praticados ao longo das fronteiras entre as duas Alemanhas com o fito de impedir a fuga de cidadãos para a República Federal Alemã [RFA]. Perante a decisão recorrida do *LG* de Berlim que «condenara dois dos arguidos como instigadores e o terceiro como cúmplice em homicídio doloso, por aplicação da lei penal da RFA, considerada mais favorável aos agentes» [cf. Serra, Teresa, «A autoria mediata através do domínio de um aparelho organizado de poder», *RPCC*, ano 5 (1995), p. 304], o argumento central utilizado pelo *BGH* para condenar os arguidos como autores mediatos de homicídio doloso — e, portanto, "autores por detrás do autor", dado que os soldados fronteiriços (autores materiais) foram considerados plenamente responsáveis —, residiu no entendimento de ser admissível conceber «grupos de casos nos quais, apesar da plena responsabilidade do agente mediador do facto, o contributo do homem de trás conduz quase automaticamente à realização do facto típico por ele pretendida». Isto torna-se possível nas situações em que «o homem de trás utiliza, através de estruturas organizacionais, um determinado enquadramento que leva a que o seu contributo para o facto desencadeie uma sequência regular» [conforme refere Roxin, Claus, «Autoria mediata através de domínio de organização», *Lusíada. Direito. Lisboa*,3 (2005), p. 44].

Além do domínio de facto *próprio*, e do domínio de *vontade* de outrem, autonomiza-se, em suma, uma terceira modalidade de domínio do facto, qual seja, a de *domínio de organização por fungibilidade*. Incluída (também) na autoria mediata, assume cariz excecional por se situar em organizações de *hierarquização estrutural rígida* situadas à *margem do Direito*. Neste quadro – e nas palavras de Figueiredo Dias –, resumiu Claus Roxin o âmbito da categoria a dois tipos de situações: «a de uma organização política, militar ou policial que se apodera do aparelho do Estado (e de que podem constituir exemplos o sistema nacional-socialista alemão, o regime comunista da ex-RDA ou as ditaduras militares da América Latina); e a de movimentos clandestinos, organizações secretas e associações criminosas ("mafias") com objetivos adversos à ordem jurídica estabelecida e que constituem um "Estado dentro do Estado"»[472].

4.3. Coautoria

É «punível como autor quem [...] tomar parte direta na [...] execução [do facto], por acordo ou juntamente com outro ou outros». Assim estabelece a terceira proposição jurídica alternativa do artigo 26.º do CP, referindo-se à figura da coautoria.

Pressupostos básicos e fundamentais são a existência de *acordo* (decisão conjunta) quanto à execução do crime (*pactum sceleris*), vertido em divisão de tarefas entre comparsas e *execução conjunta* e articulada dessas tarefas, em vista do facto *global*. Coautor é, pois, aquele que comparticipa no acordo e na execução do facto global, assumindo uma quota parte desta execução e, portanto, detendo o *domínio funcional do facto* (Roxin) – ou condomínio *positivo* do facto global – e, bem assim, o respetivo domínio *negativo*, uma vez que, não prestando o seu contributo à prática do facto, o coautor impede a execução conjunta planeada. O pressuposto do acordo implica o dolo de cada coautor em relação ao facto global[473], justificando que possa responder pela totalidade do delito aquele que apenas executa uma sua quota parte[474].

[472] DIAS, Jorge de Figueiredo, *Direito Penal. Parte Geral*, I, 2019, p. 921.

[473] Referindo-se à decisão conjunta como a componente subjetiva da coautoria, DIAS, Jorge de Figueiredo, *Direito Penal. Parte Geral*, I, 2019, p. 924.

[474] Assim, DIAS, Jorge de Figueiredo, *Direito Penal. Parte Geral*, I, 2019, p. 924.

Exemplo 1: após planearem o roubo a uma agência bancária, *A*, *B* e *C* executam as correspondentes tarefas acordadas: *A* aponta a arma de fogo aos clientes, imobilizando-os e mantendo-os em silêncio, o mesmo faz *B* em relação aos empregados da agência bancária, procedendo *C* à subtração do dinheiro do cofre.

Se, nos respetivos contributos individuais, *A* e *B* apenas se limitam a *coagir*, e *C* a *subtrair*, o acordo e a execução conjunta permitem que todos respondam pela execução típica global, isto é, pelo crime de roubo (artigo 210.º do CP)[475].

Em termos práticos, nem sempre os factos se desenrolam com a linearidade de um acordo prévio e expresso entre os comparsas, seguido de execução, em sequência cronológica, repartida e conjunta do crime. O que significa que, em perspetiva político-criminal, se devem adaptar os conceitos às possíveis dinâmicas dos factos concretos, de modo a que se possam englobar na figura da coautoria as diversas situações que o sentido lógico da sua formulação legal demanda e fundamenta. Senão vejamos:

Exemplo 2: durante a noite, *D* salta o muro que delimita o jardim da casa de *E* e, dirigindo-se à porta de entrada, tenta abri-la com uma gazua com o objetivo de realizar um assalto. Encontrando-se, porém, com dificuldades em abrir a porta, surge, ocasionalmente, *F*, um velho companheiro de assaltos que, do portão do jardim, reparou nas dificuldades de *D* que, na verdade e ao contrário de *F*, não tinha habilidade para aquele género de tarefas. *F* salta o muro, dirige-se a *D* e, com mera "troca de olhares" entre velhos companheiros, ambos perceberam a "tarefa" de cada um: *F* abriu a porta com a gazua, *D* entrou e do interior da casa subtraiu diversas peças valiosas, enquanto *F* vigiava na porta. Consumado o furto, *D* e *F* dividiram entre si os valores.

Se não houve acordo verbalizado (*expresso*) entre *D* e *F* para a execução do crime de furto qualificado (artigo 204.º do CP), fundamental é que exista execução conjunta entre os comparsas que advenha de *acordo*, seja este *expresso*, *tácito*, ou *implícito*[476]. Como também não é imperativo que o acordo seja neces-

[475] Assim, a propósito de exemplo similar, DIAS, Jorge de Figueiredo, *Direito Penal. Parte Geral*, I, 2019, p. 924.

[476] Quanto ao "acordo (tácito, ou) implícito", adiantando um exemplo de Frister em que um chefe de bando organiza um assalto, dando as instruções a executantes que não se encontram previamente entre si, veja-se FARIA, Paula Ribeiro de, *Formas especiais do crime*, 2017, pp. 314-315.

sariamente *prévio*, podendo verificar-se durante a execução do facto até à consumação do crime.

> *Exemplo 3* [adaptado de Conceição Valdágua[477]]: *G*, gatuno, ao passar de noite por determinada rua, vê que *H* e *I*, "colegas" com os quais já várias vezes "trabalhara", procuram, em vão, abrir com uma gazua a porta de uma casa. Por lhe parecer que a porta não é muito resistente, *G* faz sinal a *H* e a *I* para suspenderem a atividade. Sem nada dizer, aproxima-se e dá um encontrão na porta, após o que – sempre sem qualquer troca de palavras entre eles – *H* e *I* juntam os seus esforços aos de G e os três conseguem efetivamente forçar a porta. Quando se preparam para entrar, aparece um outro "colega", *J*, que dá sinal para entrarem. *J* fica a vigiar, na porta, enquanto os restantes comparsas subtraem diversos objetos valiosos do interior da casa, conforme, já haviam feito em anteriores furtos cometidos em conjunto.

Deparamo-nos, num primeiro momento, com o abandono, por parte de *H* e *I*, do plano inicial e com proposta tácita (deduz-se do encontrão na porta) de *G* de novo plano de execução do facto e aceitação (de *H* e *I*) também tácita (exprime-se com o assumir das tarefas de arrombamento). Num segundo momento, ao aderir *sucessivamente* à execução do facto global, *J* volta a alterar a execução conjunta planeada. As interferências de *G* e de *J* correspondem a situações de «acordo tácito e não prévio ao início da execução»[478].

Não devem as constelações de casos desta natureza quedar-se à margem da coautoria. A fórmula gramatical da terceira proposição alternativa do artigo 26.º do CP atribui margem de liberdade ao intérprete para, em concreto e considerando o elemento teleológico, ajustar a figura a diferentes realidades. Nestas não devem deixar de ser incluídas a coautoria com acordo *tácito* e a coautoria com acordo *sucessivo* (não prévio) – a chamada coautoria *sucessiva*[479] –, sob o risco de se abrir as portas à impunidade e à fraude à lei.

[477] Cf. Valdágua, Maria da Conceição, *Início da tentativa do co-autor*, 1993, p. 129.

[478] Assim, quanto ao exemplo que adianta, Valdágua, Maria da Conceição, *Início da tentativa do co-autor*, 1993, p. 129.

[479] Veja-se, por exemplo, Dias, Jorge de Figueiredo, *Direito Penal. Parte Geral*, I, 2019, p. 927 e Albuquerque, Paulo Pinto de, *Comentário do Código Penal*, 2021, p. 218.

E repare-se que ao se não prescindir do acordo (expresso, tácito, prévio ou sucessivo), se limita o âmbito da punição, situando-se a interpretação dentro dos limites da hermenêutica jurídica em geral (artigo 9.º do CC) e do princípio da legalidade penal[480].

A terceira proposição jurídica do artigo 26.º do CP ao colocar em alternativa a execução direta do facto "por acordo *ou* juntamente com outro ou outros" acaba, portanto, por abranger a coautoria com acordo *tácito* e a coautoria *sucessiva*[481]. Como engloba também a chamada *coautoria aditiva*, isto é, a coautoria em que, havendo acordo, a execução de tarefas, pelas próprias circunstâncias concretas dos casos, não tem a articulação necessária à perceção e prova de que todos os contributos implicados tenham sido decisivos para a consumação do crime. Nas hipóteses de *fuzilamento*, por exemplo, não é normalmente possível apurar quais os disparos decisivos para a morte da vítima. Nem nos casos de *linchamento* popular em que se ofende a integridade física da vítima até à morte. Mas não deixam de ser situações de "execução conjunta".

Fora da coautoria ficam as constelações de casos em que verdadeiramente não existe acordo e/ou não se verifica a execução conjunta. Fora da coautoria ficam, assim, as situações de *coautoria alternativa*[482], de *excesso de mandato*[483]

[480] Assim, VALDÁGUA, Maria da Conceição, *Início da tentativa do co-autor*, 1993, p. 129.

[481] Refere Conceição Valdágua que não sendo a redação desta proposição jurídica «porventura muito feliz ou rigorosa, se explica pelo desejo do legislador de afastar a posição frequentemente assumida pela jurisprudência portuguesa na vigência do anterior Código, que ia no sentido de exigir, para a existência de co-autoria, um *acordo prévio*» [itálico original] (VALDÁGUA, Maria da Conceição, *Início da tentativa do co-autor*, 1993, pp. 129-130).

[482] Em que os agentes acordam na realização do facto, com dolo, sabendo, no entanto que essa realização do facto por um obsta à realização pelo outro (exemplo: dois comparsas decidem matar a vítima que passará numa de duas ruas, colocando-se, cada um deles, numa dessas ruas. O que mata será autor do crime, o outro será participante (assim, ALBUQUERQUE, Paulo Pinto de, *Comentário do Código Penal*, 2021, pp. 218-219; mas em diferente sentido, entendendo que quem mata é autor de homicídio consumado e quem não mata autor de homicídio tentado, DIAS, Jorge de Figueiredo, *Direito Penal. Parte Geral*, I, 2019, p. 929).

[483] Situações em que um dos coautores, na sua execução, ultrapassa o definido no acordo (por exemplo, num assalto a um banco em que matar não faz parte do acordo, mas um dos coautores reconhece, num dos clientes imobilizados, um seu inimigo, matando-o). A ação fora do acordo apenas se atribui, a título de autoria singular, a quem individualmente a realizou.

e de *autoria paralela*[484]. E, também, a participação do *cérebro* da execução conjunta que não toma parte nessa execução[485].

5. Participação

5.1. Instigação

5.1.1. A instigação como participação

O artigo 26.º do CP, ao enunciar «é punível como autor [...]», não estabelece definitivamente o enquadramento dogmático de qualquer das proposições jurídicas aí sufragadas na figura da autoria, apenas se referindo à respetiva punibilidade. Cabe ao intérprete densificar o *halo* conceitual de cada uma das proposições alternativas e qualificar como autoria as que correspondam ao critério definidor desta categoria jurídica, qual seja, no momento atual e no nosso espaço jurídico, o da teoria do domínio do facto[486].

[484] Na autoria paralela a execução é objetivamente conjunta, mas não existe acordo e, por conseguinte, consciência do facto global (por exemplo, *A*, *sniper*, dispara na direção de *C*, seu alvo, sem saber de *B*, também *sniper*, que igualmente dispara na direção do mesmo *C* que morre por ação conjunta dos dois disparos. As autorias paralelas dificilmente se realizam em crimes dolosos de resultado, uma vez que, constituindo autoria(s) singular(es), a imputação objetiva é individual (no exemplo, haveria duas tentativas de homicídio sobre *C*). Por isso se refere que o campo privilegiado da autoria paralela é o dos crimes negligentes (Assim, Jescheck / Weigend, *Tratado de Derecho Penal*, 2002, p. 731; Dias, Jorge de Figueiredo, *Direito Penal. Parte Geral*, I, 2019, p. 952; *infra*, 6.4). Para uma análise mais desenvolvida da figura das autorias paralelas nos crimes negligentes, veja-se o nosso *Societas Delinquere Potest*, 2018, pp. 270-282.

[485] Ainda que tenha idealizado todo o plano criminoso, o chamado *cérebro do crime*, caso não comparticipe na sua execução, não assume a categoria de coautor. Poderá ser, conforme os casos, instigador (*infra*, 5.1.) ou cúmplice (*infra*, 5.2.).

[486] Concordamos com Figueiredo Dias ao afirmar que da expressão "é punível como autor" se não pode extrair «qualquer argumento contra a conceitualização do autor como instigador» (Dias, Jorge de Figueiredo, *Direito Penal. Parte Geral*, I, 2019, p. 931). Mas não já tanto no que respeita à afirmação de que «*talvez* [...] a inversa não seja verdadeira» [itálico adicionado], sendo, em seguida, retirada a conclusão de que é efetivamente verdadeira (*idem, ibidem*, p. 931). Conclusão esta que, em nosso entendimento, resulta de juízo interpretativo (demasiadamente, quanto a nós) subjetivista. Pode até ter havido, na verdade, o propósito de o legislador enquadrar dogmaticamente o instigador como autor. Mas pode, também e em alternativa, o motivo ter sido o de simplificar a sistemática tripartida alemã quanto à autoria, instigação e auxílio, mantendo a perspetiva (apenas) político-criminal de fundo da lei germânica em punir o instigador como autor. Importa, pois, em interpretação de pendor mais objetivista, valorar e densificar os conceitos incluídos nas quatro proposições jurídicas alternativas do artigo 26.º do CP à luz de um critério de distinção entre autoria

Vimos já que quem «atua por si mesmo» tem o *domínio da ação*[487]; que quem «atua por intermédio de outrem» tem o *domínio da vontade* de outrem, instrumentalizando-o, ou tem o *domínio organizacional* por *fungibilidade*[488]; que quem «toma parte direta na [...] execução» do facto, «por acordo ou juntamente com outro ou outros», atua com *domínio funcional* do facto[489]. Já quanto a quem, dolosamente, «determina outra pessoa à prática do facto desde que haja execução ou começo de execução» inexiste domínio do facto, uma vez que, após conseguir determinar outra pessoa à prática do facto, esse domínio "solta-se"[490] do "homem-de-trás" (instigador), transferindo-se para o "homem-da-frente" (instigado) que fica com o processo em suas mãos, isto é, com o *domínio da ação*, e, portanto, com o *domínio do facto*[491]. Diferentemente do que sucede na autoria mediata, o "homem-de-trás", na instigação, não domina a vontade do "homem-da-frente" nem detém domínio organizacional por fungibilidade.

A lei distingue, no mencionado artigo 26.º do CP, entre "atuar por intermédio de outrem" (segunda proposição) e "determinar outra pessoa à prática do facto" (quarta proposição). Se a lei distingue deve também o intérprete distinguir[492]. Distinção que vem sendo densificada, no essencial, de forma clara: "atuar por intermédio de outrem" significa utilizar outrem como *instrumento* da prática do crime, cabendo ao homem-de-trás o domínio da sua ocorrência; "determinar outra pessoa à prática do facto" traduz o sentido de *convencer* outra pessoa a praticar o facto, isto é, de lhe fazer nascer a vontade criminosa.

e participação, sem preconceito de ordem sistemática. Se o instigador é autor ou participante é, pois, um problema dogmático de densificação de conceitos legais (à luz do critério dominante fundado na teoria do domínio do facto). Já quanto ao plano político-criminal parece ser pacífico o entendimento de que deva ser punível como autor.

[487] Cf. *supra*, 4.1.

[488] Cf. *supra*, 4.2.

[489] Cf. *supra*, 4.3.

[490] A expressão é de Beleza, Teresa, *Direito Penal*, II, 1980, p. 459.

[491] Já não assim na autoria mediata por domínio de organização em que o autor material detém o *domínio da* (*sua própria*) *ação*, mas *não o domínio do evento*, o domínio da ocorrência do crime.

[492] Neste sentido, Paulo Pinto de Albuquerque, ao referir que «[o] argumento sistemático da arrumação da instigação entre as figuras da "autoria" no artigo 26.º, por contraposição ao § 26.º do *STGB* alemão, não é [...] definitivo, sendo antes decisiva a circunstância de a lei ter autonomizado a figura do instigador em relação ao autor mediato» (Albuquerque, Paulo Pinto de, *Comentário do Código Penal*, 2021, p. 221).

O ponto nevrálgico da diferença entre as figuras da autoria mediata e da instigação situa-se, assim, no plano do "homem-de-trás", não tanto no do "homem-da-frente", não tanto no princípio da autorresponsabilidade[493]. Centra-se no domínio da ocorrência (ou da não ocorrência) do crime que o "homem-de-trás" detém. Atuar *por intermédio de outrem* destina-se a abranger as constelações de casos em que o "homem-de-trás" domina a ocorrência do facto. *Determinar outra pessoa à prática do facto* não garante esse domínio.

Isto considerado, não nos revemos na tentativa de alargar o conceito de domínio do facto a situações de "domínio psicológico" ou de "aliciamento" para daí extrair a conclusão de que o instigador é autor, mantendo como critério da distinção entre autoria e participação a teoria do domínio (neste particular: psicológico) do facto (e tentando, *pari passu*, alargar o âmbito da cumplicidade, de modo a abranger situações em que o domínio do facto não é já minimamente sustentável). Para atribuir domínio do facto ao instigador, não se mostra suficiente o "domínio psicológico do facto", adiantado por Figueiredo Dias enquanto atuação do autor material em «estado de *dependência psicológica*», traduzida esta na execução voluntária de «uma decisão, todavia criada ou produzida pelo homem-da-retaguarda»[494]. O domínio psicológico afigura-se insuficiente, não propriamente por inexistir *domínio de decisão* do instigador sobre o instigado[495]. Com efeito e como se referiu, determinar alguém a praticar um facto é inculcar-lhe essa vontade (de praticar o facto) no seu espírito; é convencer outrem a decidir-se pela execução do facto, obtendo,

[493] O princípio da *autorresponsabilidade* é determinante, sem dúvida, para delimitar as situações de *domínio da vontade*, já não operando, todavia, no âmbito da fungibilidade por domínio da organização em estruturas à margem do Direito. Isto, porque, já o vimos, *instrumentalizar* não se reduz a dominar a vontade do "homem-da-frente". Pode implicar outras formas, destacando-se uma outra em que se não instrumentalizam pessoas específicas, mas a organização estrutural humana que atua à "margem do Direito". A autoria por domínio organizacional confere, também, certeza jurídica ao domínio da ocorrência do crime por parte do "criminoso de secretária", alicerçada na *fungibilidade* humana imanente à máquina organizada de poder. O princípio da *autorresponsabilidade* é, assim, fundamental para conferir certeza ao critério de domínio da vontade. Não, quanto a nós, para esgotar o espectro da autoria mediata. Neste sentido, discordamos de Roxin (é, aliás, em nossa ótica, o "erro de Roxin") ao (pretender) enquadrar o *domínio da organização* no âmbito do *domínio da vontade*, retirando certeza jurídica a este conceito que se funda na viciação da vontade do executor material. O que não sucede na autoria mediata por domínio de organização e, por isso (e só por isso), deve esta modalidade autonomizar-se, não operando nela o princípio da autorresponsabilidade que é exclusiva (sem exceção) da autoria mediata por domínio da vontade do executor material.

[494] Dias, Jorge de Figueiredo, *Direito Penal. Parte Geral*, I, 2019, p. 932.

[495] Aduzido, e bem, por Dias, Jorge de Figueiredo, *Direito Penal. Parte Geral*, I, 2019, p. 932.

inevitavelmente, domínio sobre a sua decisão. Mas dominar a decisão não garante já, de outro modo, o domínio da ocorrência do crime. É exatamente no momento em que forma a sua vontade e se determina a praticar o facto que o autor material (instigado) se "solta" do instigador, passando a ter, ele próprio, o domínio da execução do facto. Após este momento em que o instigado se decide a praticar o crime não está garantida ao "homem-de-trás" a ocorrência, ou não, do crime segundo a sua vontade (diferentemente do que sucede, por exemplo, no caso do "criminoso de secretária" em contexto de domínio organizacional).

> *Exemplo 1: A* adianta uma quantia a *B* para que este mate *C*, seu (de *A*) marido, prometendo-lhe pagar quantia mais avultada no momento em que o "serviço" viesse a ser realizado. *B*, que se encontrava em dificuldades económicas, aceita, determinando-se à prática do facto.
>
> Após planear a execução do crime, *B* começa, todavia, a duvidar se deverá, afinal, levar a cabo a tarefa, ponderando que, em suas mãos, detém já uma quantia em dinheiro (adiantada por *A*) sem nada ter feito, sem ter matado quem quer que fosse. Decide desaparecer sem iniciar sequer a execução do crime.

> *Exemplo 2: D* adianta uma quantia a *E* para que este mate *F*, seu (de *D*) marido, prometendo-lhe pagar quantia mais avultada no momento em que o "serviço" viesse a ser realizado. *E*, que se encontrava em dificuldades económicas, aceita, determinando-se à prática do facto.
>
> Após planear a execução do crime, *E* leva a cabo a sua tarefa, matando *F*.

Em ambos os exemplos, as respetivas "mulheres-de-trás" (*A* e *D*) determinam outra pessoa (*B* e *E*) a praticar o facto. Alcançam um *domínio psicológico sobre a decisão*. Contudo, o *domínio da ocorrência do crime* pertence aos "homens-da-frente" (*B* e *E*). No *exemplo 1*, verificou-se a instigação, mas não a execução do crime; no *exemplo 2*, verificou-se a instigação e a execução do crime. O domínio da ocorrência (da execução) do crime, em ambos os casos, pertenceu aos "homens-da-frente" (a *B* e a *E*).

Por muito que se reduza o espaço da instigação à custa do alargamento da cumplicidade, ninguém duvidará, nestes exemplos, do enquadramento de *A* e *D* na categoria da instigação relativamente aos crimes que ambas decidiram cometer, tendo determinado outras pessoas (*B* e *E*, respetivamente) à prática dos mesmos. Não têm, contudo, o domínio sobre a ocorrência dos crimes. Este pertence a *B* e a *E*[496].

Também as situações em que, por exemplo, o instigador tenta dominar a vontade do instigado através de narrativas que o induzam em erro (*v.g.*, determinar o instigado a matar uma pessoa sob o falso argumento de que a vítima redigiu testamento a seu favor) ou que incluam pequenas ameaças (*v.g.*, que lhe não oferece mais bilhetes gratuitos para os jogos de futebol do seu clube predileto) não se consubstanciam como suficientes para obter esse domínio da vontade ou para qualquer outro género de domínio do facto que lhe garanta decidir pela ocorrência, ou não, do crime. Trata-se de narrativas insuficientes para a exclusão do dolo ou da culpa do "homem-da-frente", caso este se decida a cometer o crime e concretize a sua determinação. O domínio da ocorrência do crime, de levar o processo até ao fim, ou não, cabe ao instigado.

Nem mesmo as situações de "aliciamento" – que Figueiredo Dias enquadra na instigação-autoria[497] e Conceição Valdágua na autoria mediata[498] – concedem ao instigador (ou ao pretenso autor mediato) o domínio sobre

[496] Face ao exposto, muito menos nos revemos na posição de Paula Ribeiro de Faria que enquadra a instigação na autoria baseando o seu entendimento no facto de ser a instigação «a causa do crime enquanto condição necessária da sua realização» e na alta censurabilidade «pela forma insidiosa como [o instigador] se move», acabando por concluir que o instigador detém «uma parte significativa do domínio do facto uma vez que não se limita a apoiar outra pessoa na sua decisão pela prática do crime, mas incita à violação dos bens jurídicos que de outra forma se manteriam preservados» (cf. Faria, Paula Ribeiro de, *Formas especiais do crime*, 2017, p. 327). Estes argumentos parecem-nos aptos a fundamentar a punibilidade do instigador como autor, mas não lhe atribui o domínio sobre a ocorrência do crime, nem mesmo um seu condomínio, como parece defender a Autora, uma vez que o domínio sobre o próprio início da sua execução cabe apenas ao instigado.

[497] Dias, Jorge de Figueiredo, *Direito Penal. Parte Geral*, I, 2019, pp. 940-941; admitindo, todavia, «que nem todos os casos de aliciamento constituem autoria, devendo alguns deles ser tratados nos quadros da cumplicidade» (*idem*, *ibidem*, p. 941). Na esteira de Figueiredo Dias, veja-se, também, Brandão, Nuno, «Pacto para matar: autoria e início da execução», *RPCC*, ano 18 (2008) pp. 531-605.

[498] Em visão crítica em relação à autoria mediata por domínio de organização, é conhecida a posição de Conceição Valdágua quanto à admissão de uma forma de autoria mediata «que abrangesse os casos em que, por um lado, o homem de trás, ao determinar, directa ou indirectamente, o homem da frente (Vordermann) ao cometimento do crime, se arrogou, expressamente ou de modo concludente, a competência para, se assim o entendesse, "travar" o homem da frente, dissuadindo-o do seu propósito criminoso, e, por outro lado, o homem da frente, também de modo expresso ou de forma concludente, reconheceu ou atribuiu ao homem de trás uma tal competência» (Valdágua, Maria da Conceição, «Observações suscitadas pela conferência do Professor Claus Roxin sobre "Autoria mediata através de domínio da organização", proferida na Universidade Lusíada, em Lisboa, em 6 de Novembro de 2002», *Lusíada. Direito. Lisboa*, 3 (2005), pp. 153-154). Casos estes que, no essencial, correspondem às constelações (conhecidas como) de "aliciamento".

a ocorrência do crime. Caracteriza-se o aliciamento por um "contrato" sinalagmático em que instigador e instigado se obrigam à realização de correspetivas prestações (poderão ser situações do género das dos *exemplos 1* e 2 supra expostos). O domínio do facto do "homem-de-trás" adviria de uma espécie de "exceção de não cumprimento" (próprio do sinalagma), fazendo o instigador depender a sua prestação pecuniária da realização da prestação de facto por parte do instigado (executar o facto típico). Mas este é um domínio espúrio do facto. O mesmo que tem o credor quanto à realização espontânea (sem coação) da prestação pelo devedor. É o instigado (autor material) quem detém nas suas mãos a possibilidade, consciente e livre, de realizar a execução até ao fim ou de fazê-la fracassar[499]. Se houver coação que conduza o "homem-da-frente" à prática do crime, já o "homem-de-trás" terá o domínio do facto, desde que o medo inculcado no "homem-da-frente" seja um tal que se configure excludente da culpa (por estado de necessidade desculpante). Mas, neste caso, a figura é a da autoria mediata por domínio da vontade.

Compreende-se a ideia de tentar enquadrar o instigador na autoria: pela tradição jurídica nacional, pelo enquadramento sistemático da figura (no artigo 26.º do CP), pelo domínio psicológico da decisão do instigado (num primeiro momento) e, sobretudo, por surgir o instigador, na maior parte das vezes e em perspetiva sociológica, como figura central do crime no sentido de que o idealiza, concebe e determina outros a executá-lo, segundo as suas indicações. Surge, em suma, como autor intelectual, ou moral, da "obra criminosa". Como refere Claus Roxin, a visão do autor como figura central do crime, enquanto visão de contextos pré-jurídicos, significa o recurso a uma ideia plástica que se realiza na consciência comum[500]. Trata-se, todavia, enquanto essência prévia, de mero ponto de partida metodológico[501], cujo conteúdo jurídico-material – no horizonte compreensivo da teoria do domínio do facto – acaba por colocar o epicentro da autoria na execução do facto. Se, em termos criminológicos, o instigador é, na maior parte das vezes, apontado como autor moral, já no plano jurídico-penal não figura como autor por falta de domínio da execução do facto. O domínio do facto parte do *domínio*, ou do *condomínio*, da *ação*, abrange o domínio da *vontade* sobre o executor e, ainda, o *domínio organizacional* de autores materiais *fungíveis* em organizações

[499] Já não assim na *autoria mediata* em que o executor não tem essa possibilidade de modo consciente ou livre (autoria mediata por *domínio da vontade*) ou, executando de modo consciente e livre, não depende dele a ocorrência (ou não ocorrência) do crime (autoria mediata por *domínio organizacional*).

[500] Cf. Roxin, Claus, *Täterschaft und Tatherrschaft*, 2019, p. 29.

[501] Cf. Roxin, Claus, *Täterschaft und Tatherrschaft*, 2019, p. 29.

à "margem do Direito". Mas não já os instigadores, ainda que sociológica e criminologicamente perspetivados, não raras vezes, sem entraves jurídico-dogmáticos, como verdadeiros autores da obra criminosa.

Assim e pela nossa parte, as situações aqui expostas abrangidas pela quarta proposição do artigo 26.º do CP, referente à instigação, não concedem, *a priori*, domínio do facto ao "homem-de-trás", nem podem ser vistas como cumplicidade, por muito que se alargasse o âmbito desta categoria da comparticipação[502]. Não deve, por isso, ser interpretada a possibilidade do "autor por detrás do autor", construída por Claus Roxin na autoria mediata por domínio de organização, como abertura de uma caixa de Pandora apta a abranger todas as situações possíveis de instigação, conferindo, em todas essas situações, o domínio do facto ao "homem-de-trás". A construção de Roxin inclui um género de situações muito excecional, que apenas se concebe em organizações à margem do Direito e que confere um domínio sobre uma máquina organizacional com substrato humano, isto é, um "exército" de "soldados" fungíveis aptos a cumprir ordens. Não se trata – discordando neste ponto, já o referimos, de Roxin[503] – de domínio da vontade sobre os "homens-da-frente", mas de domínio do facto através da sua *fungibilidade* (insuficiente para considerá-los individualmente executores não plenamente responsáveis). Nestes casos, ninguém duvidará de que os "criminosos de secretária" dominam a ocorrência do crime. Ninguém duvidará que Hitler, Himmler ou Eichmann, quando davam uma ordem de morte, podiam estar seguros da sua execução. Ainda que, porventura, o soldado n.º 1022 se recusasse, por exemplo, a fazê-lo.

Não deixa, naturalmente, a distinção entre autoria e participação de ser aberta à riqueza que os contornos dos diversos casos concretos possam vir a proporcionar. E que se poderá adaptar a novas figuras de autoria mediata ou de instigação, desde que se não perca a certeza jurídica (equilibrada com a justiça do caso concreto), tão importante no direito em geral e, em especial, no direito penal. Como sucedeu com o exemplo histórico dos crimes nazis que conduziu a uma nova modalidade de autoria mediata. Não haverá grandes dúvidas de que a teoria do domínio do facto constitui, no momento histórico atual e no nosso espaço jurídico-cultural, o principal critério de distinção. E de que se trata de uma teoria aberta a novas realidades ou à reflexão quanto

[502] Não se trata situações de incentivo, aconselhamento, sugestão, reforço de vontade ou indução. Em todas elas o homem-de-trás *determina* o "homem-da-frente" à prática do facto, criando ou produzindo no seu espírito a decisão de realizá-lo.

[503] Discordância apenas quanto ao enquadramento do *domínio de organização* no âmbito do *domínio da vontade* (*supra*, 4.2.2.).

a realidades já existentes. Resta é ponderar se novas reflexões conducentes a teorias do domínio do facto alternativas não serão já alternativas à teoria do domínio do facto.

5.1.2. Conceito de instigação

Implica a instigação que o "homem-de-trás" inculque no instigado a vontade de cometer determinado facto típico. Decisivo (para a delimitação face à cumplicidade) é que o autor material (instigado) não esteja já decidido a praticar o facto no momento em que é abordado pelo instigador. Instigar não é induzir, incentivar, aconselhar ou reforçar o propósito de outrem cometer o ilícito, por muito que se influencie a vontade do autor. Instigador, no sentido do artigo 26.º, 4.ª proposição alternativa, do CP, «é unicamente quem *produz* ou *cria* de forma cabal» no autor material «a *decisão* de atentar contra um certo bem jurídico-penal através da comissão de um *concreto ilícito típico*»[504].

Significa isto que o instigador, motivado pela intenção da ocorrência de determinado crime – vale por dizer, pelo *dolo* da sua execução e consumação –, cria *dolosamente* no espírito de outra pessoa a vontade de cometê-lo. O dolo do instigador configura-se, assim, em *duplo dolo*, referido, por um lado, à determinação de outra pessoa à prática do facto e, por outro, à consumação do concreto facto típico[505]. Responde, assim, o instigador pelo facto típico que dolosamente determinou o instigado a praticar. Se o instigado, na sua execução, ultrapassa o facto típico a que dolosamente foi determinado pelo instigador, já a situação se enquadra em *excesso de mandato*, só respondendo o autor material (instigado) por tal excesso[506].

Não cabe na figura, tal como em qualquer outra da comparticipação, a atuação negligente[507].

[504] Dias, Jorge de Figueiredo, *Direito Penal. Parte Geral*, I, 2019, p. 932.

[505] Sublinha Figueiredo Dias, que não basta ao instigador «a representação abstrata de que o comportamento do instigado constituirá um qualquer facto punível: o dolo do instigado tem de se dirigir àquele mesmo facto que o instigado praticar» (Dias, Jorge de Figueiredo, *Direito Penal. Parte Geral*, I, 2019, p. 945). Quanto à distinção entre instigador e agente provocador, concluindo pela não punibilidade deste último, veja-se Meireis, Augusto, *O regime das provas obtidas pelo agente provocador em processo penal*, 1999, nomeadamente pp. 157-158.

[506] Se *A* determina *B* a subtrair um certo quadro valioso a *C* e se *B*, além do quadro, subtrai, da casa de *C*, outros objetos valiosos, partindo, ainda, por vandalismo, um valioso espelho, só responde *A* pelo furto do quadro.

[507] *Infra*, 6.4.

5.1.3. Instigação em cadeia

Questão que também se suscita na interpretação da quarta proposição do artigo 26.º do CP é a de saber se, o que aqui se preceitua, abrange, tão-somente, situações de instigação *direta* ou se, de outro modo, engloba também a instigação indireta e, portanto, a "instigação em cadeia".

Instigação *direta* é a que apenas admite um elo na ligação entre instigador e autor material, ou seja, a punibilidade da instigação só opera se o instigado for, ele próprio, quem executa o crime, quem assume a posição de autor material.

> *Exemplo*: *A* determina *B* a sequestrar *C*. *B* convida *C* a visitar a sua casa e, em determinado momento, fecha-o numa arrecadação.

Já a instigação *indireta* – ou "instigação em cadeia" – implica que, entre o instigador e o autor material se interponha, pelo menos, uma pessoa, a quem podemos chamar "homem-do-meio". As constelações de casos em que se verificam, pelo menos, dois elos na cadeia da instigação tanto podem traduzir situações agrupáveis na modalidade de "instigação por interposta pessoa" como em casos de "instigação da instigação"[508].

A "instigação por interposta pessoa" refere-se aos casos em que, como a própria designação denuncia, se instiga uma pessoa através de uma terceira pessoa, sendo, portanto, uma instigação, «nessa medida, *indireta,* por incidir primeiro sobre a participação de outrem no facto principal»[509]. Nestas situações, o "homem-de-trás" tem a consciência de que o seu interlocutor imediato (o "homem-do-meio") não executará o facto criminoso por si mesmo, antes convencerá outra pessoa – eventualmente mais vocacionada para essa execução – a fazê-lo, conhecendo, ou não, o "homem-de-trás" essa outra pessoa

> *Exemplo*: *A* contacta *B* para que este encontre a pessoa certa para sequestrar *C* a quem oferecerá avultada quantia; *B* assim o faz, conseguindo convencer *D* a praticar o crime.

[508] Refere-se Helena Morão a estas duas modalidades de instigação em cadeia como *instigação indireta do facto principal* e *instigação da instigação* (cf. MORÃO, Helena, *Da instigação em cadeia*, 2006, p. 82 e, desenvolvidamente, pp. 83 ss.).

[509] MORÃO, Helena, *Da instigação em cadeia*, 2006, p. 83.

Quanto à "instigação da instigação", esta figura pretende reportar-se agora aos casos em que alguém instiga uma pessoa à prática de um facto criminoso, mas em que esta pessoa instigada decide, sem conhecimento do instigador, realizar uma nova instigação. Neste tipo de situações, o "homem-do-meio" já não instiga ao serviço do "homem-de-trás" que apenas o incumbiu de executar o facto típico. A decisão de instigar é sua, não sendo, do ponto de vista criminológico, um intermediário da instigação do "homem-de-trás" que o não incumbiu dessa tarefa.

> *Exemplo*: *E* convence *F* a matar *G*. *F*, todavia, não querendo "sujar as mãos" com um homicídio, contrata *H* para o efeito.

Trate-se de uma ou de outra modalidade, existem fundadas razões de política criminal para que os intervenientes na cadeia de instigação se enquadrem no âmbito da discursividade jurídico-punitiva. São, na verdade, prementes as expectativas comunitárias quanto à punição do mentor do crime, isto é, quanto à punição daquele que, não raras vezes, é *criminologicamente* visto como o *verdadeiro responsável*[510], merecendo mesmo, em certos casos, porventura, maior censura pelo crime cometido do que o próprio autor material. E para tanto, face ao nosso direito positivo (que não distingue instigação *direta* de *indireta*), nem necessário se torna, por razões de política criminal (o mesmo é dizer, em função do elemento teleológico-funcional de interpretação), chegar a resultado interpretativo que ultrapasse o teor do elemento gramatical da lei plasmado na quarta proposição alternativa do artigo 26.º do CP (*ubi lex non distinguit...*)[511].

[510] Perspetiva criminológica colocada em destaque, no contexto empresarial, por Silva Sánchez, referindo-se não necessariamente (não apenas) a situações de instigação em cadeia, mas a situações em que, em geral, se impõe punir os *verdadeiros responsáveis* (em sentido criminológico) «por encima de las aparencias expressadas en la ejecución material del mismo» (cf. SILVA SÁNCHEZ, Jesús Maria, «Responsabilidad penal de las empresas y de sus órganos en derecho español», em Silva Sánchez, Schünemann e Figueiredo Dias (coords.), *Fundamentos de un Sistema Europeo del Derecho Penal*, 1995, p. 368.

[511] Lembremos o caso "meia culpa", que, em exemplo adaptado, consistiu, essencialmente, no seguinte: *A* determinou *B* a incendiar a discoteca "meia culpa", durante o seu funcionamento, com várias pessoas no seu interior, sugerindo-lhe que encontrasse alguém que pudesse realizar o facto. *C* e *D* aceitaram a proposta e executaram-na, a troco de determinada quantia, incendiando a discoteca e matando treze pessoas que não escaparam ao fogo.
As hesitações da nossa doutrina e jurisprudência acerca da "instigação em cadeia", com tendência para só admitir a punibilidade da instigação *direta*, levaram o STJ (em decisão de 27 de Janeiro de 1999) a uma solução de construção teórica pouco menos do que duvidosa, mais ajustada nos

5.2. Cumplicidade

«É punível como cúmplice quem, dolosamente e por qualquer forma, prestar auxílio material ou moral à prática por outrem de um facto doloso». Face ao teor do artigo 27.º, n.º 1, do CP, a cumplicidade pode ser *material* ou *moral*.

parecendo a decisão do Tribunal de Círculo de Penafiel, em primeira instância (decisão de 1 de junho de 1998). Tratando-se de um caso de "instigação por interposta pessoa", nos moldes *supra* enunciados, este tribunal de primeira instância condenou o "homem-de-trás" e o "homem-intermédio" como instigadores (no sentido de "autores morais") e os "homens-da-frente" como coautores materiais dos crimes praticados (um crime de incêndio, treze crimes de homicídio qualificado e vinte e dois crimes de homicídio na forma tentada). E se, na verdade, nos parece correta esta decisão final, já tanto não diremos quanto ao modo como se construiu, pois não considerou o tribunal haver aqui uma situação de "instigação em cadeia" (na modalidade de "instigação por interposta pessoa" como realmente ocorreu), antes enveredando, na linha de Cavaleiro Ferreira, por uma ótica de "instigação direta" em que o "homem-do-meio" foi considerado "mero intermediário". Quanto ao Supremo Tribunal de Justiça, a interpretação da quarta proposição do artigo 26.º do CP limitada à "instigação direta", por um lado, mas, também, por outro lado, a perceção da inconveniência político-criminal da impunidade do primeiro instigador (referindo, como se pode ler no respetivo Acórdão, que «de outra forma estava facilmente encontrada a via de determinar outrem à prática de crimes ficando impune a conduta do instigador»), levaram, este tribunal superior, a considerar o "homem-de-trás" autor moral, não enquanto instigador [considerando o instigador como aquele «que se limita a incentivar ou a aconselhar alguém a decidir-se pela prática de uma acção ilícita» (cf. Supremo Tribunal de Justiça – Acórdão de 27 de janeiro de 1999, em Almeida, Carlota Pizarro e Almeida, Luís Duarte de, *Direito Penal I. Colectânea de Jurisprudência*, p. 108)], mas enquanto autor mediato, inserindo o seu comportamento na segunda proposição do artigo 26.º do CP por entender ter este atuado «por intermédio de outrem», como se pode ler logo no respetivo sumário (*idem, ibidem*, p. 89).
Nestas duas decisões jurisprudenciais, salvou-se aquilo que se poderá considerar o mínimo exigível do ponto de vista político-criminal: o "homem-de-trás" não ficou impune. Nem o (bom) senso jurídico de qualquer juiz permitiria, decerto, uma tal impunidade. Todavia, os caminhos seguidos para chegar à punibilidade do "homem-de-trás" não foram os mais adequados do ponto de vista dogmático, sobretudo no que concerne ao Acórdão do STJ, não só por refutar claramente a punibilidade da instigação em cadeia, mas também (e por efeito de refutar a punibilidade da instigação em cadeia) por considerar autor mediato o instigador. Não se nos afigura, ainda, a melhor a solução sugerida por Figueiredo Dias quanto à punibilidade de *B* como cúmplice, posto que *B* determinou *C* e *D* à prática dos crimes. Por muito que se entenda que *B* auxiliou *A* (e que *A* seja autor moral, na conceção de Figueiredo Dias), impõe-se considerar que a instigação consome a cumplicidade (*B auxiliou* o autor moral, mas *determinou* também os autores materiais).
Neste caso "meia culpa", em suma em sintonia com o que se expendeu quanto a situações de instigação em cadeia na modalidade de instigação por interposta pessoa, deveriam o "homem-de-trás" e o "homem-do-meio" ser punidos como (co-)instigadores e os "homens-da-frente" como coautores materiais dos crimes em causa (também assim e utilizando argumentos com os quais, no essencial, concordamos, veja-se Gomes, Catarina Sá, «Comparticipação. Acórdão do STJ de 27 janeiro de 1999», em Maria Fernanda Palma (coordenadora), *Casos e Materiais de Direito Penal*, 2004, p. 396 ss).

Consiste, a cumplicidade *material*, em praticar atos *concretos* que auxiliam o autor a executar o crime. Estes atos concretos (materiais) não são, naturalmente, atos de execução, não sendo, por isso, a cumplicidade uma forma de autoria. A diferença entre autoria material e cumplicidade material corresponde, aliás, em muito, aos critérios usados para distinguir atos de execução de atos preparatórios[512]. A execução cabe ao autor, a preparação pode caber ao cúmplice material que, participando em facto de outrem, não detém o domínio do facto.

> Por *exemplo*: *A*, *B* e *C* planeiam assaltar um Banco. *D*, irmão de *C*, que assistia à articulação do plano acordado, mas a quem não cabia qualquer tarefa na correspondente execução, disponibiliza-se a emprestar o seu automóvel para ajudar no assalto, uma vez que se tratava de automóvel de alta cilindrada, muito veloz. Os restantes comparsas aceitam e concretizam o crime de roubo acordado, utilizando o automóvel de *D*.

> Ou um outro *exemplo*: *E* pretende sequestrar *F* e mantê-lo em cativeiro durante alguns dias num esconderijo. Partilhando com *G*, seu amigo, que seria muito útil arranjar uma corrente de ferro para prender *F* durante esses dias no esconderijo, *G* oferece-lhe uma de várias correntes que tinha em sua casa. *E* sequestra *F*, mantendo-o acorrentado durante alguns dias no dito esconderijo.

Em ambos os casos tanto *D*, como *G*, colaboram na *preparação* de crime *executado* por outras pessoas. No primeiro exemplo, no crime executado por *A*, *B* e *C* (coautores materiais), no segundo por *E* (autor material). *D* e *G* prestam auxílio material aos respetivos autores. No primeiro exemplo, *A*, *B* e *C* são punidos, em coautoria (artigo 26.º, terceira proposição, do CP), por crime de roubo (artigo 210.º, n.º 1 e n.º 2, alínea *b)*, do CP[513]) e *D* como cúmplice material (artigo 27.º, n.º 1, do CP). Quanto ao crime de sequestro do segundo exemplo, *E* deve ser punido como autor (artigo 26.º, primeira proposição, do CP) do crime de sequestro (artigo 158.º, n.º 1 e 2, alíneas *a)* e *b)*, do CP) e *G* como seu cúmplice material (artigo 27.º, n.º 1, do CP).

[512] Cf. *supra*, I.1.2.

[513] Com referência à alínea *f)*, do n.º 1, e às alíneas *a)* e *f)*, do n.º 2, do artigo 204.º do CP, admitindo que os coautores entraram na dependência do respetivo Banco, ameaçaram clientes e funcionários com armas de fogo e subtraíram avultada quantia.

Quanto à cumplicidade *moral*, esta traduz-se em dar apoio *psicológico* a outra pessoa que já se decidiu a cometer um crime, reforçando essa decisão criminosa. Trata-se de uma figura que, em certo modo de ver, se aproxima da instigação (nem cúmplice moral, nem instigador "sujam as mãos"), mas com esta se não confunde pela existência de uma linha de fronteira que as separa: a instigação forma a vontade e respetiva decisão criminosa *ainda não existente* no autor; a cumplicidade moral apenas fortalece a vontade e decisão criminosa *já existente* no autor.

> *Exemplo*: *H*, desabafa com *I*, queixando-se de *X*, seu colega de trabalho que, em muito, lhe dificulta o desempenho da sua profissão. *I* afirma que só existe uma solução para ultrapassar o problema que é a de matar *X*. Num primeiro momento, mostrando-se *H* muito surpreendido com tal "solução", *I* insiste que, de outro modo, a sua vida se manterá "um inferno". *H* acaba por decidir-se a matar *X* e assim o faz alguns dias depois.

> Outro *exemplo*: *J* desabafa com *L*, queixando-se de *Z*, seu colega de trabalho, que, em muito, lhe dificulta o desempenho da sua profissão. *J* pega numa arma de fogo, mostra-a a *L*, afirmando que o problema só tem "uma solução". *L* responde-lhe que concorda, que *J* faz muito bem. Sentindo o apoio do amigo, *J* sente-se mais confortável com a decisão que havia já tomado e mata *Z* com um tiro.

Nestes exemplos, *H* e *J* são autores materiais do crime de homicídio (artigo 131.º do CP) de *X* e *Z*, devendo, como tal, ser punidos, nos termos dos artigos 131.º e 26.º, primeira proposição, ambos do CP. *I* é instigador de *H* e *L* cúmplice moral de *J*, pelo que deverá *I* ser punido pela conjugação dos artigos 26.º, quarta proposição, e 131.º e *L* pela combinação dos artigos 27.º, n.º 1, e 131.º, todos do CP.

Ponto fundamental da cumplicidade, tal como – diga-se – de qualquer outra forma de comparticipação, é o de que a atuação seja dolosa; que o auxílio seja doloso (como doloso tem de ser, também e logicamente, o crime do autor). Assim e considerando os exemplos dados, se *D* empresta o automóvel não sabendo que o veículo se destina a ser utilizado num assalto, se *G* oferece a corrente não sabendo que esta será aplicada num sequestro de uma pessoa ou se *L* interpreta a "solução" manifestada por *J* como apresentar queixa ao seu patrão (não percebendo o significado de *J* ter pegado na arma), por não agirem dolosamente já não podem ser considerados cúmplices dos respetivos crimes executados pelos autores.

Também a cumplicidade implica *duplo dolo*: de auxiliar outrem à prática de um crime e do próprio crime.

5.3. Punibilidade do (com)participante

5.3.1. A teoria da acessoriedade limitada (*acessoriedade qualitativa*)

A questão da acessoriedade coloca-se, usualmente, quanto à punibilidade do participante, uma vez que, não sendo autor, não comete o delito, «não pratica a ação típica e o seu comportamento não está, consequentemente, abrangido pelas previsões da PE do CP»[514].

Se os participantes (instigadores e cúmplices) não executam o facto, se não cometem o delito, não se lhes pode aplicar diretamente os pressupostos da teoria da infração penal, em vista do apuramento da eventual punibilidade. *Determinar* outra pessoa à prática do facto ou *prestar auxílio* (material ou moral) à prática do facto (por outra pessoa) configuram *ações*, mas *não típicas*. As figuras da instigação e da cumplicidade não constituem, em si, crime, não estão como tal tipificadas; são, de outro modo, formas de participação em crimes executados por outrem. O instigador de um homicídio, de um sequestro ou de um roubo, por exemplo, não comete, em suma, ação típica, ilícita, culposa e punível. Nem o cúmplice. Todavia os artigos 26.º e 27.º do CP preveem a consequente punibilidade.

A punibilidade do participante pelo crime executado pelo autor resulta, assim, de normas da Parte Geral do Código Penal (desde logo dos artigos 26.º, quarta proposição alternativa, e 27.º, n.º 2, deste diploma), suscitando-se, então, o problema de saber qual a metodologia a seguir, qual o caminho a percorrer, para apurar essa punibilidade.

Sendo o autor figura central na execução do crime, surge o participante como figura acessória nessa execução e, portanto, a respetiva punibilidade não pode deixar de operar acessoriamente. O problema que então se coloca é o de saber, no âmbito da teoria da infração penal, qual a medida necessária de elementos constitutivos do facto do autor (ou do coautor) para que possa este

[514] Dias, Jorge de Figueiredo [restringindo, já o vimos, a participação à figura da cumplicidade], *Direito Penal. Parte Geral*, I, 2019, p. 960.

(facto do autor ou coautor) ser comunicado aos participantes (ou a coautor, ou coautores). Trata-se da, por vezes designada, *acessoriedade qualitativa* ou *interna*.[515]

Numa interpretação isolada dos preceitos em causa (artigo 26.º, 4.ª proposição, e 27.º, n.º 2, ambos do CP) – isto é, sem recurso ao elemento sistemático –, seríamos, muito provavelmente, levados a afirmar que seria apenas na *punibilidade* que operaria a mencionada comunicabilidade. Que seria a pura punibilidade do autor que se comunicaria ao participante. Que se, por exemplo, o autor de um homicídio fosse punido com pena concreta de 13 anos de prisão, também o respetivo instigador o seria; tal como, ainda, o cúmplice, ressalvada a atenuação dessa punibilidade, por aplicação do artigo 27.º, n.º 2, com remissão para o artigo 73.º, ambos do CP. Ou que se o autor não fosse punido (por, *v.g.*, extinção da punibilidade, nos termos do artigo 127.º do CP), também o instigador e o cúmplice não o seriam. Esta interpretação implicaria a comunicação (ou não comunicação) automática da pena e, portanto, a exigência de que o facto do autor fosse típico, ilícito, culposo e *punível* para que, *ipso iure*, fosse punido o participante (e, caso não fosse punível o facto do autor, também já não o seria o do participante). A comunicabilidade do facto do autor para o participante centrar-se-ia, em suma, na própria *punibilidade*. Tratar-se-ia, portanto, de comunicação da punibilidade e, enquanto tal, de *hiper-acessoriedade* (*acessoriedade extrema*)[516].

Uma tal interpretação seria inevitavelmente desconforme à Constituição por implicar a comunicação da punibilidade (do autor para o participante), violando, por conseguinte, o *princípio da intransmissibilidade da responsabilidade penal* (artigo 33.º, n.º 3, da CRP). Seria, igual e logicamente, contrária ao *princípio da culpa*, também com foros de dignidade constitucional assentes nos *princípios da autonomia ética e liberdade individual* (artigos 25.º, n.º 1, com referência à *integridade moral*, e 27.º, n.º 1, ambos da CRP). Seria, enfim, a atribuição de responsabilidade penal objetiva por *facto* culposo *de outrem* (responsabilidade aquiliana), posto que se não exigiria a imputação de culpa ao participante por ter instigado ou auxiliado o autor material na execução do facto, bastando a verificação de culpa no autor. Responsabilidade objetiva por facto culposo de outrem que não é sufragada pelo direito penal, atentos os enunciados princípios constitucionais.

[515] Cf. DIAS, Jorge de Figueiredo, *Direito Penal. Parte Geral*, I, 2019, p. 965.

[516] Basicamente assim, DIAS, Jorge de Figueiredo, *Direito Penal. Parte Geral*, I, 2019, p. 965.

Afastada fica, assim, a possibilidade de *hiper-acessoriedade* (comunicação da punibilidade), mas também a chamada *acessoriedade rigorosa* (comunicação da culpa) em que, desta feita, o fundamento da punibilidade do participante residiria na comunicação do facto típico, ilícito e *culposo* executado pelo autor. Assim e enquanto norma conformadora, no âmbito da comparticipação criminosa, daqueles preceitos constitucionais, estabelece o Código Penal, no artigo 29.º, sob a epígrafe "punibilidade dos comparticipantes", que «[c]ada comparticipante é punido segundo a *sua* culpa, independentemente da *punição* ou do *grau de culpa* dos outros comparticipantes»[517].

Exemplo 1: *B*, imputável, auxilia *A*, inimputável, a matar *C*.

Exemplo 2: *E*, inimputável, auxilia *D*, imputável, a matar *F*.

Exemplo 3: *G*, imputável, convence *H*, inimputável, a matar *I*.

Exemplo 4: *J*, inimputável, convence *K*, imputável, a matar *L*.

Face ao exposto, *B* é punido como cúmplice de *A* no homicídio de *C*, apesar de não ser punido *A*, enquanto autor material (por falta de culpa em razão da inimputabilidade). Como também, não é punido *E*, como cúmplice no homicídio de *F*, pese embora seja punido *D*, enquanto autor deste homicídio. O mesmo vale, *mutatis mutandis*, para *G* e *J*, instigadores, e *H* e *K*, autores materiais.

O nosso sistema jurídico-penal – considerando, nomeadamente, a Constituição da República Portuguesa e o Código Penal – sufraga, assim, a *acessoriedade limitada*. Do autor para o participante comunica-se a *ilicitude* típica pelo facto executado. Ou melhor: a ilicitude *típica objetiva*. Isto, sem prejuízo do pressuposto do facto *doloso* do autor: na cumplicidade porque o artigo 27.º, n.º 1, do CP assim *expressamente* o exige – «[...] prestar auxílio [...] à prática por outrem de um facto *doloso*»[518] –; na instigação, em virtude de *implicitamente* constar da formulação da quarta proposição alternativa do artigo 26.º do CP: se o autor executa o facto determinado pelo instigador, tal determinação (do autor) é necessariamente dolosa.

[517] [Itálicos adicionados].
[518] [Itálico adicionado].

Mas se a execução dolosa do crime pelo autor se verte em questão (prévia e) prejudicial da punibilidade do participante – pela singela razão de ser a comparticipação figura necessariamente dolosa –, isso não significa comunicação do dolo do autor para o participante. Os elementos subjetivos são estritamente individuais e, nessa medida, são, pura e simplesmente, incomunicáveis. Tal como a culpa, o dolo, enquanto elemento subjetivo individual, não é, pois, comunicável. Ademais, o dolo só consolida carga emocional negativa (atitude interior contrária aos valores penais) – e, portanto, só se completa – em sede, precisamente, de culpa. Mas nem o dolo-do-tipo é comunicável. E se, ainda assim, dúvidas restassem quanto à comunicabilidade do dolo, elas facilmente se dissipariam no sentido da incomunicabilidade face ao (expressa e claramente) definido a lei: «[...] quem, *dolosamente* [...]»[519] (artigos 26.º, quarta proposição alternativa, e 27.º, n.º 1, ambos do CP). Impõe a lei, *nemine discrepante*, conduta *dolosa* (*duplo dolo*) a ambos[520]: instigador e cúmplice respondem, em suma, pelo seu próprio dolo individual.

A *acessoriedade limitada* não é, todavia, característica apenas da participação, mas de toda a comparticipação, nomeadamente da coautoria. Se, em virtude do *pactum sceleris*, cada coautor se responsabiliza não só pelos seus atos (não só pela execução da sua tarefa *individual*), mas também pelos atos dos outros coautores (pela execução das respetivas tarefas), no contexto do facto *global* (correspondente à execução conjunta das tarefas dos coautores), então, considerando o preceituado no artigo 29.º do CP, comunica-se a ilicitude do facto de cada coautor aos outros coautores, reciprocamente, respondendo cada um pela sua culpa individual. E [cada um] pelo respetivo dolo, acrescente-se. Porque cada coautor, tendo participado no acordo e tendo executado a respetiva tarefa, atua, necessariamente, com dolo do facto global.

Revemo-nos, por isso, nas palavras de Teresa Beleza ao referir que seja embora a questão da acessoriedade normalmente colocada «em termos de dizer respeito (apenas) à participação», ela também se coloca «em relação a qualquer situação em que haja comparticipação entre pessoas (pode ser uma situação de cumplicidade em relação ao autor, pode ser uma situação de instigação em relação ao autor, pode ser uma situação de coautoria)»[521].

[519] [Itálico adicionado].

[520] Nos termos *supra* definidos em 5.1. e 5.2.

[521] Beleza, Teresa, *Direito Penal*, II, 1980, p. 375 e nota 370.

5.3.1.1. Acessoriedade na autoria mediata?

Já na autoria mediata por domínio da vontade não se nos afigura existir propriamente comunicabilidade da ilicitude do executor para o autor. Por nossa parte, entendemos que a utilização do executor como instrumento leva a que, a partir do momento do início da execução (pelo homem-da-frente), seja a ação típica executada em *alteridade* entre (este) homem-da-frente (executor material) e homem-de-trás (autor mediato). Isto, porque se trata de constelações de casos muito específicas em que o instrumento do crime é um ser humano que atua, mas pode nem atuar tipicamente ou ilicitamente. Pode, com efeito, a instrumentalização do autor mediato levar a que o executor atue atipicamente ou licitamente. Pode o autor mediato instrumentalizar a própria vítima, levando-a, por exemplo, a cometer um suicídio[522] ou provocar uma situação justificante ao executor[523]. E nem por isso deixa [o autor mediato] de ser punido. O autor mediato ao dominar a vontade do executor (ou ao dominar o facto por fungibilidade do executor), utiliza-o como instrumento (*longa manus*), pelo que a pura e objetiva execução do facto a ambos pertence em relação de alteridade[524].

5.3.2. A inversão (da direção) da regra da acessoriedade (artigo 28.º do CP)

A acessoriedade (limitada) na comparticipação é de resto assumida no artigo 28.º do CP. Nos crimes específicos, próprios e impróprios, a ilicitude, ou o grau de ilicitude do autor *intraneus* (isto é, do autor que tem a qualidade específica exigida pelo tipo legal de crime), comunica-se ao participante *extraneus*

[522] Sobre este género de situações, com referência à jurisprudência alemã, veja-se ANDRADE, Manuel da Costa, «[Anotação ao] Artigo 135.º», em Jorge de Figueiredo Dias (Dir.), *Comentário Conimbricense ao Código Penal*, I, 1999, pp. 88-91. Veja-se, também, DIAS, Jorge de Figueiredo, *Direito Penal. Parte Geral*, I, 2019, pp. 911-913.

[523] Quanto às situações raras, mas possíveis, de atuação lícita do instrumento, veja-se DIAS, Jorge de Figueiredo, *Direito Penal. Parte Geral*, I, 2019, pp. 908-911.

[524] Pode mesmo ser colocada a questão de saber se a autoria mediata – pelo menos por domínio da vontade – corresponde a verdadeira comparticipação. Nem se designa, comummente, o executor material como autor, porque, quanto muito, pode apenas ser punido por crime negligente e os comportamentos negligentes não se enquadram na comparticipação. Não será, assim, o executor verdadeiramente comparticipante por se tratar de mero "instrumento" "nas mãos" do autor. Instrumento humano (que realiza ação suscetível de ser típica), mas instrumento. Já no caso do domínio de organização por fungibilidade existe, por motivo das especificidades muito próprias da figura, a relação do "autor por detrás do autor" (cf. *supra*, 4.2.2.) e, aqui sim, comparticipação.

(participante que não tem a qualidade específica exigida pelo tipo legal). Como se comunica também entre coautores *intranei* e *extranei*. Mas a comunicabilidade nesta direção (do autor para o participante ou entre coautores) nem necessita da aplicação do artigo 28.º do CP, uma vez que resulta da interpretação conjugada dos artigos 26.º, 27.º e 29.º do CP. Verdadeiramente, o conteúdo útil do artigo 28.º do CP encontra-se na *inversão da regra da acessoriedade*, vale por dizer, na comunicabilidade da ilicitude, ou do grau de ilicitude, do participante *intraneus* para o autor *extraneus*. A acessoriedade limitada é, assim, a comunicação de ilicitude de quem executa o facto para quem não o executa (incluindo do coautor que executa a sua tarefa para o coautor que não executa essa exata tarefa), resultante da articulação dos mencionados artigos 26.º, 27.º e 29.º do CP. A inversão da acessoriedade – *rectius*, a inversão da direção da acessoriedade – resulta já da comunicação da ilicitude do participante para o autor que o artigo 28.º do CP abrange. A comunicação da ilicitude nesta direção só opera nos crimes específicos próprios ou impróprios em constelações de casos em que o participante seja *intraneus* e o autor *extraneus*, ou seja, em que a qualidade específica que atribui ilicitude ou (maior) grau de ilicitude pertença ao participante e não ao autor.

6. Questões comuns

6.1. Tentativa na comparticipação

6.1.1. Considerações gerais

A grande questão que se coloca, nesta matéria, é a do início da tentativa em caso de comparticipação, uma vez que esta temática se não encontra especialmente prevista na lei. Impõe-se, então, apurar o critério determinante: aferir se, no que às formas de autoria (autoria mediata e coautoria) concerne, deve ser o de uma *solução individual* em que o autor mediato, ou cada coautor, responde (apenas) pela sua ação individual – iniciando-se, por conseguinte, a respetiva tentativa no momento em que começa essa sua ação individual –, ou se o de uma *solução global*, segundo a qual o autor mediato, ou o coautor, responde pela globalidade constituída por autor mediato e seu "instrumento", ou pela totalidade dos coautores, respetivamente. No que tange às formas de participação (instigação e cumplicidade), trata-se já de *acessoriedade quantitativa* relativamente à conduta típica do autor.

6.1.2. Na autoria mediata

Detendo o autor o domínio do facto por *domínio da vontade* (do executor material) ou por *domínio organizacional* (pela *fungibilidade* dos autores materiais), tudo indica que, à luz da alínea *c)* do n.º 2 do artigo 22.º do CP, se deverá iniciar a tentativa no momento em que o autor mediato pratica o ato apto a viciar a *vontade* do executor ou em que dá a ordem de execução ao inimputável ou ao autor material *fungível*. Isto, porque a mencionada alínea *c)* do n.º 2 do artigo 22.º do CP estabelece um nexo de ligação *lógica* e *cronológica* entre os atos aí previstos e os atos de execução constantes das alíneas anteriores (das alíneas *a)* e *b)* do mesmo n.º 2 do artigo 22.º do CP). Assim, atenta a decisão criminosa (*nuda cogitatio*) do sujeito, quando este realiza o ato apto a viciar a vontade do executor, ou dá a ordem de execução ao inimputável, ou ao autor material fungível, torna-se *previsível* (estabelece-se um nexo de ligação *lógica*) que, de imediato (ligação *cronológica*, vertida em estreita *conexão temporal*), se sigam atos das espécies indicadas nas alíneas anteriores (nas alíneas *a)* e *b)*)[525]. O mesmo é dizer: ao ato de viciação da vontade do executor ou à ordem dada ao executor inimputável ou autor fungível, em vista da consumação do crime, seguir-se-ão, salvo circunstâncias imprevisíveis, os atos de execução «idóneos a produzir o resultado típico» (alínea *b)*) e/ou «constitutivos de um tipo legal de crime» (alínea *c)*).

Corresponde esta conceção à chamada *solução individual*[526]. Se *puramente individual*[527] ou se *modificada*[528] não se nos afigura posição a tomar em abstrato. Tudo depende do contexto fático da situação concreta e do modo de atuação do autor mediato em relação ao executor que deve ser valorado à luz do critério da ligação *lógica* e *cronológica* entre o ato daquele autor mediato

525 *Ut supra*, I.1.2.

526 Afastada fica a teoria da *solução global*, segundo a qual – e nas palavras de Figueiredo Dias – «a tentativa do facto em autoria mediata só deveria considerar-se iniciada com a *intervenção do instrumento* e, por conseguinte, quando este *inicia a execução* (de forma paralela à expressamente exigida pela nossa lei para a instigação [...])» [itálicos originais] (Dias, Jorge de Figueiredo, *Direito Penal. Parte Geral*, I, 2019, p. 954).

527 *Solução puramente individual* em que «a tentativa do facto cometido em autoria mediata começaria logo com o *início* da conduta externa de influência sobre o instrumento» [itálico original] (Dias, Jorge de Figueiredo, *Direito Penal. Parte Geral*, I, 2019, p. pp. 953-954).

528 Para a teoria da *solução individual modificada*, «assim crismada por Roxin», «a tentativa iniciar-se-ia com o *final* da atuação do autor mediato sobre o instrumento e, assim, com a "saída do acontecimento do âmbito de domínio do autor mediato"» [itálico original] (Dias, Jorge de Figueiredo, *Direito Penal. Parte Geral*, I, 2019, p. 954).

e a previsibilidade de se seguirem, por parte do executor, atos idóneos a produzir o resultado típico e/ou constitutivos do tipo legal de crime. Sempre considerando – e destacando a diferença face à instigação – que o domínio da vontade ou o domínio organizacional aumentam o nexo de previsibilidade.

Considerem-se os exemplos adiantados por Figueiredo Dias (colhidos em Roxin e em Stratenwerth) à luz da ligação de previsibilidade, lógica e cronológica, entre a atuação do autor mediato e a que era por este pretendida em relação ao executor material.

> *Exemplo 1*: O «médico *A* deixa, como de costume, logo pela manhã, preparada a injeção que a enfermeira *B* deve dar, pela noite, ao paciente *C*, tendo – sem a enfermeira o saber – enchido a seringa com veneno, abandonando logo o hospital». Contudo, vem «a maquinação a ser descoberta e a seringa inutilizada no princípio da tarde».
>
> *Sub-hipótese 1.1.*: «*A* entrega, no consultório, a seringa envenenada a *B* para que esta se dirija à enfermaria e ministre a injeção a *C*, mas a enfermeira escorrega na escada e a seringa quebra-se».
>
> *Sub-hipótese 1.2.*: «*A*, à beira da cama, de *C*, passa para as mãos de *B* a seringa envenenada para que seja logo ministrada, mas a seringa cai no chão e quebra-se».
>
> *Exemplo 2*: «*D* prepara um whisky envenenado que deixa sobre a mesa e vai depois jantar fora e ao cinema, esperando que o marido *E* depare com o whisky e, como é costume, o beba antes de jantar, mas quando *E* se senta à mesa, disposto a tomar a bebida, o copo» quebra-se «com uma rajada de vento que entrou pela janela que estava aberta»[529].

Em todos estes exemplos, depara-se o problema da previsibilidade sobretudo no âmbito da conexão *cronológica* e da correspondente repercussão na conexão *lógica* entre a atuação ocorrida e a pretendida. No *exemplo 1*, impõe-se aquilatar se a descoberta da maquinação (e consequente inutilização da seringa ao princípio da tarde) se enquadra «nas circunstâncias imprevisíveis» a que se refere a alínea *c)* do n.º 2 do artigo 22.º do CP. A distância cronológica entre a ação de *A* (encher a seringa com veneno) e a pretendida

[529] Dias, Jorge de Figueiredo, *Direito Penal. Parte Geral*, I, 2019, p. 954.

execução de *B* (ministrar a injeção em *C*) tende a diminuir a imprevisibilidade de acontecimento inviabilizador desta execução de *B*. Todavia, dadas as circunstâncias concretas, manter-se-ia, ainda assim, esta imprevisibilidade do acontecimento inviabilizador (e, portanto, a previsibilidade de ministrar o veneno em *C*), dado o elevado grau de dificuldade da descoberta da maquinação, pelo que corresponderia a atuação de *A* (ministrar veneno na seringa) ao preceituado na alínea *c)* do n.º 2 do artigo 22.º do CP, isto é, verificar-se-ia, por conseguinte, o início da tentativa de homicídio por envenenamento[530]. Será a melhor solução, assumindo relevância, neste particular, o elemento teleológico-funcional de interpretação.

Já nos restantes exemplos afigura-se com maior clareza o início da execução da tentativa de homicídio, uma vez que diminui o hiato cronológico entre o ato do autor mediato e o previsível ato do executor material (que seria idóneo a produzir o resultado típico). As circunstâncias que impediram a atuação do executor (que, no *exemplo 2*, é a própria vítima) são imprevisíveis, pelo que se verifica, conjugadamente, o disposto na alínea *c)* do n.º 2 do artigo 22.º e no artigo 132.º, n.º 2, alínea *i)*, do CP.

6.1.3. Na coautoria

Suscita-se a questão de saber se o início da tentativa de cada coautor se reporta ao início da sua própria execução (*solução individual*) ou se, com referência ao acordo (plano comum), o início de execução do coautor a quem cabe a primeira tarefa na execução global do facto se estende aos outros coautores (*solução global*).

Esta é uma temática profundamente estudada por Conceição Valdágua em cujas conclusões, no essencial, nos revemos. Criticando[531] e rejeitando[532] a solução global, dominante na Alemanha, por antecipar em demasia o início da tentativa dos coautores que, participando no acordo, ainda não realizaram a respetiva tarefa no contexto da execução (típica) conjunta – ainda não

[530] A não ser que as concretas particularidades do caso concreto facilitassem a descoberta do veneno, como, *v.g.*, apresentar este uma coloração manifestamente diferente da coloração da substância indicada, permitindo que, a "olho nu", qualquer profissional de saúde facilmente se apercebesse de que a substância não era a suposta. Se assim fosse, já previsível se tornaria a descoberta da maquinação.

[531] Veja-se Valdágua, Maria da Conceição, *Início da tentativa do co-autor*, 1993, pp. 155-163.

[532] Veja-se Valdágua, Maria da Conceição, *Início da tentativa do co-autor*, 1993, pp. 163-172.

tomaram, verdadeiramente, "parte direta" (artigo 26.º, 3.ª proposição alternativa) na execução do crime[533] –, entende Conceição Valdágua que o início da tentativa do coautor se dá, em sintonia com a lei, apenas no momento em que ele inicia a execução da sua tarefa no contexto do facto global, isto é, no momento em que realiza, individualmente, o seu primeiro ato de execução. Primeiro ato de execução que, já se sabe (assim é, desde logo, na autoria singular), se define nos termos do artigo 22.º, n.º 2, alínea *c)*, do CP.

Neste enquadramento, inicia o coautor a sua execução individual a partir do momento em que pratica ato enquadrável na alínea *c)* do n.º 2 do artigo 22.º. Para o preenchimento do critério nesta alínea sufragado (o juízo de previsibilidade, em estreita conexão temporal, entre os atos mencionados na alínea *c)* e os das alíneas anteriores, ou seja, a respetiva ligação *lógica* e *cronológica*[534]), atribui Conceição Valdágua relevância ao plano comum (definido no *pactum sceleris* entre os comparsas). Nestes termos e nas palavras de Conceição Valdágua, o início da tentativa do coautor ocorre quando ele, em conformidade com o plano comum, «pratica ou toma parte directa na prática de um acto que, tendo em conta esse plano, é de natureza a fazer esperar, "segundo a experiência comum e salvo circunstâncias imprevisíveis", que se lhes sigam, da parte desse mesmo agente, actos das espécies referidas nas alíneas a) e b)»[535]. Ter em conta o plano comum neste juízo de previsibilidade, leva a Autora a considerar que a alínea *c)* abrange atos que, isoladamente considerados, apenas fundamentariam a punição por cumplicidade. É ao ter-se em conta o concreto *pactum sceleris* que estes atos podem revelar-se «*de natureza a fazer esperar* ("segundo a experiência comum e salvo circunstâncias imprevisíveis") *que se lhes sigam, em estreita conexão temporal com eles, actos do mesmo agente que justificam a sua qualificação como co-autor*»[536]. Mediante o caso concreto e o respetivo *pactum sceleris*, podem revelar, em suma, aptos a estabelecer um nexo de ligação *lógica* e *cronológica* com os atos das alíneas anteriores.

[533] Concluindo «que a solução global é inadmissível no Direito Penal português, desde logo por violação do princípio da legalidade (artº 29º, nº 1 e 3, da Constitução e artº 1º, nº 3, do Código Penal, todos conjugados com o artº 26º, terceira proposição)» (Valdágua, Maria da Conceição, *Início da tentativa do co-autor*, 1993, p. 166).

[534] Tal como na autoria singular (*ut supra*, I.1.2.) e na autoria mediata (*ut supra*, 6.1.2.).

[535] Valdágua, Maria da Conceição, *Início da tentativa do co-autor*, 1993, p. 180.

[536] [Itálico original] Valdágua, Maria da Conceição, *Início da tentativa do co-autor*, 1993, p. 181.

> *Exemplo 1* [adaptado de Conceição Valdágua[537]]: *A* e *B* decidem matar *C*, concebendo um plano: ao longo de determinado período de tempo, cada um deles, em dias alternados, ministrará uma dose de veneno na bebida da vítima. O plano é descoberto logo após *A* ter ministrado a primeira dose prevista.

Neste caso, não deve *B* ser punido como coautor de homicídio qualificado tentado, mas apenas como cúmplice moral, uma vez que não realizou sequer qualquer ato posterior ao *pactum sceleris* que pudesse, à luz do critério definido, ser entendido como ato de execução. Ao participar (unicamente) no *pactum sceleris* (apenas) prestou auxílio moral à realização do crime, tendo havido, por *A*, que, assim, é mero autor singular, início da execução.

Para a *solução global*, seria *B* considerado coautor por ter participado no *pactum sceleris*, estendendo-se-lhe o início da tentativa de *A* (neste caso, também coautor).

> *Sub-hipótese*: quando o plano é descoberto, *B* encontra-se a preparar o veneno para o dia seguinte.

Também aqui *B* não assume a qualidade de coautor. Apesar de ter participado no *pactum sceleris* e de ter realizado ato posterior, este ato não é, ainda assim, suficiente para ser considerado de execução, atendendo a que entre o ato de preparar o veneno e o ato de o colocar no copo de *C* (ato idóneo a matar) não existe *estreita conexão temporal* (não sendo esta, bem entendido, como temos vindo a referir, exigência específica do coautor, mas das diversas formas de autoria[538]). *B* aparece, nesta sub-hipótese, como cúmplice material.

Para a *solução global* e pelas mesmas razões aduzidas no âmbito do *exemplo 1*, seria *B*, também aqui, coautor.

> *Exemplo 2*: *D*, *E* e *F* planeiam assaltar uma agência do *Banco X*, traçando o seguinte plano: às 9h00, *D* e *E* entrarão no banco e, através da sua arma, *D* ameaçará clientes enquanto *E* constrangerá os funcionários a entregar o dinheiro. Às 9h10, *F* parará o seu potente automóvel à porta da agência bancária para que os comparsas, com o dinheiro obtido, entrem

[537] Cf. VALDÁGUA, Maria da Conceição, *Início da tentativa do co-autor*, 1993, p. 18.

[538] Cf. *supra*, I.1.2. e, também, 6.1.2. Neste sentido, VALDÁGUA, Maria da Conceição, *Início da tentativa do co-autor*, 1993, p. 182.

> no automóvel e todos fujam rapidamente. Colocado o plano em prática, *D* e *E* atuam conforme o delineado. Quando *F* pára o carro à hora acordada, surge, todavia, a polícia que os detém.

Além de *D* e *E* também *F* deve ser punido como coautor do crime de roubo. Segundo o plano criminoso era de esperar que os seus comparsas aparecessem com o dinheiro e em seguida entrassem no automóvel que, conduzido em fuga por *F*, permitiria, em conformidade com a teoria da *ilatio*[539], a consumação do roubo. Constituiria a fuga ato de consolidação da subtração e, portanto, ato de execução do roubo (artigo 22.º, n.º 2, alínea *a)*, do CP), traduzindo-se a conduta de *F* (parar o automóvel à porta do banco na hora combinada) em ato subsumível à alínea *c)* do n.º 2 do artigo 22.º, conjugado com o artigo 210.º, ambos do CP.

Para a *solução global* seria *F* também coautor. Não já pelo ato por si realizado (parar o automóvel à porta do banco), mas pelo início da tentativa (em momento anterior) dos outros coautores que se lhe estenderia.

> *Exemplo 3* [adaptado de decisão do *RGSt* em 1883 e referido por Conceição Valdágua[540]]: *A* e *B*, marido e mulher, planeiam um furto de valor consideravelmente elevado na casa de *C*, pensando que este se encontraria no estrangeiro. Segundo o plano, *A* abriria a porta com uma gazua, entraria na casa e chamaria *B* para que esta, detendo um enorme saco, acolhesse os valiosos objetos cobiçados que *A* lhe entregaria. Ao colocar o plano em prática, *A* enfia a gazua na fechadura da porta enquanto *B*, a seu lado com o saco, aguardava a abertura para, em seguida, intervir de acordo com o *pactum sceleris* por ambos forjado. Contudo, no preciso momento em que *A* consegue abrir a porta, são os dois comparsas surpreendidos por *C* que os impede de realizar o furto.

Deve *B* ser punida como coautora de tentativa de furto qualificado. Ao colocar-se, com o saco na mão, ao lado de *A*, enquanto este procedia à abertura da porta, realiza já, após o *pactum sceleris* e em sintonia com o delineado, um ato de auxílio moral («com a sua presença no local do crime, que assegurava ao marido estar ela disposta a cooperar na subtracção, conforme

[539] Cf. *supra*, 3.º Capítulo, IV.6.

[540] Cf. VALDÁGUA, Maria da Conceição, *Início da tentativa do co-autor*, 1993, p. 59.

o combinado»[541]) e, a esse ato, seguir-se-ia, muito em breve e com alto grau de probabilidade, conforme acordado no pacto, a execução da tarefa de *B*, que se traduziria na subtração dos objetos cobiçados (ato constitutivo do tipo legal de crime de furto). A conduta de *B* (colocar-se ao lado de *A* com o saco na mão) subsume-se, assim, à alínea *c)* do n.º 2 do artigo 22.º, n.º 2, conjugada com o artigo 204.º, n.º 2, alíneas *a)* e *e)*, do CP. *A* e *B* são coautores de tentativa de furto qualificado[542].

Para Conceição Valdágua, em suma, um ato de cumplicidade, seja moral ou material, pode, em determinadas circunstâncias do contexto de execução do plano criminoso, fundamentar a punição do comparsa como coautor do delito tentado. Mas esse ato, à partida (isto é, isoladamente considerado) de cumplicidade, tem efetivamente de existir (diferentemente da *solução global*) para que se inicie da execução do coautor. Desde que se trate de ato posterior ao *pactum sceleris* ligado *lógica* e *cronologicamente*, segundo este pacto, a atos de execução do crime (global) previstos nas alíneas *a)* e/ou *b)* do n.º 2 do artigo 22.º do CP.

Já não assim se a atuação do comparsa se resumir a mera participação no *pactum sceleris.*

> *Sub-hipótese do exemplo 2*: *F* atrasa-se, não surgindo no local à hora combinada, pelo que, ao saírem da agência bancária, surpreendidos pela ausência do comparsa, *D* e *E*, após trocarem olhares, decidem correr desenfreadamente em fuga. São, todavia, detidos pelas autoridades pouco tempo depois.

Não pode já, nesta sub-hipótese, ser *F* punido como coautor (diferentemente do que sucederia se utilizado o critério da *solução global*). Pela sua ausência no local foi o plano alterado e, neste novo plano, apenas são coautores *D* e *E*. Seria *F* cúmplice moral por ter participado no primeiro plano criminoso e, assim, ter reforçado nos outros comparsas a vontade de realizar o assalto.

Tal como será (mero) cúmplice moral o comparsa que participa no *pactum sceleris*, mas lhe não cabe a execução de qualquer tarefa do facto global que efetivamente é colocado em prática.

541 Valdágua, Maria da Conceição, *Início da tentativa do co-autor*, 1993, p. 183.

542 Assim, Valdágua, Maria da Conceição, *Início da tentativa do co-autor*, 1993, p. 183.

6.1.4. Na instigação e na cumplicidade (*acessoriedade quantitativa*)

Sendo a instigação e a cumplicidade formas de participação, coloca-se a questão da acessoriedade face ao comportamento típico do autor.

Quanto ao instigador, a lei (que o separa do autor mediato) condiciona a respetiva punibilidade ao início da execução do facto pelo autor (instigado), à semelhança do § 26 do *StGB* alemão. Isto, porque a ilicitude do instigador provém (do início) da execução do autor – *acessoriedade quantitativa*.

Existem, todavia, situações práticas em que exigências de política criminal parecem implicar a necessidade punitiva do instigador, mesmo sem início da execução pelo autor. Só que – e diferentemente do (§ 30 do) *StGB* – não sufraga o Código Penal português a punibilidade da instigação tentada ou da instigação sem efetivo início da execução do crime pelo autor. Tais exigências político-criminais revelam-se, sobretudo, em casos de aliciamento para a execução de crime de homicídio mediante contrapartida monetária ("pacto para matar")[543]. O que levou o STJ a fixar jurisprudência (acórdão n.º 11/2009, de 18 de junho[544]) no sentido de considerar autor mediato o instigador que ajustou a realização de homicídio, mediante pagamento de quantia em dinheiro, sem que, todavia, o instigado – que aceitou o "serviço" e recebeu parte da quantia – iniciasse a execução, punindo assim o instigador, como autor mediato de homicídio tentado.

Acórdão que, como se compreende, foi alvo de diversas críticas doutrinárias[545], sendo também afastado em decisões judiciais[546].

[543] Cf. *supra*, 5.1.1.

[544] Disponível em http://www.dgsi.pt.

[545] Veja-se, por todos, Dias, Jorge de Figueiredo, *Direito Penal. Parte Geral*, I, 2019, p. 959; Albuquerque, Paulo Pinto de, *Comentário do Código Penal*, 2021, pp. 220-221, bem como as indicações doutrinárias referidas pelos Autores. Já neste sentido e a propósito de Acórdão anterior – de que os casos de aliciamento (ou de "pacto para matar") se não enquadram na figura da autoria mediata, entendendo tratar-se de casos de instigação, veja-se, Brandão, Nuno, «Pacto para matar: autoria e início da execução», *RPCC*, ano 18 (2008) pp. 531-605. Sintetizando as críticas da jurisprudência fixada ao concluir pelo afastamento da autoria mediata (nestes casos), «uma vez que aquele que aceita executar o crime, ou que é aliciado para a sua prática, não vê a sua vontade controlada por aquele que o procura ou contrata» e pela necessidade da acessoriedade quantitativa, dado que para a punibilidade do instigador «[t]erá de existir, pelo menos, o início da tentativa por parte do homem da frente, isto é, a prática de, pelo menos, um ato de execução pelo instigado», veja-se Faria, Paula Ribeiro de, *Formas especiais do crime*, 2017, p. 341.

[546] Veja-se, nomeadamente, Acórdãos do TRP, de 10 de fevereiro de 2016, e do próprio STJ, de 20 de setembro de 2018 (http://www.dgsi.pt).

Sendo fundadas as mencionadas exigências de política criminal – e, porventura, sê-lo-ão –, reconhecendo-se, por conseguinte, lacunas de punibilidade em situações de "aliciamento (ou "pacto) para matar", depara-se-nos um problema cuja solução deverá ser procurada de *iure constituendo*, mediante alteração legislativa que consagre norma idêntica à do § 30 do *StGB* (tentativa de instigação) ou, então – é a posição de Figueiredo Dias –, que antecipe a «punição a atos preparatórios de um crime de homicídio»[547].

A punibilidade do cúmplice, moral ou material, depende, tal como a punibilidade da instigação, do início da execução do facto pelo autor – *acessoriedade quantitativa*. Assim, também a consequente impunidade do cúmplice, pela não execução do autor, só poderia ser evitada por norma legal que incriminasse autonomamente a tentativa de cumplicidade. Ainda que, na cumplicidade, se não trate de questão premente, uma vez que, diferentemente do que sucede na instigação, a atuação do cúmplice não se encontra na origem do perigo para o bem jurídico.

6.2. Desistência na comparticipação

Estabelece o artigo 25.º do CP regime próprio para a desistência em caso de comparticipação: «se vários agentes comparticiparem no facto, não é punível a tentativa daquele que voluntariamente impedir a consumação ou a verificação do resultado, nem a daquele que se esforçar seriamente por impedir uma ou outra, ainda que os outros comparticipantes prossigam na execução do crime ou o consumem».

Face ao artigo 24.º, este regime especial do artigo 25.º (ambos) do CP, justifica-se, antes de mais, pela circunstância de os comparticipantes nesta norma previstos não executarem, total ou parcialmente, o facto pelas suas próprias mãos. Com efeito, no círculo de pessoas abrangidas pela norma – que, à partida, parece ser dirigido a todos os comparticipantes – não existem razões para incluir o autor imediato, mesmo que atue em comparticipação com instigador e cúmplice. Ao autor imediato continua a aplicar-se o artigo 24.º do CP. O regime da desistência em caso de comparticipação apenas abrange os restantes comparticipantes: instigadores, cúmplices, coautores

[547] DIAS, Jorge de Figueiredo, *Direito Penal. Parte Geral*, I, 2019, p. 959. Ainda assim, não será, todavia, esta solução suficiente, uma vez que a exigência punitiva se mantém nas situações em que se tenta determinar outra pessoa a cometer o crime (nomeadamente de homicídio, mas não só), afigurando-se a melhor solução a que prescreve o § 30 do *StGB*.

e autores mediatos[548]. A estes não basta, diferentemente do regime jurídico do artigo 24.º, a mera desistência passiva.

> *Exemplo: A, B* e *C* definem um plano conjunto para assaltar um luxuoso palacete. Na hora combinada para iniciar o assalto, *B*, que teve um rebate de consciência, não aparece. *A* e *C* realizam o assalto.

Ainda que se trate de desistência voluntária, não tendo atuado no sentido de evitar o assalto, incorre *B* em responsabilidade penal na qualidade de cúmplice do crime realizado por *A* e *C* em coautoria[549].

> *Sub-hipótese 1*: *B* tem um rebate de consciência e avisa as autoridades que detêm *A* e *B* em flagrante delito no interior do palacete.

Neste caso, existe desistência voluntária ativa, pelo que *B*, nos termos do artigo 25.º do CP, não será punido pela tentativa de furto qualificado (artigos 23.º e 204.º do CP) protagonizado por *A* e *C* em coautoria (artigos 23.º, 204.º e 26.º, terceira proposição, todos CP).

Quanto às razões de política criminal que fundam o regime do artigo 25.º do CP – em que o privilégio da não punibilidade por desistência vai tão longe quanto possível, ao ponto de abranger a "consumação" ou a "verificação do resultado", desde que o desistente se *esforce* "*seriamente* por impedir uma ou outra" –, releva uma compreensão que visa «dividir os comparticipantes», mostrando-lhes «que a dessolidarização pode ser útil», em vista «da finalidade que preside a toda a teoria da desistência, qual seja, evitar que se produzam resultados criminosos»[550].

A exigência de o desistente se *esforçar seriamente* por impedir a consumação ou a verificação do resultado, significa que não lhe basta informar a "revogação do mandato", nem mesmo "dissuasão do autor imediato de continuar a agressão", nem, ainda, a "neutralização ou ausência do contributo que segundo o plano lhe cabia". Será necessário um "arrependimento ativo", isto é, conforme refere Figueiredo Dias, uma conduta *idónea* ou *adequada*, segundo um juízo de prognose póstuma, à proteção dos bens jurídicos em

[548] Assim, Dias, Jorge de Figueiredo, *Direito Penal. Parte Geral*, I, 2019, p. 982 e Albuquerque, Paulo Pinto, *Comentário do Código Penal*, 2021, p. 210.

[549] Veja-se *supra*, 6.1.3.

[550] Nas palavras do Autor do projeto do CP (Eduardo Correia), relatadas por Albuquerque, Paulo Pinto, *Comentário do Código Penal*, 2021, p. 210.

perigo; acrescentando: «e ainda que, em certos casos especiais, em particular se a medida idónea tomada fracassar», exige-se que «o desistente procure medidas alternativas enquanto subsistir a situação de perigo para os bens jurídicos»[551].

> *Sub-hipótese 2*: *B* tem um rebate de consciência e tenta, de imediato, contactar as autoridades. Após falhas na ligação telefónica, *B* dirige-se em grande correria à esquadra policial mais próxima, conseguindo denunciar o plano de assalto. Devido a alguns incidentes, a polícia tem um ligeiro atraso no percurso, chegando ao local do crime no momento em que *A* e *C* entram já num automóvel, colocando-se em fuga. Após longa perseguição, *A* e *C* conseguem despistar as autoridades e escapar.

6.3. Comparticipação nos crimes de omissão

6.3.1. Considerações gerais

A teoria do domínio do facto, já o vimos[552], não se dirige a todo o universo de tipos legais de crime. Recordemos que, enquanto critério definidor da autoria, delimitando-a face à participação, se circunscreve aos "crimes dolosos gerais", que Roxin denominou de "delitos de domínio", excluindo-se os "delitos de dever", entre os quais se incluem os crimes de omissão, e, ainda, os chamados crimes de "mão própria". Assim, nos crimes de omissão, enquanto crimes de violação de dever, condição necessária da autoria, ou coautoria, é, antes de mais, a adstrição a um dever (*Pflichtdeliktestheorie*) de atuar[553].

Não se afigura, deste modo, a omissão, terreno propício para as restantes figuras da comparticipação (autoria mediata, instigação e cumplicidade). Quem se encontra adstrito ao dever, mas não o cumpre, assume a posição de autor, ou coautor, imediato. Quanto às mencionadas figuras (autoria mediata, instigação e cumplicidade), elas poderão, isso sim, comparticipar por ação em crimes de omissão do autor, executor, ou coautor material.

[551] Dias, Jorge de Figueiredo, *Direito Penal. Parte Geral*, I, 2019, p. 986.
[552] *Supra*, II. 3.
[553] Assim, claramente, Roxin, Claus, *Strafrecht. Allgemeiner Teil*, II, 2003, p. 671.

6.3.2. Autoria imediata

O concreto dever (jurídico-penalmente relevante) de atuar, no sentido de evitar determinado resultado, coloca o sujeito (incumpridor) na posição de autor do respetivo crime de omissão [554]. Não é, pois, o critério do domínio do facto que define a autoria nos crimes de omissão. Desde logo, porque se trata de critério incompatível com o *non facere*. Na verdade, como sublinha Claus Roxin, o sujeito que não adota o comportamento esperado, não dirige, configurando-o, o decurso de um acontecimento. A direção do acontecer com domínio pressupõe, diferentemente, que entre o resultado produzido e a pessoa do autor exista uma relação baseada em comportamento orientador ativo, que é justamente o que falta ao sujeito que se limita a deixar os acontecimentos seguirem o seu curso[555].

Roxin critica uma parte da doutrina e da jurisprudência alemã que, com frequência, recorre ao critério do domínio do facto nos crimes de omissão. É verdade que, por exemplo, quem possui a boia salva-vidas apta a evitar a morte daquele que se está a afogar tem a *possibilidade fáctica* concreta de *evitar o resultado* (morte). Mas dominar o facto não se restringe à possibilidade de, através de conduta positiva, evitar o resultado. Se assim fosse, se se quisesse considerar "senhor do facto" aquele que, num determinado momento, tivesse oportunidade de evitar o resultado (*v.g.*, denunciando ou pedindo auxílio alheio), então também o instigador ou o cúmplice teriam o domínio do facto. Frustrar-se-ia, precisamente, o objetivo fundamental da teoria do domínio do facto: distinguir autoria e participação[556].

É verdade que a concreta *possibilidade fáctica de evitar o resultado* é fundamental para que se possa cometer crime de omissão. O que leva a que se faça referência, neste contexto, a um domínio do facto também nos crimes de omissão ou, pelo menos, a um domínio *potencia*l de evitar o resultado[557].

[554] Cf. Roxin, Claus, *Täterschaft und Tatherrschaft*, 2019, p. 512.

[555] Cf. Roxin, Claus, *Täterschaft und Tatherrschaft*, 2019, p. 516.

[556] Cf. Roxin, Claus, *Täterschaft und Tatherrschaft*, 2019, pp. 516-517.

[557] A favor da relevância do domínio do facto nos crimes de omissão manifesta-se Teresa Beleza, afirmando que a incriminação de uma pessoa por omissão «só faz sentido quando ela tem justamente o domínio do facto, no sentido de que ela pode agir ou não agir», decidindo por si sem estar «dependente de outra pessoa» (cf. Beleza, Teresa, *Direito Penal*, II, 1980, p. 517). Entendendo ser a violação de dever caracterização insuficiente e indefinida de alguém que deve ser o centro pessoal do ilícito típico, também Figueiredo Dias atribui relevância «se não a um domínio do facto *real e efetivo*, que na verdade se não dá, a um domínio do facto *potencial*» (cf. Dias, Jorge de Figueiredo, *Direito Penal. Parte Geral*, I, 2019, p. 1130).

Mas nem todo o omitente que tem essa possibilidade é sujeito do crime. Além dela – e porque domínio potencial de evitar o resultado não é domínio do facto – necessária e decisiva, antes de mais, é a posição de garante. Com efeito, se é verdade, como se disse, que a possibilidade de evitar o resultado é fundamental (é condição necessária, ainda que não suficiente) para que se possa falar em ação jurídico-penalmente esperada e, consequentemente, em omissão, não é também menos verdade que, sem prejuízo, o critério decisivo para definir a autoria, distinguindo-a da participação, é, desde logo, o dever (jurídico-penalmente relevante) de atuar[558].

O tópico da possibilidade fáctica de evitar o resultado (típico, na omissão impura; atípico, enquanto mera razão material da incriminação, na omissão pura[559]) não se arvora, pois, em critério definidor da autoria, antes versando – já o sabemos aliás – sobre o problema da suscetibilidade de subsunção da conduta omissiva ao tipo ou, conforme os casos, da própria subsunção da conduta (omissiva) ao tipo. Como se viu em sede própria, nas situações de *impossibilidade fáctica absoluta* de evitar o resultado, não existe, verdadeira e concretamente, comportamento humano dominável pela vontade, por se não traduzir a omissão em exteriorização anímico-espiritual da vontade do sujeito, inexistindo, por conseguinte, omissão suscetível de ser típica[560]. Em contexto de *impossibilidade fáctica relativa*, a decisão de não cumprir o dever, dadas as circunstâncias concretas, é socialmente adequada (tolerável), sendo, portanto, atípica a correspondente omissão[561].

Exemplo 1: *A*, completamente amarrado, não se conseguindo libertar, vê *B*, seu filho menor, a afogar-se, nada podendo fazer.

Exemplo 2: *C* vê *D*, seu filho menor, a afogar-se em mar revolto, ao ponto de uma possível ação de salvamento colocar em sério risco a sua (de *C*) própria vida.

[558] Assim, ROXIN, Claus, *Täterschaft und Tatherrschaft*, 2019, nomeadamente pp. 517-518.

[559] Em rigor, a possibilidade fáctica de evitar o resultado é também fundamental nos crimes de pura omissão. Isto, porque, nestes crimes, a razão pela qual o tipo legal impõe dever de agir reside igualmente na não verificação de um resultado que, sendo, contudo, atípico, não deixa de ser, na verdade, a razão material da incriminação. Tratando-se de dever geral de atuação, a possibilidade fáctica de evitar o resultado (não compreendido no tipo) – e, portanto, de remover o perigo – erige-se em critério fundamental de adstrição a esse dever e, por consequência, à definição da autoria.

[560] *Ut supra*, 3.º Capítulo, I e II.5.2.

[561] *Ut supra*, 3.º Capítulo, II.1 e II.5.3.

A não deve ser punido, dado não ser a sua omissão (sequer) suscetível de ser típica (*impossibilidade fáctica absoluta*); também o não deve ser *C* por ser a sua omissão socialmente tolerável e, enquanto tal, atípica (*impossibilidade fáctica relativa*).

A partir do enquadramento da figura do autor imediato nos crimes de omissão, seguem-se as várias formas de comparticipação.

6.3.3. Autoria mediata

Pressupõe a autoria mediata que o sujeito se sirva de executor material, dominando a sua vontade e, consequentemente, o facto típico. Este impulso de instrumentalização do executor não se vislumbra possível, pela sua própria natureza, através de omissão[562]. Mas mesmo que se consiga configurar a sua possibilidade, teria esta de se reconduzir a situações em que o autor mediato, adstrito ao dever de agir, se aproveitasse da vontade viciada de outra pessoa (por erro, medo ou inimputabilidade) para que, não interferindo, a deixasse cometer o facto típico. Só que em tais situações, estando o autor mediato obrigado a atuar, a sua não interferência colocá-lo-ia na posição de autor imediato[563].

> *Exemplo 1*: *A*, pai de *B*, de 12 anos (inimputável), não se opõe a que o seu filho atinja *C* com uma pedra na cabeça, colocando-o em situação de perigo para a vida.

Tendo *A* o dever de interferir, com possibilidade fáctica de evitar o resultado, ao não o fazer (incumprindo o dever de garante por domínio da fonte de perigo) coloca-se na posição de autor imediato de ofensa à integridade física grave por omissão (artigos 144.º, alínea *d*), e 10.º, n.º 1 e 2, do CP)[564].

Não obstante, pode, naturalmente, um sujeito figurar como autor mediato de crime de omissão, desde que a instrumentalização da vontade do executor, que está adstrito ao dever de atuar, se concretize por ação.

[562] Assim, Roxin, Claus, *Täterschaft und Tatherrschaft*, 2019, pp. 525-526.

[563] Em conformidade com o referido *supra*, 6.3.1.

[564] A omissão representa uma ausência de intervenção num acontecimento que se desenvolve com independência do autor, não havendo diferença estrutural que esse acontecer se desenvolva por facto da natureza ou por conduta humana (cf. Roxin, Claus, *Täterschaft und Tatherrschaft*, 2019, p. 526.

Exemplo 2 ["Cidadão em repouso"]: *D*, cidadão lisboeta titular do curso europeu de primeiros socorros, conduz o seu automóvel em direção ao Algarve, acompanhado de *E*, um amigo. Em dado momento, em território alentejano, vislumbra, ao longe, uma pessoa deitada na berma da estrada, junto a um sobreiro novo. Admitindo tratar-se de pessoa ferida, necessitada de ajuda, *D* diz a *E* que vai parar e ver o que se passa. Apercebendo-se *E* de que efetivamente se tratava de pessoa ferida, após acidente, ao reparar na motorizada caída por trás do sobreiro, engana, todavia, *D*, dizendo-lhe que se trata apenas de um "cidadão em repouso" à sombra de um chaparro naquela tórrida tarde de verão. *D*, atento à condução, e acreditando no seu amigo, não volta a olhar para o local, seguindo viagem.

Sub-hipótese: *D* apercebe-se que a pessoa se encontra ferida, mas *E* aponta-lhe uma arma, obrigando-o a seguir viagem.

No *exemplo 2*, *E* comete o crime de omissão de auxílio (artigo 200.º do CP) em autoria mediata (artigo 26.º, segunda proposição alternativa, do CP), instrumentalizando a vontade de *D* através de *erro* (sobre o facto típico, excludente do dolo, nos termos do artigo 16.º, n.º 1, do CP).

Na *sub-hipótese*, *E* comete o crime de omissão de auxílio (artigo 200.º do CP) em autoria mediata (artigo 26.º, segunda proposição alternativa, do CP), instrumentalizando a vontade de *D* através de coação geradora de *medo* (excludente da culpa, nos termos do artigo 35.º, n.º 1, do CP).

Sem prejuízo de recair sobre *D*, à partida, o dever de socorro (por conduzir o automóvel e por ser titular de curso de primeiros socorros), o domínio da sua vontade por *E*, instrumentalizando-o, responsabiliza este último pela omissão de auxílio.

6.3.4. Coautoria

Estando duas ou mais pessoas adstritas a um dever (jurídico-penalmente relevante) comum de atuar, reunidas ficam as condições para poder haver coautoria por omissão[565]. Será, para o efeito, ainda necessário o acordo relativo à omissão[566]. Sem acordo, expresso ou tácito, haverá autoria paralela.

[565] Assim, Roxin, Claus, *Täterschaft und Tatherrschaft*, 2019, p. 523.

[566] Neste sentido, através de exemplos de crimes de omissão em coautoria, Roxin, Claus, *Täterschaft und Tatherrschaft*, 2019, p. 523.

Exemplo 1 [adaptado de Teresa Beleza[567]]: *A* e *B* encarregados pela respetiva entidade patronal de levar *C*, invisual, a um passeio no campo, em dado momento, após ligeira distração entre ambos, reparam que *C* se dirige a um precipício. Trocando olhares entre eles, em silencioso acordo, deixam que *C* caia do precipício e morra.

Exemplo 2: *C* e *D*, pai e mãe de *E*, com 6 anos, vendo o filho a afogar-se numa piscina, acordam em nada fazer, deixando a criança morrer.

A e *B*, bem como *C* e *D*, são coautores de homicídio por omissão (artigos 131.º e 10.º, n.º 1 e n.º 2, do CP). No caso de *A* e *B* o acordo é tácito, já relativamente a *C* e *D* é expresso.

Exemplo 3: Várias pessoas numa praia assistem passivamente ao afogamento de *E* que se encontrava em dificuldades no mar.

Não havendo acordo, expresso ou tácito, entre as pessoas, neste exemplo haverá crime de omissão de auxílio (artigo 200.º do CP) em autorias paralelas.

É, também, possível a realização de crime em coautoria através de sujeito-agente e sujeito-omitente, nomeadamente, conforme refere Roxin, em "delitos de dever"[568] que tanto se podem realizar por ação, como por omissão.

Exemplo 4 [adaptado de Claus Roxin[569]]: *F* e *G*, guardas prisionais acordam em possibilitar a fuga de *H*, prisioneiro. *F* entrega a *H* a chave da cela e *G* não fecha o portão exterior do estabelecimento prisional.

F e *G* são coautores do crime de auxílio de funcionário à evasão (artigo 350.º do CP), tendo *F* agido e *G* omitido.

6.3.5. Instigação

Não se vislumbra hipótese com substrato real plausível em que um sujeito, por omissão, determine outra pessoa à prática de facto típico. Mas mesmo

[567] BELEZA, Teresa, *Direito Penal*, II – *Textos de Actualização*, 1988, p. 54.
[568] Cf. ROXIN, Claus, *Täterschaft und Tatherrschaft*, 2019, p. 525.
[569] Cf. ROXIN, Claus, *Täterschaft und Tatherrschaft*, 2019, p. 525.

que se configurasse tal hipótese, necessário seria que o sujeito de trás estivesse adstrito a dever de atuar. Se assim fosse, o pretenso "instigador" seria, afinal, autor imediato de crime de omissão[570].

Já diferente é determinar (por ação) outra pessoa à realização de facto típico omissivo.

> *Exemplo 1* [adaptado do "cidadão em repouso"[571]]: *A*, cidadão lisboeta titular do curso europeu de primeiros socorros, conduz o seu automóvel em direção ao Algarve, acompanhado de *B*, um amigo. Em dado momento, em território alentejano, vislumbra, ao longe, uma pessoa deitada na berma da estrada, junto a um sobreiro novo. Apercebendo-se de que se tratava de pessoa ferida, necessitada de ajuda, *A* diz a *B* que vai parar e prestar-lhe ajuda. *B* convence-o, todavia, a seguir viagem porque têm de ser pontuais na chegada ao Algarve.

Neste caso, encontrando-se *A* adstrito ao dever geral de atuar sufragado pelo artigo 200.º do CP, por deter a possibilidade fáctica de interferir no perigo em que se encontra a pessoa ferida (dado ser o condutor do automóvel e deter os conhecimentos necessários de primeiros socorros), *B* convence-o (determina-o) a não agir. *D* é instigador (artigo 26.º, quarta proposição alternativa, do CP) do crime de omissão de auxílio (artigo 200.º do CP) de que *A* é autor[572].

> *Exemplo 2* ["Mulher do médico"]: Porque sua mulher, *C*, durante a noite, o convence a não ceder ao telefonema de um paciente necessitado de auxílio, em perigo de vida, *D*, médico, acaba por negar ajuda.

C é instigadora (artigo 26.º, quarta proposição alternativa, do CP) do crime de recusa de médico (artigo 284.º do CP) de que *D* é autor. Repare-se que o maior grau de ilicitude provindo da qualidade de médico se comunica à instigadora nos termos da acessoriedade limitada. Nestes casos de instigação

[570] Em sintonia com o referido *supra*, 6.3.1.

[571] *Supra*, 6.3.3.

[572] Existe instigação e não coautoria porque é *A* quem não adota o comportamento esperado de parar o automóvel (é o condutor) e promover o socorro da vítima (é titular do curso de primeiros socorros). Por ter a possibilidade fática de evitar o resultado (possibilidade de socorrer o cidadão acidentado e, assim, evitar resultado mais grave para a integridade física ou vida), recai sobre *A*, em primeira linha, o dever de auxílio.

a crimes de omissão tem especial relevância a questão do início da tentativa na omissão, dada a acessoriedade quantitativa[573].

6.3.6. Cumplicidade

Também na cumplicidade, pelas razões expostas em relação à figura da instigação, extensíveis, similarmente, a qualquer outra figura da comparticipação que se não reconduza à (co)autoria imediata (ou ao executor material) – vale por dizer, relativamente ao comparticipante que não executa, total ou parcialmente, o facto por si mesmo adaptado à omissão –, dificilmente se poderia conceber a cumplicidade por omissão sem que o pretenso "cúmplice" se convertesse em autor.

Poderá, todavia (à semelhança, *mutatis mutandis* das situações anteriores de comparticipante que não executa, total ou parcialmente, o facto por si mesmo), prestar-se auxílio (por ação) a crime de omissão.

> *Exemplo* [adaptado da "mulher do médico"[574]]: Durante a noite, ao receber telefonema de *C*, um paciente necessitado de auxílio por estar em perigo de vida, *A*, médico, responde que se não deslocará a sua casa. *B*, sua mulher, ao ouvir a conversa, apoia-o, dando-lhe a entender que concorda.

Em crimes de omissão, a cumplicidade será moral, pois dificilmente se pode conceber exemplo de cumplicidade material com substrato real plausível.

No exemplo apontado, *B* fortalece a decisão criminosa de *A*, figurando como cúmplice moral (artigo 27.º, n.º 1, do CP) do crime de recusa de médico (artigo 284.º do CP) de que *A* é autor.

Nas situações de comparticipação por omissão tem especial relevância a acessoriedade limitada pela comunicação da ilicitude do autor (ou executor) para o comparticipante (que não figure como autor imediato), uma vez que, da ilicitude do autor (ou executor) faz parte, logicamente, o incumprimento do dever de atuação. Como tem relevância decisiva, na instigação e cumplicidade, tal como nos crimes de ação, a questão do início da tentativa na omissão, dada a acessoriedade quantitativa[575].

[573] Cf. *supra*, 6.1.4 e I.3.

[574] *Supra*, 6.3.5.

[575] Cf. *supra*, 6.1.4 e I.3.

6.4. Comparticipação no crime negligente. A relevância da "autoria paralela"

A comparticipação é necessariamente dolosa. A punibilidade por via de qualquer das formas de comparticipação num crime implica, com efeito, dolo (dos comparticipantes) do facto típico. Senão vejamos: a figura do autor (mediato) ao pressupor a atuação por intermédio de outrem, traz implicado o dolo de realização do facto típico, pois é em vista da realização do facto típico que atua por intermédio de outrem; os coautores que acordam (expressa ou tacitamente) na realização articulada do facto (típico) global, não podem deixar de ter dolo do crime planeado; a figura do instigador implica, expressa e necessariamente, o já referido *duplo dolo,* bem como a do cúmplice[576]. E o autor, instigado, se dolosamente determinado foi a realizar o crime, com dolo, consequentemente, atua. Tal como o autor coadjuvado pelo cúmplice que (dolosamente) presta o seu auxílio a crime doloso (do autor), conforme resulta da letra da lei.

A *ratio essendi* da extensão da tipicidade a formas de atuação conjunta tem, pois, o dolo implicado, quer na intenção de atuar em comparticipação, quer na intenção de realizar o facto típico. Não assim necessariamente quanto ao executor da autoria mediata por domínio da vontade, mas, neste caso, a ser punido (a título de negligência), o executor não é punido pela (extensão da tipicidade da) comparticipação, mas em autoria singular por violação de dever de cuidado.

Além da atuação em comparticipação, existe também a possibilidade de atuação paralela, isto é, em "autoria paralela". O que significa que dois ou mais autores realizam o mesmo facto típico, ou produzem, com as respetivas atuações, um resultado típico, sem estarem articulados por decisão criminosa comum.

> *Exemplos*: *A* e *B*, sem saberem um do outro, corrompem o funcionário *C* em vista da mesma autorização. *D* e *E*, por coincidência, durante a noite e em momentos diferentes, colocam uma porção de veneno no pacote de leite de *F* que, pela manhã, bebe o leite e morre em consequência da cumulação das porções de veneno. *G* e *H*, que não se conhecem, durante a noite e por decisões independentes, penetram, através de diferentes portas, na casa de *I*, subtraindo diversos objetos valiosos. *J* e *K*, atiradores

[576] Cf. *supra*, 5.1.2. e 5.2.

> furtivos, decidem, sem saberem um do outro, assassinar o político *L*, colocando-se em janelas de prédios diferentes e alvejando, à distância, o dito político *L* na via pública que morre em consequência do efeito conjunto dos dois disparos.

Os crimes perpetrados em autoria paralela implicam atuação conjunta não intencional. Ainda que os autores pratiquem os factos com dolo, as respetivas atuações são reciprocamente independentes. O que é o suficiente para retirar à autoria paralela significado dogmático autónomo[577], devendo ser punido cada autor paralelo pelo seu comportamento individual.

Nos crimes de resultado em autoria paralela dificilmente se consegue, assim, punir os autores paralelos por crime consumado, nomeadamente em casos de risco cumulativo (ou, se se preferir, causalidade cumulativa). Nos exemplos apontados, *D* e *E*, bem como *J* e *K*, seriam punidos apenas por tentativa de homicídio, em virtude da recíproca quebra do risco pelo comportamento (imprevisível) de ambos, em cada caso[578].

Já nos crimes negligentes, autor é quem, estando adstrito a um dever de cuidado, cria ou aumenta um risco proibido que se materializa no resultado típico.

Podem supor-se situações de ação conjunta sem acordo criminoso que levam à realização de um facto negligente típico.

> *Exemplo 1* [adaptado de Figueiredo Dias[579]]: *A* e *B*, dois trabalhadores da construção civil, lançam inconsideradamente do cimo de um edifício em demolição uma trave para a rua, que atinge *C*, um peão, matando-o.

> *Exemplo 2*: *D*, por distração, pousa a sua arma carregada no meio da sala. *E*, seu filho mais velho, de 16 anos, pensando estar a arma descarregada, dispara na direção de *F*, irmão mais novo, matando-o.

[577] Assim, por exemplo, JESCHECK / WEIGEND, *Tratado de Derecho Penal*, 2002, p. 731 e DIAS, Jorge de Figueiredo, *Direito Penal. Parte Geral*, I, 2019, p. 952.

[578] Referindo este problema da causalidade de distintas colaborações que levam a resultado comum, veja-se JESCHECK, / WEIGEND, *Tratado de Derecho Penal*, 2002, p. 731.

[579] Cf. DIAS, Jorge de Figueiredo, *Direito Penal. Parte Geral*, I, 2019, p. 1040.

A e *B* devem ser punidos por homicídio negligente em autoria paralela[580], uma vez que ambos violam dever de cuidado (ambos são, pois, autores) e o resultado corresponde à materialização do risco proibido que os dois criaram.

Como também, pelas mesmas razões, devem ser punidos *D* e *E* como autores paralelos de homicídio negligente[581].

Parece, assim, não ser necessário o recurso à figura da coautoria negligente sob a forma de «criação ou (potenciação) *conjunta* de um risco não permitido que se exprime na realização típica»[582]. Até porque, nas situações de crimes negligentes não existe *pactum sceleris*, expresso ou tácito. E, todavia, tem-se insistido no debate, em Portugal[583] e na Alemanha[584].

580 Neste sentido, quanto ao referido exemplo (cf. nota anterior), DIAS, Jorge de Figueiredo, *Direito Penal. Parte Geral*, I, 2019, p. 1041.

581 Desenvolvidamente sobre um certo "efeito dominó" de autorias paralelas na sequência de crimes negligentes (em "cascata") em contexto empresarial, veja-se o nosso *Societas Delinquere Potest? – Da responsabilidade individual e coletiva nos "crimes de empresa"*, 2018, pp. 270-282.

582 DIAS, Jorge de Figueiredo, *Direito Penal. Parte Geral*, I, 2019, p. 1042.

583 Veja-se DIAS, Jorge de Figueiredo, *Direito Penal. Parte Geral*, I, 2019, pp. 1041-1042, com referência a literatura jurídica nacional (notas 67 e 68).

584 Veja-se ROXIN, Claus, *Täterschaft und Tatherrschaft*, 2019, pp. 880-882, com referência a literatura jurídica alemã (notas 948 a 955), concluindo que a figura é teoricamente possível, que pode ser construída a partir dos alicerces trabalhados pela doutrina, ainda que não esteja definitivamente assegurada nem reconhecida pela jurisprudência (*idem, ibidem*, p. 882).

BIBLIOGRAFIA

ALBUQUERQUE, Paulo Pinto de, *Comentário do Código Penal à luz da Constituição da República e da Convenção Europeia dos Direitos do Homem*, Lisboa: Universidade Católica Editora, 4.ª ed., 2021.

ALMEIDA, Carlota Pizarro e ALMEIDA, Luís Duarte de, *Direito Penal I – Colectânea de Jurisprudência*, 2.º Volume, Lisboa: AAFDL, 2.ª ed. (revista e aumentada), 2007.

ANDRADE, Manuel de, *Ensaio sobre a teoria da interpretação das leis*, Coimbra: Arménio Amado - Editor, Sucessor, 4.ª ed., 1987.

ANDRADE, Manuel da Costa , *Consentimento e Acordo em Direito Penal (contributo para a fundamentação de um paradigma dualista)*, Coimbra: Coimbra Editora, reimpressão, 2004.

—, «Consentimento em Direito Penal Médico. O consentimento presumido», *RPCC*, ano 14 (2004), pp. 117-148.

—, «O princípio constitucional '*nullum crimen sine lege*' e a analogia no campo das causas de justificação», *RLJ*, 134, 2001, pp. 130-139.

—, «[Anotação ao] Artigo 135.º», em Jorge de Figueiredo Dias (Direção), *Comentário Conimbricense do Código Penal*, Tomo I, Coimbra: Coimbra Editora, 1999.

ANTUNES, Maria João, *Internamento de imputáveis em estabelecimentos destinados a inimputáveis (os arts. 103.º, 104.º e 105.º do Código Penal de 1982)*, STVDIA IVDRICA 2, Universidade de Coimbra: Coimbra Editora, 1993.

BELEZA, Teresa Pizarro, *Direito Penal*, Volume I, Lisboa: AAFDL, 2.ª ed., 1984

—, *Direito Penal*, Volume II, Lisboa: AAFDL, 1980.

—, *Direito Penal – Textos de Actualização*, Separata do Volume II, Lisboa: AAFDL, 1988.

BRANDÃO, Nuno, «Pacto para matar: autoria e início da execução», *RPCC*, ano 18 (2008), pp. 531-605.

BUSATO, Paulo César, «*Criminal compliance*: relevância e riscos», em Cândido da Agra e Fernando Torrão (Coord.), *Criminalidade Organizada e Económica* (Perspetivas jurídica, política e criminológica) (pp. 87-111), Lisboa: Universidade Lusíada Editora, 2018.

CAEIRO, Pedro, «A consunção do branqueamento pelo facto precedente (em especial: (i) as implicações do Acórdão do Supremo Tribunal de Justiça n.º 13/2007, de 22 de Março; (ii) a punição da consunção impura», em M. Costa Andrade, M. J. Antunes e S. Aires de Sousa (org.), *Estudos em Homenagem ao Prof. Doutor Jorge de Figueiredo Dias,* BFD - STVDIA IVRIDICA, III vol. (pp. 187-222). Coimbra: Coimbra Editora 2010.

CANOTILHO, J.J. Gomes / MOREIRA, Vital, *CRP – Constituição da República Portuguesa anotada. Artigos 1º a 107º,* Volume I, Coimbra: Coimbra Editora, 4.ª ed., 2007.

CARVALHO, Américo Taipa de, *A Legítima Defesa. Da fundamentação teorético-normativa e preventivo-geral e especial à redefinição dogmática,* Coimbra: Coimbra Editora, 1995.

—, «[Anotação ao] Artigo 158.º», em Jorge de Figueiredo Dias (Direção), *Comentário Conimbricense do Código Penal* (pp. 401-420), Tomo I, Coimbra: Coimbra Editora, 1999.

—, «[Anotação ao] Artigo 284.º», em Jorge de Figueiredo Dias (Direção), *Comentário Conimbricense do Código Penal,* Tomo II, Coimbra: Coimbra Editora, 1999.

—, *Direito Penal. Parte Geral. Questões Fundamentais. Teoria Geral do Crime.* Porto: Universidade Católica Editora, 2016.

CORREIA, Eduardo, *Direito Criminal,* I. Coimbra: Almedina, 1993 (reimpressão da edição de 1963).

—, *Direito Criminal,* II. Coimbra: Almedina, 1993 (reimpressão da edição de 1965).

COSTA, José de Faria, *O perigo em direito penal: contributo para a sua fundamentação e compreensão dogmáticas,* Coimbra, Coimbra Editora, 1992.

v, *Direito Penal Económico.* Coimbra: Quarteto Editora, 2003.

—, *Direito Penal,* Lisboa: INCM, 2017.

CUNHA, José Damião, «Algumas reflexões críticas sobre a omissão imprópria no sistema penal português», em Manuel da Costa Andrade e outros, *Liber Discipulorum para Jorge de Figueiredo Dias* (pp. 481-539), Coimbra: Coimbra Editora, 2003.

DIAS, Augusto Silva, *A relevância jurídico-penal das decisões de consciência,* Coimbra: Almedina, 1998.

—, *Apontamentos de Direito Penal* (versão policopiada) Porto: Universidade Lusíada, 1995, n/p

DIAS, Jorge de Figueiredo, *Liberdade, Culpa, Direito Penal,* Coimbra: Coimbra Editora, 3.ª ed., 1995.

—, *Direito Penal. Parte Geral,* Tomo I, *Questões Fundamentais. Doutrina Geral do Crime,* Coimbra: Gestlegal, 3.ª ed., 2009.

ENGISCH, Karl, *Introdução ao pensamento jurídico* [tradução de J. Baptista Machado], Lisboa: Fundação Calouste Gulbenkian, 8.ª ed., 2001.

FARIA, Maria Paula Ribeiro de, «A adequação social da conduta no direito penal (ou a relevância do simbolismo social do crime)», em Manuel da Costa Andrade e outros (Organização), *Direito Penal. Fundamentos Dogmáticos e Político-Criminais. Homenagem ao Prof. Peter Hünerfeld,* (pp. 273-341), Coimbra: Coimbra Editora, 2013.

—, *Formas especiais do crime*, Porto: Universidade Católica Editora, 2017.

Ferreira, Manuel Cavaleiro de, *Lições de Direito Penal. Parte Geral*, I, *A Lei Penal e a Teoria do Crime no Código Penal de 1982*, Lisboa / São Paulo, 4.ª ed., 1992.

Godinho, José, «Sobre a punibilidade do autor de um crime pelo branqueamento das vantagens dele resultantes», em M. Costa Andrade, M. J. Antunes e S. Aires de Sousa (org.), *Estudos em Homenagem ao Prof. Doutor Jorge de Figueiredo Dias*, BFD - STVDIA IVRIDICA, III vol. (pp. 363-400). Coimbra: Coimbra Editora, 2010.

Gomes, Ana Catarina Sá, «Comparticipação. Acórdão do STJ de 27 janeiro de 1999», em Maria Fernanda Palma (coordenadora), *Casos e Materiais de Direito Penal* (pp. 395-399), Coimbra: Almedina, 3.ª ed., 2004.

Jakobs, Günther, *Strafrecht. Algemeiner Teil. Die Grundlagen und die Zurechnungslehre Lehrbuch*, 2. Auflage, Berlin, New York: Walter de Gruyter, 1993.

Jescheck, Hans-Heinrich / Weigend, Thomas, *Tratado de Derecho Penal. Parte General* [tradução castelhana de Olmedo Cardenete da 5.ª edição original alemã de 1996], Granada: Editorial Comares, 2002.

Justo, António Santos, *Introdução ao Estudo do Direito*, 13.ª ed., Coimbra: Petrony, 2022.

Kant, Immanuel, *Grundlegung zur Metaphysik der Sitten*, Stuttgart: Reclam, 1996 [republicação da segunda edição original da Johann Friedrich Hartknoch, Riga, 1786].

—, *Die Metaphysik der Sitten*, Stuttgart: Reclam, 1990 [republicação da edição original da Nicolovius, Könisberg, 1797].

Larenz, Karl, *Metodologia da Ciência do Direito* [tradução de José Lamego da 6.ª edição do original alemão de 1991], Lisboa: Fundação Calouste Gulbenkian, 3.ª ed., 1997.

Leite, André Lamas, *As «posições de garantia» na omissão impura. Em especial, a questão da determinabilidade penal*, Coimbra: Coimbra Editora, 2007.

—, «Do crime antecedente e do delito de branqueamento praticado pelo mesmo agente: regresso ao passado?». Em J. Neves Cruz, A. Lamas Leite, R. Ferreira, C. Cardoso (org.), *Infrações Económicas e Financeiras – Estudos de Criminologia e Direito* (pp. 461-477), Coimbra: Coimbra Editora, 2013.

—, «O crime de branqueamento na redação de Lei n.º 83/2017, de 18/8: a importância de ver para além das aparências», em Cândido da Agra e Fernando Torrão (Coord.), *Criminalidade Organizada e Económica* (Perspetivas jurídica, política e criminológica), Lisboa: Universidade Lusíada Editora, 2018, pp. 65-85.

Liszt, Franz von, *Strafrechtliche. Aufsätze und Vorträge*, Erster Band (1875 bis 1891), 1905, Berlin Walter de Gruyter & Co., Photomechanischer Nachdruck, 1970.

—, *Strafrechtliche. Aufsätze und Vorträge*, Zweiter Band (1892 bis 1904), 1905, Berlin Walter de Gruyter & Co., Photomechanischer Nachdruck, 1970.

—, *Tratado de Direito Penal Alemão*, Tomo I [tradução portuguesa de José Higino Duarte Pereira da 7.ª edição original alemã de 1895], Campinas: Russell Editores, 2003.

LOUREIRO, Flávia Noversa, «A responsabilidade Penal das Pessoas Jurídicas – O que mudou no Código Penal quase oito anos depois e qual a sua relevância para o tratamento da criminalidade económico-financeira–», em Manuel M. G. Valente, *V congresso de Direito Penal e de Processo Penal. Memórias* (pp. 27-44), Coimbra: Almedina, 2016, pp. 27-44.

LUZÓN PEÑA, Diego-Manuel, «Causas de atipicidade», em Maria da Conceição Valdágua (Coord.), *Problemas Fundamentais de Direito Penal. Homenagem a Claus Roxin* (pp. 109-133), Lisboa: Universidade Lusíada Editora, 2002.

MEIREIS, Augusto, *O regime das provas obtidas pelo agente provocador em processo penal*, Coimbra: Almedina, 1999.

MENDES, Paulo de Sousa, *O torto intrinsecamente culposo como condição necessária da imputação da pena*, Coimbra: Coimbra Editora, 2007.

—, *Lições de Direito Processual Penal*, Coimbra: Almedina, 2018 (reimpressão da edição de 2013).

MONIZ, Helena , «Crimes agravados pelo resultado: para além da preterintencionalidade», em Manuel da Costa Andrade e outros (Organização), *Direito Penal. Fundamentos Dogmáticos e Político-Criminais. Homenagem ao Prof. Peter Hünerfeld*, (pp. 503-587), Coimbra: Coimbra Editora, 2013.

MORÃO, Helena, *Da instigação em cadeia – contributo para a dogmática das formas de comparticipação na instigação*, Coimbra: Coimbra Editora, 2006.

PALMA, Maria Fernanda, «Dolo eventual e culpa em direito penal», em Maria da Conceição Valdágua (Coord.), *Problemas Fundamentais de Direito Penal. Homenagem a Claus Roxin* (pp. 45-67), Lisboa: Universidade Lusíada Editora, 2002.

POPPER, Karl, *O universo aberto: pós-escrito à lógica da descoberta científica* [tradução portuguesa de Nuno Ferreira da Fonseca da edição original alemã de 1983], Volume II. Lisboa: Dom Quixote, 1993.

RODRIGUES, Anabela Miranda, *A determinação da medida da pena privativa da liberdade*, Coimbra: Coimbra Editora, 1995.

—, «O modelo de prevenção na determinação da medida concreta da pena privativa da liberdade», em Maria da Conceição Valdágua (Coord.), *Problemas Fundamentais de Direito Penal. Homenagem a Claus Roxin* (pp. 177-208), Lisboa: Universidade Lusíada Editora, 2002.

—, *Direito Penal Económico – Uma política criminal na era compliance*, 2.ª ed., Coimbra: Almedina, 2021 (reimpressão da 2.ª edição de 2020).

ROXIN, Claus, «Acerca da problemática do direito penal da culpa» [tradução de Manuel Cortes Rosa], *BFD*, LIX, (1983), pp. 1-29.

—, «Sobre la autoria e participación en el Derecho penal», em AA.VV, *Textos de Apoio de Direito Penal*, Tomo II, Lisboa: AAFDL, 1984, pp. 351-378.

—, "Reflexões sobre a problemática da imputação em Direito Penal" [tradução portuguesa de Ana Paula dos Santos Luís Natscheradetz da versão original alemã de 1970], em *Problemas Fundamentais de Direito Penal* (pp. 145-168). Lisboa: Veja, 1993.

—, Claus, «Violação do dever e resultado nos crimes negligentes" [tradução portuguesa de Ana Paula dos Santos Luís Natscheradetz da versão original alemã de 1962]», em *Problemas Fundamentais de Direito Penal* (pp. 235-272). Lisboa: Veja, 1993.

—, *Strafrecht. Algemeiner Teil. Band II. Besondere Erscheinungs-formen der Straftat,* München: C.H. Beck, 2003.

—, «Autoria mediata através de domínio de organização» [tradução portuguesa de João Curado Neves], *Lusíada. Direito. Lisboa,* 3 (2005), pp. 39-54.

—, «A teoria da imputação objetiva» [tradução portuguesa de Luís Greco da versão original alemã de 1994], em *Estudos de Direito Penal* (pp. 101-131), Rio de Janeiro: Renovar, 2006.

—, «"Schuld" und "Verantwortlichkeit" als strafrechtliche Systemkategorien», em Claus Roxin e outros (ed.), *Grundfragen der gesamten Strafrechtswissenschaft: Festschrift für Heinrich Henkel zum 70. Geburtstag am 12. September 1973* (pp. 171-198). Berlin, Boston: De Gruyter, 2013.

—, *Täterschaft und Tatherrschaft,* 10. Auflage, Berlin/Boston: Walter de Gruyter, 2019.

ROXIN, Claus / GRECO, Luís, *Strafrecht. Algemeiner Teil. Band I. Grundlagen. Der Aufbau der Verbrechenslehre.* 5. Auflage. München: C.H. Beck, 2020.

SANTOS, Cláudia, *O crime de colarinho branco (da origem do conceito e sua relevância criminológica à questão da desigualdade na administração da justiça penal),* STVDIA IVDRICA 56, Universidade de Coimbra: Coimbra Editora, 2001.

—, «A violência doméstica conjugal: os bens jurídicos protegidos, a desnecessidade de reiteração ou de especial intensidade e a "relação" com crimes "próximos", em José Lobo Moutinho (Coord.) e outros, *Homenagem ao Professor Doutor Germano Marques da Silva,* Volume I (pp. 533-552), Lisboa: Universidade Católica Editora, 2020.

SCHMIDT, Eberhard,, «A teoria da ação social, [tradução de Jorge de Castilho Pimental do texto original em língua alemã], em AA.VV, *Textos de Apoio de Direito Penal,* Tomo II, Lisboa: AAFDL, 1984, pp. 177-205.

SERRA, Teresa, «A autoria mediata através do domínio de um aparelho organizado de poder. A propósito da responsabilidade jurídico-penal dos membros de Defesa Nacional da ex-RDA pelos homicídios ocorridos nas fronteiras com a RFA», *RPCC,* ano 5 (1995), pp. 303- 328.

SILVA SÁNCHEZ, Jesús Maria, «Responsabilidad penal de las empresas y de sus órganos en derecho español», em Silva Sánchez, Schünemann e Figueiredo Dias (coords.), *Fundamentos de un Sistema Europeo del Derecho Penal,* Barcelona: José María Bosch Editor, 1995, pp. 355-379.

Sousa, Susana Aires de, *Questões Fundamentais de Direito Penal da Empresa*, Coimbra: Almedina, 2019.

Stratenwerth, Günther / Kuhlen, Lothar, *Strafrecht. Allgemeiner Teil. Die Straftat*, 6. Auflage, München: Verlag Franz Vahlen, 2011.

Torrão, Fernando, *Societas Delinquere Potest? – Da responsabilidade individual e coletiva nos "crimes de empresa"*, Coimbra: Almedina, 2018 (reimpressão da edição de 2010).

—, «Intervenção punitiva em tempos de crise: a paradigmática questão da punibilidade do 'autobranqueamento' (ou a relevância da valoração criminológica do facto na definição do concurso aparente de crimes)», *Estudios Penales y Criminologicos*, vol. XXXVI (2016), pp. 527-552.

—, «Ensaio sobre a sistematização da teoria do risco», em José de Matos Correia e Ricardo Leite Pinto (Coord.), *Estudos em homenagem ao Professor António Martins da Cruz. In Memoriam* (pp. 293-311), Lisboa: Universidade Lusíada Editora, 2020.

—, «A ação (suscetível de ser) típica (ou a relevância normativo-social na síntese entre finalismo e funcionalismo», em Catarina Abegão Alves e outros (Org.), *Prof. Doutor Augusto Silva Dias. In Memoriam*, Volume I (pp. 393-404), Lisboa: AAFDL, 2022.

Welzel, Hans, *Derecho Penal Alemán* [tradução castelhana de Bustos Ramireze Yáñez Pérez da 11.ª edição original alemã de 1969], Santiago: Editorial Jurídica de Chile, 4.ª ed. (castelhana), 1993.

Valdágua, Maria da Conceição, *Início da tentativa do co-autor – Contributo para a teoria da imputação do facto na co-autoria*, Lisboa: LEX, 2.ª ed., 1993.

—, «Observações suscitadas pela conferência do Professor Claus Roxin sobre "Autoria mediata através de domínio da organização", proferida na Universidade Lusíada de Lisboa em 6 de Novembro de 2002», *Lusíada. Direito. Lisboa*, 3 (2005), pp. 151-154.

Veloso, José António, *Erro em Direito Penal*. Lisboa: AAFDL, 1993.